智能工厂

1. 产品·工序设计流程创新

| 迅速启动新产品生产的机制 | 准确把握需求和创新点的机制 | 源头阶段可以全面评估的机制 | 可以利用开放式创新的机制 | 全面听取客户需求的机制 | 可应对个别需求和个别规格的机制 |

缩短开发周期 ｜ **提高产品附加值** ｜ **提高应对客户需求的能力**

| 可看到项目整体情况并纠正的机制 | 高效的ODM机制 | 从客户订单到生产工序实现无缝推进的机制 | 可高效生产多种产品的机制 | 可最大限度发挥员工能力的机制 | 可尽快培养技术人才的机制 |

建立有效的开发流程 ｜ **应对个别规格** ｜ **强化组织机制**

| 考虑到易于制造和搬运的设计机制 | 可达到目标成本的设计机制 | 环保型设计机制 |

强化与制造的协同联动 ｜ **环境友好型制造**

2. 生产管理·物流流程创新

| 管理在消费地生产的机制 | 从设计数据到制造实现无缝推进的机制 | 可快速回复价格和交期的机制 | 可判断何时、何地、生产什么产品的机制 | 控制物流成本的机制 | 同一时期生产和出货的机制 |

应对短交期 ｜ **机会损失最小化** ｜ **供应链成本最小化**

| 高精度需求预测的机制 | 可呈现供应链整体库存的机制 | 可高频率出货的机制 | 可安排车辆、选择最佳路线的机制 | 控制负荷变动的机制 | 可选择最佳供应商的机制 |

供需达到平衡 ｜ **建立当日出货的体制** ｜ **稳定的生产**

| 不受场所限制的制造机制 | 供应链共创网络机制 |

不被已有资源束缚的制造方式 ｜ **建立分享机制**

3. 生产流程创新

- 不受人的技能限制的制造机制
- 优化质量成本的工序设计和作业设计机制
- 弥补员工之间技能差异的机制
- 提高每个人技能的机制
- 合理控制负荷的机制
- 提高附加价值时间占比的机制

不被已有资源束缚的制造方式 | 最大限度发挥员工能力（弥补技能差异） | 最大限度发挥员工能力（充分利用工时）

- 应对部件个体差异、维持成品质量的机制
- 最大限度控制原材料废弃损失的机制
- 可信赖的质量记录机制
- 最大限度控制质量问题发生时的影响的机制
- 用制造实绩数据激发改善流程的机制
- 用SX实绩数据激发改善流程的机制

质量管理水平提升 | 质量保障水平提升 | 积极开展改善工作的工厂

- 环保型生产机制
- 可合理平衡实际经费的机制

环保型制造

4. 业务流程创新

- 工厂保证产品高质量的机制
- 看得见生产者(工匠)的机制
- 为客户呈现订单产品的生产进度
- 保证放心安全的机制
- 引导客户关注计划出售产品的机制

制造的品牌化 | 建立放心安全的企业形象 | 既满足客户需求又要预防滞销

- 激发客户潜在需求的机制
- 使交付的产品成为新附加值的信息来源的机制

建立售后的新收入来源

智能制造系列丛书

智能工厂构建手册

スマートファクトリー構築ハンドブック
50のイメージセルがものづくりDXを具体化する

[日] 毛利大　神山洋辅　著
日本能率协会咨询公司　编
杨　宁　罗嘉健　译

机械工业出版社

本书全面审视整个制造业，讲述了应该如何进行智能工厂的数字化转型，结合实际案例阐述了具体化构建与生产战略直接相关的智能工厂的框架和流程；介绍了日本能率协会咨询公司在与客户一起探讨数字化转型（DX）相关主题的过程中所构思的 5 种数字化推进方法。本书图文并茂，内容全面、案例丰富，根据每家公司所处的环境、业务特点和定位，帮助读者完成智能工厂的构建。

本书可供智能工厂建设运行人员、企业管理人员、相关领域工程技术人员使用，也可供高等院校相关专业师生参考。

前 言

以实践主动性和实践洞察力实现数字化转型

自1992年日本推出互联网服务以来,网络性能显著提升,云计算也取得了很大进展。如今,这些数字技术创造出了许多新的价值,同时也给产业和地区带来了结构性变革。

另外,这些数字技术的发展速度如此惊人,可以说是以几何级数增长,新的平台和服务不断出现和升级,并持续进步。

在当今时代,企业需要合理利用数字技术或服务,重新审视传统的业务模式,并在改革组织和业务的过程中创造新的价值。

在此背景下,对于用户来说,实践主动性的这一姿态更为重要,即不被各式各样的平台和服务左右,选择最适合自身企业的平台或服务,并熟练使用它们。

实践主动性——为了我们追求的未来,主动付诸实践

一直以来,"临场思维能力"被认为是日本企业的强项。我认为,利用这一强项,可以洞察管理层、经理层以及员工个人的日常生活和各自岗位在当前和未来所面临的挑战,这是成功推动数字化转型(Digital Transformation,DX)的重要力量。不畏数字技术，不断通过实践积累知识，我们能够开辟不确定的未来。

实践洞察力——为了我们追求的未来，提高洞察力去实践

适用数字技术的变革主题涉及各种场景，包括从商业模式等业务战略层面到现场改善层面。

通过构建智能工厂，我们想要实现什么，为此我们需要做什么，我希望通过这本书来传达，并以实践主动性和实践洞察力来构思这些事项的重要性。

本书的结构

虽然目前有很多关于数字技术的图书，但没有一本书能说明在哪里引进以及如何引进数字技术。本书编写的目的正是为了满足这些需求。本书没有局限于生产一线，而是全面审视整个制造业，然后具体展现与生产战略直接相关的智能工厂的构建方法。书中结合实际案例，描述了智能工厂的构建框架及流程。

本书围绕日本能率协会咨询公司在与客户共同研究 DX 相关主题的过程中设计的 5 种数字化推进方法（见图 1 中的 ①~⑤）而展开。

第 1 章作为序章，回顾了太平洋战争后至今的制造业变迁和环境变化，以及近年来数字技术的发展，并简要介绍了何谓智能工厂。第 2 章介绍的"创新三角形"是根据日本能率协会咨询公司（JMAC）开展的"制造业 DX 实况调查"，将各公司的数字化行动方向划分为不同层次。以该"创新三角形"为中心的制造业数字化方法将从第 3 章开始详细阐述。第 3 章介绍"创新三角形"最底层的"课题解决领域"的数字化方法，重点阐述 **IoT 7 种工具**的使用。第 4~6 章针对本书的主题——"智能工厂构建的推进方法"，介绍核心概念，详细解释 **JMAC 智能工厂印象单元**，以及利用智能工厂印象单元的 **TAKUETSU PLANT 设计方法**。第 7 章介绍 3 个各具特色的案例。第 8 章讨论推进这些行动措施的 **7 种数字人才类型**及其培养方式。第 9 章简要介绍智能工厂的发展蓝图和可能性。

前言

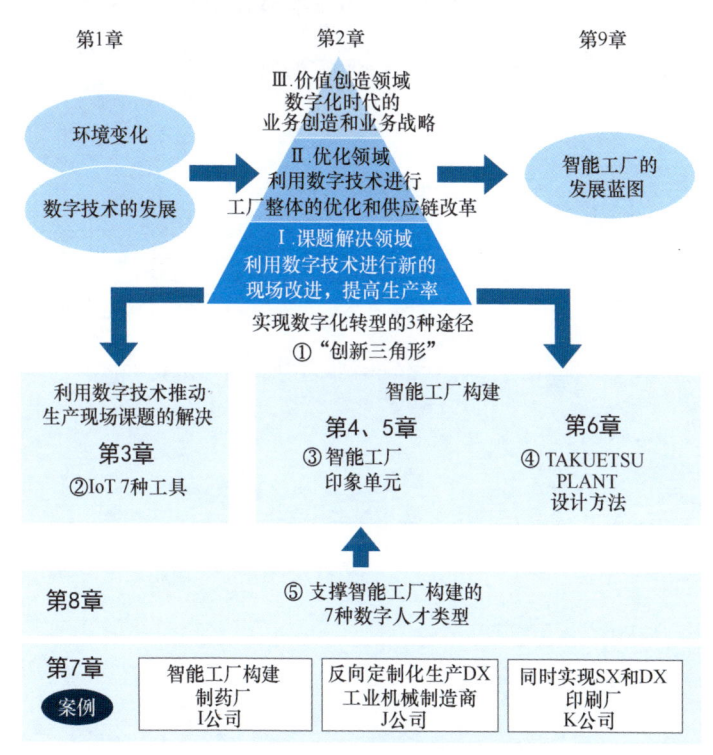

图 1　本书的结构

根据每家公司所处的环境、业务特性和定位所构建的智能工厂应有别于其他公司。无论企业规模大小或行业类型如何，从经营者到生产线监督者，本书旨在帮助每一位希望对公司生产进行数字化改革的人。

　　　　　　　　　　　　　　日本能率协会咨询公司
　　　　　　　　　　　　数字创新事业本部 本部长　毛利大
　　　　　　　　　　　　　　2022 年 4 月

目　录

前言

第 1 章
制造业面临的环境变化与课题 ·· **1**

1.1　以制造业为支撑的日本经济发展及其变迁 ········ 2

1.2　日本制造业的课题和掌握解决之道的数字
　　 技术 ··· 3

1.3　JMAC 构思的智能工厂构建要点 ······················ 17

第 2 章
加速数字化转型是构建智能工厂的关键 ················ **21**

2.1　定义数字化的行动层次 ······································ 22

2.2　JMAC 构思的数字化转型推进模式 ·················· 27

第 3 章
**通过反复试验解决现场课题——课题解决领域的
行动措施** ·· **37**

3.1　从实况调查中看各企业所采取的措施 ············ 38

3.2 基于利用数字技术解决现场课题而考虑的"IoT 7 种工具" ⋯⋯⋯⋯⋯⋯ 39

3.3 如何选择适合自身企业的数字化工具 ⋯⋯⋯⋯⋯⋯ 56

第 4 章

把自身企业打造成智能工厂——优化领域的行动措施 ⋯⋯ 61

4.1 构建智能工厂的常见失败案例 ⋯⋯⋯⋯⋯⋯ 62

4.2 构建智能工厂的重要策略 ⋯⋯⋯⋯⋯⋯ 66

4.3 利用智能工厂印象单元设计智能工厂概念的案例 ⋯⋯⋯⋯⋯⋯ 82

第 5 章

通过智能工厂印象单元构建理想的工厂 ⋯⋯⋯⋯⋯⋯ 87

5.1 四个流程创新 ⋯⋯⋯⋯⋯⋯ 88

5.2 智能工厂印象单元的具体说明 ⋯⋯⋯⋯⋯⋯ 100

第 6 章

实现智能工厂的方法——TAKUETSU PLANT ⋯⋯⋯⋯ 181

6.1 TAKUETSU PLANT 设计方法 ⋯⋯⋯⋯⋯⋯ 182

6.2 生产系统的实际效能 ⋯⋯⋯⋯⋯⋯ 185

6.3 TAKUETSU PLANT 的 "3+1" ⋯⋯⋯⋯⋯⋯ 189

6.4 智能工厂构建项目的推进方式 ⋯⋯⋯⋯⋯⋯ 195

第 7 章

智能工厂的构建案例 ⋯⋯⋯⋯⋯⋯ 205

7.1 案例 1 追求新工厂智能化——制药厂 I 公司 ⋯⋯ 206

7.2 案例 2　旨在解决定制化生产所面临的长期
　　　　　问题——工业机械制造商 J 公司 ················ 228
7.3 案例 3　致力于同时实现 SX 和 DX——
　　　　　印刷厂 K 公司 ·· 240

第 8 章
智能工厂构建背后的数字人才 ···································· **251**

8.1 DX 时代数字人才的意义及重要性 ················ 252
8.2 数字人才的要求 ·· 253
8.3 数字人才的培养 ·· 255
8.4 中小企业的数字人才培养方式 ························ 261

第 9 章
构建智能工厂 ·· **263**

9.1 从工厂自动化到智能工厂 ································ 264
9.2 智能工厂的发展前景 ·· 265

后记

第1章

制造业面临的环境变化与课题

1.1 以制造业为支撑的日本经济发展及其变迁

自明治维新以来，日本经济在制造业的支撑下不断发展。 进入 20 世纪后，这一趋势变得越来越明显。在此，先大致回顾一下太平洋战争结束后日本制造业的发展历程及其环境变化。

1.1.1 日本经济高速增长期（1960—1970 年）

太平洋战争结束后，日本沦为一片废墟，作为其复兴的标志而常常被人谈及的是 20 世纪六七十年代的经济高速增长期。在这一时期，各行业不断研发和生产出创新产品，不仅畅销于日本国内市场，也出口到海外，因性能卓越、价格实惠而广受好评，竞争力也随之逐渐增强。

1.1.2 从《广场协议》到泡沫经济（1980—1990 年）

进入 20 世纪 80 年代后，由于内需和出口仍在持续增长，日本许多企业开始将生产基地转移到海外。其间，虽然遭遇了 20 世纪 70 年代的两次石油危机、1985 年《广场协议》签订后的日元大幅升值、贸易摩擦等问题，但日本企业通过对生产现场的创新和改善，克服了诸多困难，并持续保持国际竞争优势。到 20 世纪 80 年代，制造业实现了飞跃性发展，为日本发展成经济大国注入了重要动力。

1.1.3 雷曼危机、灾害及传染病风险增加（1990—2020 年）

然而，到了 20 世纪 90 年代，泡沫经济崩溃后，日本陷入了长期的经济停滞期。日本国内需求达到饱和，最终产品在国内的生产数量减少，而在海外的本土化生产增加，导致日本国内产业空心化现象不断加剧。在这个过程中，同类产品在功能、品质等方面过于相似的同质化竞争，以及新兴国家的崛起，引发了激烈的价格战，因此日本企业逐渐难以保持其竞争优势。此外，少子老龄化导致了劳动力减少，产业结构变化导致就业人口中的制造业人才数量下降，再加上进入 21 世纪后，一系列不可预测的事件发生，如 2008 年的雷曼危机、2011 年的东日本大地震，以及 2020 年春季开始的新冠疫情等，都给日本经济和制造业带来了重大影响。

因此，制造业的外部环境随着时代发展而不断变化，并伴随着不确定性（见图 1-1）。关于近期较为突出的课题，我想更加深入地探讨一下。

1.2 日本制造业的课题和掌握解决之道的数字技术

1.2.1 打造兼顾经济价值与社会价值的制造系统的必要性

自 18 世纪下半叶工业革命以来，人类过上了便利且富足的生活，但同时也面临着全球性的社会问题，如容易引起气候变化的环境破坏、发达国家与发展中国家之间的经济差距扩大等。

长期以来，各国一直在讨论如何解决这些社会问题，直到 2015 年，联合国制定了"可持续发展目标"（Sustainable

智能工厂构建手册

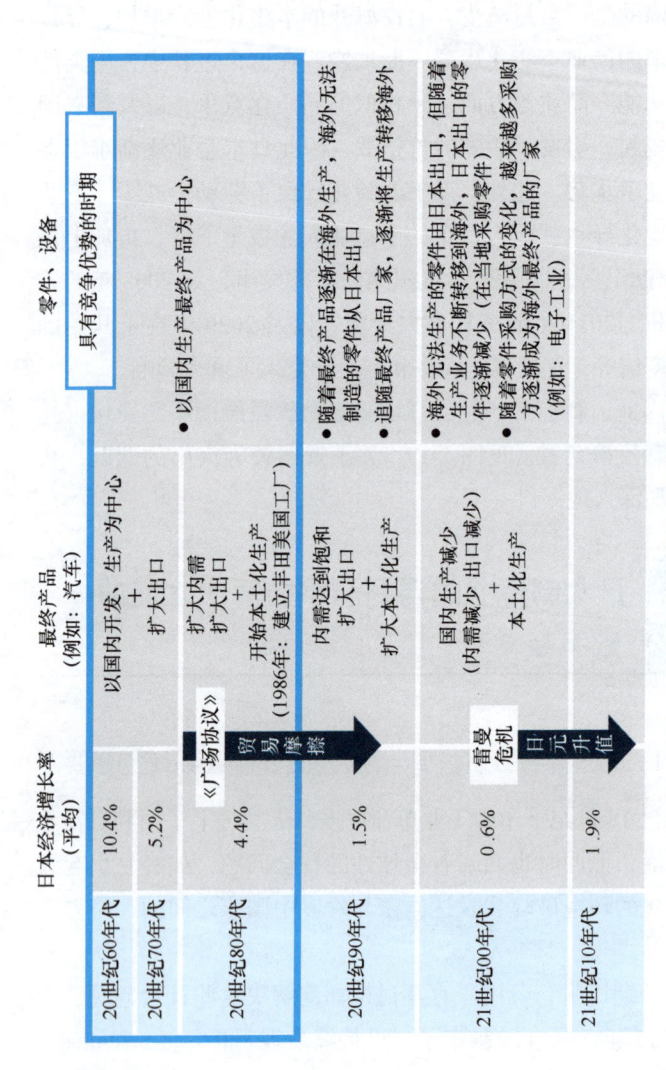

日本经济增长率（平均）		最终产品（例如：汽车）	零件、设备
			具有竞争优势的时期
20世纪60年代	10.4%	以国内开发、生产为中心	・以国内生产最终产品为中心
20世纪70年代	5.2%	扩大出口	
20世纪80年代	4.4%	扩大内需 扩大出口 + 开始本土化生产（1986年：建立丰田美国工厂） 《广场协议》 贸易摩擦	
20世纪90年代	1.5%	内需达到饱和 + 扩大本土化生产	・随着最终产品逐渐在海外生产，海外无法制造的零件从日本出口 ・追随最终产品厂家，逐渐将生产转移海外
21世纪00年代	0.6%	国内生产减少（内需减少 出口减少） + 本土化生产 雷曼危机 日元升值	・海外无法生产的零件由日本出口，但随着生产业务不断转移到海外，日本出口的零件逐渐减少（在当地采购零件） ・随着零件采购方式的变化，越来越多采购方逐渐成为海外最终产品的厂家（例如：电子工业）
21世纪10年代	1.9%		

图1-1 国内外环境变化引起的制造业的变化

注：资料来源为2013年版《制造白皮书》。

4

Development Goals，SDGs），为此提供了新的解决方向。进入2020年以后，随着SDGs理念广泛渗透到社会各阶层，日本企业不仅要像以往那样追求经济价值，还要致力于解决社会问题。

日本的制造业同样如此，除了要继续追求利润和效率，还要依据SDGs和解决社会问题的理念来展开行动，如改善各种原材料的采购方式、减少废弃物、设计工作场所时充分考虑员工工作方式、控制不必要的能源消耗、减少二氧化碳排放等。可以认为这是社会赋予的使命，即**"打造兼顾经济价值与社会价值的制造系统"**，而要完成这一使命，关键在于**"数字技术"**。在此，我想列举几个课题作为例子，来探讨其可能性。

1. 应对自然灾害等不可预测风险的准备工作

仅在过去的30年中，"地震大国"日本就经历了1995年的阪神大地震、2004年的新潟中越地震、2011年的东日本大地震、2016年的熊本地震等地震灾害，遭受了巨大的损失。由全球变暖引起的大规模风灾、水灾等广泛且多样的自然灾害正威胁着人类的生活环境。此外，自2020年春季开始的新冠疫情给世界带来了巨大冲击，导致全球经济陷入混乱，人类生活方式发生了翻天覆地的变化。

对于制造业企业来说，自然灾害和大流行病带来的影响也很大，它们遭遇了各方面的损失。例如，工厂建筑遭受物理性损害而导致停工、零部件供应延迟、供应链断裂导致主要工厂停工等。堪称日本制造业秘籍的及时化生产（Just In Time，JIT），是指按必要的时间、必要的数量，生产必要的材料和零部件，不生产暂时不必要的产品的一种生产方式。然而，就连"及时化"这种在供应链网络上建立的精密而强大的生产系统，也不得不面临转换方针的困境。

实际上，各汽车制造销售企业在2021年9月已经宣布，对传统的"零库存管理"模式进行了部分调整，要求供应商确保一定数量的零部件和材料库存（出自2021年9月16日《日本经济新闻》（朝刊）的文章《汽车企业"零库存管理"的转机》）。为稳定采购零件、材料所采取的措施见表1-1。其背后的原因显然是为了应对上述的风险及长期持续的新冠疫情使得居家办公和远程办公普及，从而导致了数字设备需求迅速增加，半导体供不应求。

不仅仅是汽车行业，从**业务连续性计划（Business Continuity Plan，BCP）**的角度来看，制造业一线在发生灾害后，人们能否有效控制好局面，迅速恢复正常生产、重建供应链等也受到了质疑。关于这些重要课题，人们期待**数字技术能够带来突破**，建立一套应对机制，以便实时掌握供应链上的物流动态，即时应对问题的发生。

表1-1 为稳定采购零件、材料所采取的措施

企业	措施
日本丰田	要求部分供应商将半导体库存增加到五个月左右的用量
日本日产	讨论将半导体库存增加到三个月的用量，同时向多家制造商订货
日本本田	优先将半导体分给产销两旺地区的汽车

(续)

企业	措施
德国大众	与半导体厂家签订1年以上的长期合同
美国特斯拉	确保在美国获得锂矿开采权

注：资料来源为2021年9月16日《日本经济新闻》（朝刊）。

2. 少子老龄化社会中制造业的持续发展（确保劳动力）

日本国立社会保障与人口问题研究所于2017年公布的"日本未来人口推测"结果显示，日本总人口从1900年的4780万人持续快速增长，于2008年达到了12808万人的峰值。然而，此后人口开始呈现下降趋势，预计到2040年将减少到峰值时期的84%，到2070年将减少到59%，到2100年将减少到约40%（约4950万人）。尤其是劳动适龄人口（15~64岁）在1997年达到了8726万人，但2015年已减少至7728万人。预计2040年劳动适龄人口将下降至6000万人（约为2015年的77%），2065年将下降至4529万人（约为2015年的58%）（见图1-2）。

如果将其放到制造业来看，2040年劳动适龄人口将减少至2015年的77%，若想维持目前的生产体制，只从劳动生产率方面入手的话，则需要将其提高30%以上。然而，确保这样的劳动力对整个制造业来说是一个挑战，尤其是中小企业更容易受到冲击，不难想象这是一个比以往更为严峻的问题。

解决这个问题有很多对策，如利用机器人实现自动化、引进外国劳动力、提前培养人才等，其中数字技术将发挥关键作用。

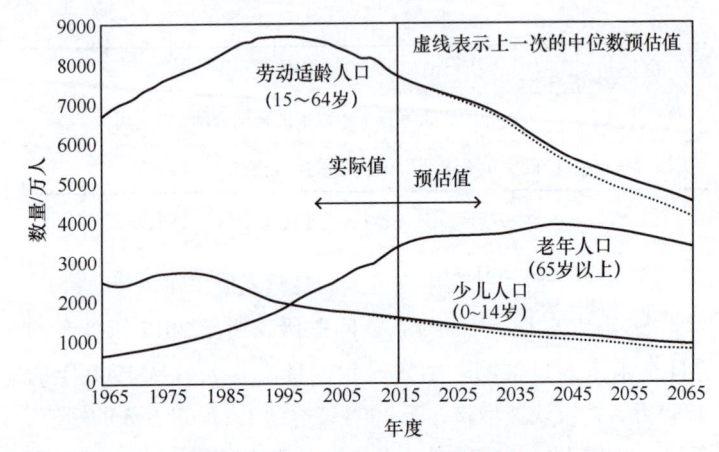

图 1-2　3 个年龄段人口数量变迁

注：资料来源为日本国立社会保障与人口问题研究所《未来人口预测（2017年）》。

3. 客户需求多样化

从大量生产、大量消费的时代向满足个体需求的大规模定制和多品种小批量生产的转变也尤为显著。为了在制造现场不降低生产率的前提下满足这种需求，需要获得能够深入了解客户和消费者潜在需求的营销信息，以及建立管理和分析这些信息的机制，在这个过程中，离不开数字技术的应用。

此外，传统的商品销售基本上是一次性的，即一旦到达消费者手中销售工作就结束了。但是，在产品中嵌入软件和传感器实现智能数据采集，并根据从中获取的大数据更新已购买的产品信息，这种"售后服务"也很关键。

1.2.2 科技进步、第四次工业革命及社会 5.0

前面已经讲述了要解决近年来的社会问题和制造现场的各种问题，关键在于数字技术。而今，数字技术的基础正是进入 21 世纪后快速发展的信息技术。20 世纪 90 年代中后期开始普及的计算机和手机，随着物联网（Internet of Things，IoT）的发展，在 21 世纪 20 年代已经渗透到日常生活的方方面面，支撑着人们的工作和生活。

在此背景下，**工业 4.0 即"第四次工业革命"**的重大变革开始于德国。2013 年 4 月，与日本同为制造业大国的德国，在政、官、财（即执政党、官僚、财团）三界联合下，提出推动制造业的智能化和数字化发展，涵盖大企业和中小企业。

顺便补充一下，第二次工业革命是指在劳动分工基础上，使用电力进行大规模生产的工业革命。而第三次工业革命则是指自 20 世纪 70 年代初期以来，使用电子工学和信息技术实现高度自动化的工业革命。

此外，日本政府把通过这些科技的发展和智慧实现的"信息社会"定位为社会 4.0，并提出在未来的社会 5.0 中，将深度融合网络空间与现实社会，实现以人为中心的强大和可持续的社会。届时将实现自动驾驶、机器人技术得以充分利用、无人机货物搬运、农业自动化、随时随地享受医疗服务，以及共享灾害信息（见图 1-3）。

关于实现社会 5.0 和解决社会问题时必需的数字技术和数字化转型，其至关重要的代表性技术包括 IoT、大数据、云、人工智能、机器人技术、5G 和 6G 等下一代通信技术。作为本书主题之一的智能工厂，也要重点思考如何在这些技术中进行取舍，同时构思出最适合自身的工厂优化方案，并将其落地执行。因此，我想简单介绍一下这些代表性技术。

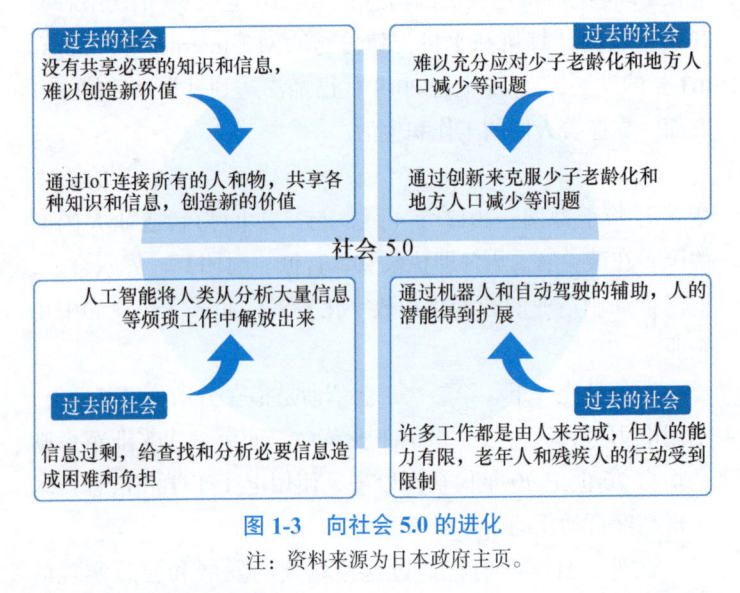

过去的社会	过去的社会
没有共享必要的知识和信息，难以创造新价值	难以充分应对少子老龄化和地方人口减少等问题
通过IoT连接所有的人和物，共享各种知识和信息，创造新的价值	通过创新来克服少子老龄化和地方人口减少等问题

社会 5.0

人工智能将人类从分析大量信息等烦琐工作中解放出来	通过机器人和自动驾驶的辅助，人的潜能得到扩展
过去的社会	过去的社会
信息过剩，给查找和分析必要信息造成困难和负担	许多工作都是由人来完成，但人的能力有限，老年人和残疾人的行动受到限制

图 1-3　向社会 5.0 的进化

注：资料来源为日本政府主页。

1. IoT、大数据、云

IoT 是指通过互联网连接实现人与物之间、物与物之间的互联。所有物体与网络相连接，通过信息交换和通信，提高了各个方面的便利性，并扩大了商机。在日常生活中，家居照明、空调、音乐播放器等 IoT 智能家居产品，通过互联网技术，实现了信息共享和远程控制。IoT 技术还应用于健康管理服务方面，如监测呼吸、心率等生命体征。另外，交通、气象等多个领域的信息已经进行数据化处理，并基于互联网技术实现了互联互通，通过分析和利用这些信息，创造出了新的附加值。IoT 的应用意象如图 1-4 所示。

图 1-4　IoT 的应用意象

放眼制造业领域，我们会发现，通过实时监测工厂内机器的运行状况、温度、湿度、压力、距离、声音、时间、位置、深度、水平度等各种参数，并将其信息上传至网络共享，有利于工厂各个方面的改善。如此，过去曾经无法掌握或者需要大量人力物力才能获取的信息，如今已经变得唾手可得了。

另外，存储这些数据所需的大容量内存服务器及能够处理大数据的计算机资源的需求不断增加，硬件方面也将实现发展，如云计算、高性能半导体芯片，甚至还有量子计算机的研发等。如果将信息保存在本地计算机中，并通过 USB 存储器等物理介质来传输数据，就无法享受大数据和云服务带来的便利了。

推动这类信息检测和可视化的工具正在加速研发，不同规模的供应商提供了多种服务和工具。在本书所探讨的制造现场，利用这些服务和工具所带来的可能性可以说是无穷无尽的，但更重要的是，要学会识别哪些服务和工具对公司来说至关重要，并做出明智的选择。同时，面对五花八门的服务和工具，以及泛滥的信息，或许还要具备去芜存菁的能力。

2. 随着人工智能的发展，从逻辑思维向统计思维转变

"人工智能（Artificial Intelligence，AI）"这个词在1956年被正式定义。如果将这一时期视为AI第一次热潮，那么随后又经历了多次盛衰，直到2000年左右才开始了第三次热潮。这股热潮至今仍在持续，有人认为这次或许是真正意义上的热潮。

最近，很多人在日常生活中也感受到了AI技术带来的便利。简单的应用例子有扫地机器人、网购推荐功能（猜你想搜）、智能手机的生物识别技术、自动翻译，以及医疗领域和自动驾驶技术等，毋庸置疑，今后AI的应用范围将进一步扩大。

虽然都是AI，但为了实现各种各样的服务，研发人员每天都要根据文字、图像、语言、音频等不同的处理信息类型，来进行不同的研究和技术更新。为了充分发挥人工智能的卓越潜力，我们要对日新月异的技术创新始终保持高度的敏感，了解智能技术在哪些领域实现到什么程度。而且，不管在哪个领域，最重要的是在这种技术基础之上用于AI学习的大量

数据。大量的数据积累及高效处理大规模数据的环境得到了升级，推动了 AI 技术的创新。

日本能率协会咨询公司（JMAC）把由 AI 引起的本质变化视为从"逻辑思维"到"统计思维"的转变，即以前人们在解决问题时，用理论和逻辑进行解释说明、赋予含义和做出决策，这一过程曾具有重要价值，但现在 AI 可以提前准确地推导出由某种行为产生的结果，而这已逐渐成为人们行动的基准。如果只是反复地纸上谈兵，花费数日才能做出决策，则会延缓进程。

这种统计思维的特点在于，输入的数据越多，其结果的确定性越高。因此，拥有丰富且可利用的数据，或将成为判断其优劣的关键。

2005 年，未来学家雷蒙德·库兹韦尔预测，在 2045 年之前将会出现"奇点"。所谓"奇点"，是指人们预测 AI 的智能将超越全人类的智能，社会将以人类无法预测的速度不断发生变化。在日语中，这一概念被翻译为"技术的特异点"（技术性奇点）。在 2045 年这一不久的将来，可能会出现奇点，从 2045 年的这一时间点考虑，我们需要从现在开始设想未来世界会变成什么样，思考应该采取什么行动。为此，我认为首先每个人都要对 AI 技术有一定的了解（见图 1-5）。

3. 支撑社会 5.0 发展的 5G 和 6G

5G 是第五代移动通信技术（5th Generation Mobile Communication Technology）的简称，它不仅提高了手机用户体验，还增强了各种机器、小配件和设备的连接性，具有通信质量高的优点，因此人们对其寄予了厚望。

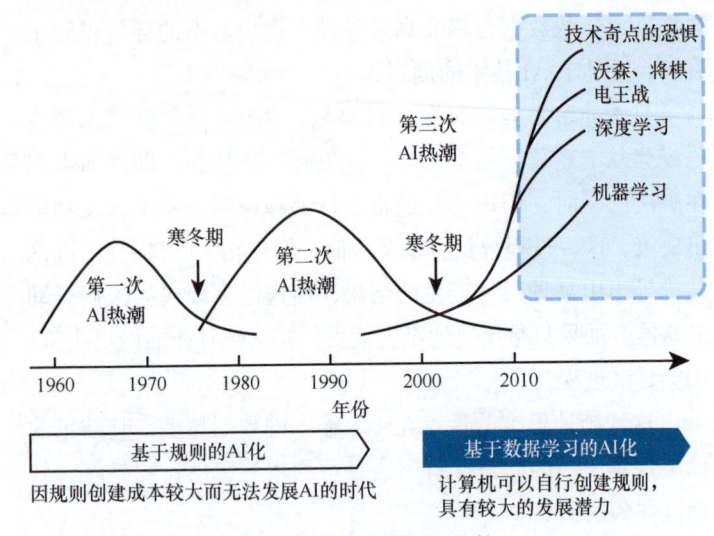

图中标注：
- 技术奇点的恐惧
- 沃森、将棋电王战
- 深度学习
- 机器学习
- 第三次AI热潮
- 寒冬期
- 第二次AI热潮
- 寒冬期
- 第一次AI热潮
- 年份
- 基于规则的AI化：因规则创建成本较大而无法发展AI的时代
- 基于数据学习的AI化：计算机可以自行创建规则，具有较大的发展潜力

图1-5 AI的进展和趋势

注：资料来源为松尾丰《人工智能狂潮——机器人会超越人类吗？》（角川书店）。

在社会5.0中，随着物联网的进一步发展，众多设备将连接到网络，并在那里共享庞大的数据。以目前的基础设施来看，众多设备之间进行大量信息的无延迟传输存在一定限制，而5G或将成为这些信息传输的载体。

5G的优点是高速率、大容量、大连接，以及超低时延。"超低时延"这个词汇可能比较陌生，简单来说，是指数据发送端和接收端之间几乎没有时间延迟。因此，人们希望通过5G，实现医疗行业的远程医疗、远程康复，甚至远程手术等。自动驾驶技术需要把对周围环境的感知与制动命令同步，所以实现自动驾驶极其需要发展超低时延技术。因此人们认为，超低时延技术不仅为网络空间提供服务，而且是根据网络空间判断的信息来控制现实社会的不可或缺的技术。

关于下一代通信标准 6G 的研究和测试正在推进。NTT DOCOMO 于 2022 年 1 月 17 日发布新闻公告称："6G 的通信速度将超过（人类的）神经反应速度，所以将人脑和身体的信息连接到互联网后，可以增强人类的感知能力。"在这一人类增强平台，通过捕捉动作的设备和再现动作的驱动设备，实现与人类或机器人的实时交互等概念将变得更加确定可行。此外，该新闻公告中还提到了对于与"人类增强"一词相关的"远程情感传递""五感共享""心灵感应和念力"等的展望。

这样看来，数字技术应用于制造业领域的可能性也变得更加清晰具体。除了可以远程监控设备的运行状况，还有望通过在制造设备、搬运设备等设备之间实时共享信息，自主控制设备输送，确保物料的及时供应，以及互相共享在制品和机器人的状态，从而在预防故障发生等多方面提升效率。

此外有报告表明，目前生产实绩数据（包括设备的运行状况和操作人员的作业情况等）中，有 90% 未被收集和保存。然而在高速率、大容量、大连接的 5G 条件下，所有信息都将得以收集和保存，并有望在人才的合理配置、组织整体的效率提升、管理和改革的推动等方面发挥重要作用（见图 1-6）。

1.2.3 数字技术在制造现场的应用

那么，这些数字技术在制造现场是如何应用的呢？图 1-7 简单展示了应用场景。

5G优势

- 高速率
- 大容量
- 大连接
- 超低时延

超低时延是指"发送端和接收端之间没有时差"

- 远程医疗
- 远程康复
- 远程手术
- 自动驾驶技术的发展
- 设备的远程控制
- 设备间相互对接→自主化

图 1-6　5G 的优势与应用

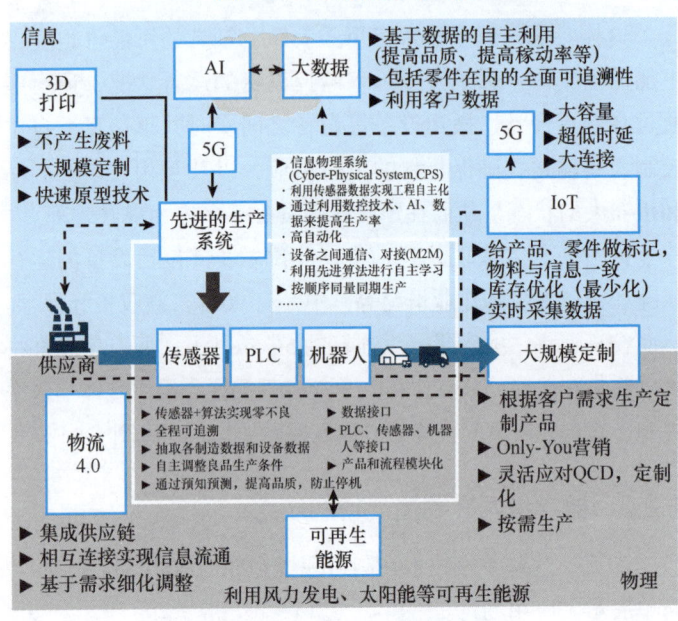

信息

- AI ⇄ 大数据
- 3D打印
  - ▶不产生废料
  - ▶大规模定制
  - ▶快速原型技术
- 5G
- 先进的生产系统

信息物理系统(Cyber-Physical System,CPS)
· 利用传感器数据实现工程自主化
· 通过利用数控技术、AI、数据来提高生产率
· 高自动化
· 设备之间通信、对接(M2M)
· 利用先进算法进行自主学习
· 按顺序同量同期生产
……

- 基于数据的自主利用（提高品质、提高稼动率等）
- 包括零件在内的全面可追溯性
- 利用客户数据

5G
- 大容量
- 超低时延
- 大连接

IoT

- 给产品、零件做标记，物料与信息一致
- 库存优化（最少化）
- 实时采集数据

供应商 — 传感器　PLC　机器人 — **大规模定制**

- 物流4.0
  - ▶集成供应链
  - ▶相互连接实现信息流通
  - ▶基于需求细化调整

- ▶传感器+算法实现零不良
- ▶全程可追溯
- ▶抽取各制造数据和设备数据
- ▶自主调整良品生产条件
- ▶通过预知预测，提高品质，防止停机

- ▶数据接口
- ▶PLC、传感器、机器人等接口
- ▶产品和流程模块化

可再生能源

利用风力发电、太阳能等可再生能源

- 根据客户需求生产定制产品
- Only-You营销
- 灵活应对QCD，定制化
- 按需生产

物理

图 1-7　数字技术应用场景示意图

通过搭载了物联网技术的设备，从各种传感器和可编程逻辑控制器（Programmable Logic Controller，PLC）生成的大量实绩数据将通过 5G 进行实时流式传输。其中一部分数据通过 AI 用于其他设备的自主控制指令。为了提高产品质量和设备稼动率，根据云环境中大量存储的大数据，在网络空间反复进行快速模拟，并将最佳方案反馈给整个制造现场。无延迟地共享大量信息，并反复分析和转化为下一步行动，以及在终端、设备之间相互通信并反射性地采取自主行动等，这些场景让人联想到人体功能本身。可以说，这是智能工厂的目标之一。

但这些愿景并非一朝一夕可以实现。前提是要先明确管理项目，提高管理精度，包括安装传感器等装置，完成各种设置，并给予 AI 指令，以及利用大数据进行关键绩效指标（Key Performance Indicator，KPI）可视化等。在此基础上，统一收集和保存企业各部门的庞大数据，然后由数据分析师以各种角度进行分析。基于这些分析，管理者使用一款名为商业智能（Business Intelligence，BI）的分析工具进行决策。

1.3 JMAC 构思的智能工厂构建要点

刚刚已经论述了智能工厂的其中一个目标，但仅仅理解这一点可能还不足以推动公司的智能工厂化项目的实施。前面的论述中缺乏关于"在这个工厂想要实现什么"的讨论。图 1-7 利用分析工具展示了智能工厂的目标，但在企业经营方面，这仅仅只是手段而已。每家企业或工厂对智能工厂的目标和愿景应该是有所不同的。重要的是，要认清该把重点放在哪里，要达到什么水平。

关于智能工厂的目标，接下来我想详细地跟大家分享一下。图1-8所示为JMAC构思的智能工厂。

图1-8的左侧记录了对工厂的各种要求，如"超短周期的产品方案修改""应对超短交期""为我定制""推进碳中和""应对劳动力短缺""品质追溯"等。我们追求的智能工厂不仅要提高工厂生产率，还应当与一系列业务流程联动，以满足这些要求。为此我们进行充分讨论后，或许就能构想出理想且具有自身特色的智能工厂发展蓝图，以及它应具备的功能。

此外，中间的流程图由上至下按照销售计划、需求计划、执行计划的流程，展示了与工厂绩效管理相关的一系列业务流程。作为上游中关键的信息技术（Information Technology，IT）系统，包含销售自动化（Sales Force Automation，SFA）、企业资源计划（Enterprise Resource Planning，ERP）、供应链管理（Supply Chain Management，SCM）、产品生命周期管理（Product Lifecycle Management，PLM），而工厂通过生产执行系统（Manufacturing Execution System，MES）下达生产指令和控制生产。在图1-8的一系列纵向流程中，从企业的销售部门到制造部门，很多人都涉及这些信息的交接。换句话说，各个系统尽管看起来相互连接，但实际上在每个部门之间都是分隔的，这极大地降低了效率。

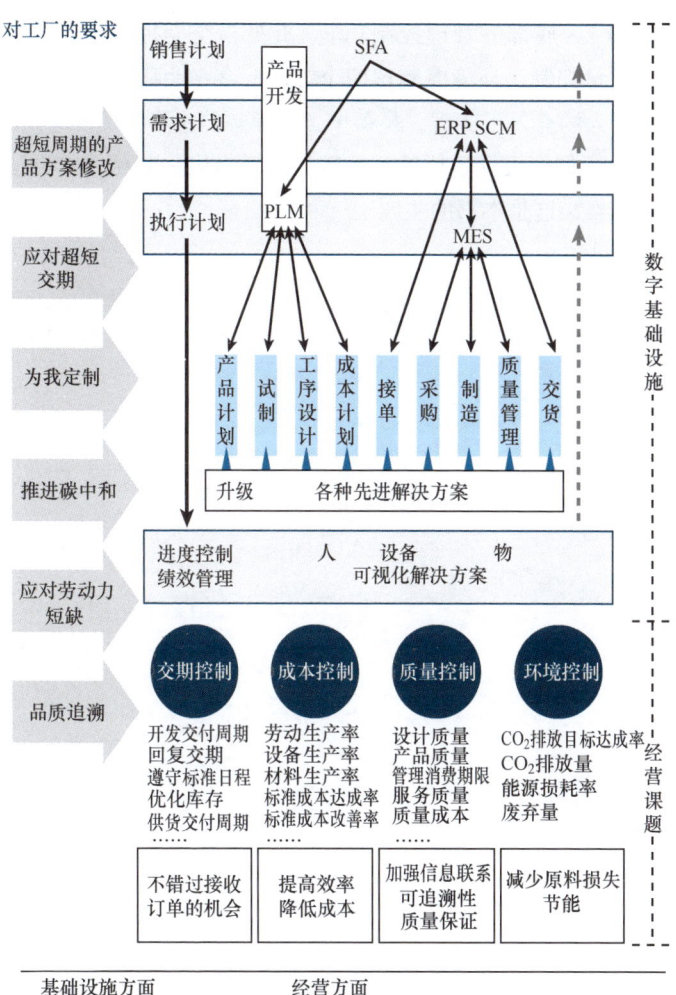

图 1-8 JMAC 构思的智能工厂

对工厂的要求
- 超短周期的产品方案修改
- 应对超短交期
- 为我定制
- 推进碳中和
- 应对劳动力短缺
- 品质追溯

数字基础设施

销售计划 → 需求计划 → 执行计划

产品开发、SFA、ERP SCM、PLM、MES

产品计划 / 试制 / 工序设计 / 成本计划 / 接单 / 采购 / 制造 / 质量管理 / 交货

升级 各种先进解决方案

进度控制 绩效管理 —— 人 设备 物 可视化解决方案

经营课题

- **交期控制**：开发交付周期、回复交期、遵守标准日程、优化库存、供货交付周期……→ 不错过接收订单的机会
- **成本控制**：劳动生产率、设备生产率、材料生产率、标准成本达成率、标准成本改善率……→ 提高效率 降低成本
- **质量控制**：设计质量、产品质量、管理消费期限、服务质量、质量成本……→ 加强信息联系 可追溯性 质量保证
- **环境控制**：CO_2排放目标达成率、CO_2排放量、能源损耗率、废弃量 → 减少原料损失 节能

基础设施方面
在人不介入的情况下，多大限度上实现了四项控制？

+

经营方面
一些普遍的追求：想要实现什么目标？要在多大限度上实现该目标？ ➡ DX概念

图 1-8 JMAC 构思的智能工厂

第 1 章 制造业面临的环境变化与课题

图 1-8 底部的管理控制功能（此处指交期控制、成本控制、质量控制、环境控制这四个方面）在多大限度上能够在不需要人的介入下实现，是每个工厂面临的主要管理课题。

对于如何设计这样的智能工厂，谨提供一些相关的方法论和框架，这是本书的主题。

第2章

加速数字化转型是构建智能工厂的关键

2.1 定义数字化的行动层次

在第 1 章中，笔者快速回顾了日本的经济发展和科技进步，并且向读者说明了目前日本制造业面临的课题，即兼顾 SDGs 和地球环境的制造业、BCP、确保劳动力、灵活应对客户需求的多样化。我们需要在这些课题背景下思考制造业的未来。

同时，AI 和 5G 等技术创新也获得了显著发展。为了与迅速普及的远程办公同步发展，各企业都开始进一步认识数字化转型的必要性。正确理解和巧妙运用这些技术将会成为构建智能工厂的关键。

在此背景下，各企业应如何思考并采取行动呢？下面，根据 JMAC 开展的实况调查，先对行动的层次进行定义。

2.1.1 用三个领域梳理推动数字化转型和物联网应用的程度

JMAC 自 2014 年起成立了数字创新拓展部门，为了研究一系列的制造过程如何因物联网技术而发生变化，以及在数字化转型和智能工厂普及之时，制造业正面临哪些烦恼和课题，JMAC 与客户一起在制造现场反复进行试验和研究。为了对这项研究进行定点监测，2015 年起，JMAC 每年都会开展"制造业数字化转型实况调查"（2019 年之前名为"制造业物联网实况调查"）（见表 2-1）。

表 2-1　制造业数字化转型实况调查概要（2015—2020 年实施）

	2015 年（第 1 次）	2016 年（第 2 次）	2017 年（第 3 次）	2018 年（第 4 次）	2019 年（第 5 次）
实施时间	2015 年 10 月 6 日—10 月 12 日	2016 年 8 月 1 日—8 月 5 日	2017 年 8 月 10 日—8 月 22 日	2018 年 12 月 18 日—2019 年 1 月 21 日	2019 年 12 月 18 日—2020 年 1 月 21 日
方法	从 JMAC 的客户清单中抽取制造业的类别，实施网络问卷调查。网络问卷包含问答题在内，共设计 25 道问题				
发放数量 / 份	10169	8296	14423	12025	10166
有效回答数 / 份［有效回答率（%）］	175（1.72）	182（2.19）	305（2.11）	246（2.05）	188（1.8）

通过调查可以看到，各企业实现数字化的途径不尽相同，其举措大致可以整理为三个领域：课题解决领域、优化领域、价值创造领域。JMAC 将这些举措划分为不同层次，并将其定义为"创新三角形"（见图 2-1）。

下面，针对这三个领域逐个进行分析。

1. 课题解决领域

为发现日常工作中的问题、改善现场和提高生产率，利用数字化工具采取一定的措施，这种做法属于"课题解决领域"，其位于"创新三角形"的最底部。该领域是使用数字化工具解决职场中常见的问题，如"想要测量所负责设备的稼动率并进行改善""想要比较资深员工与新人的工作方式并进行改善"等。这将使得各项举措比以往更加迅速、广泛，并实现常态化，可以看作是入门级的数字化转型，即从小事做起，反复尝试，不断试错。

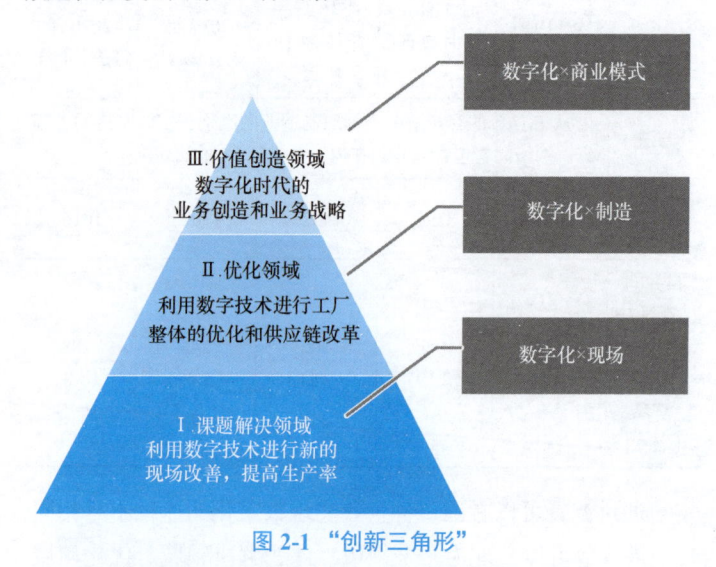

金字塔从上到下：

- 数字化×商业模式
- Ⅲ. 价值创造领域 数字化时代的业务创造和业务战略
- 数字化×制造
- Ⅱ. 优化领域 利用数字技术进行工厂整体的优化和供应链改革
- 数字化×现场
- Ⅰ. 课题解决领域 利用数字技术进行新的现场改善，提高生产率

图 2-1 "创新三角形"

2. 优化领域

除了解决和改善现场问题，更注重从经营的角度来考虑利用数字技术对工厂整体和供应链整体进行改革，这就是位于"创新三角形"中心的"优化领域"。该领域以与制造部门及其他相关部门协作为前提，实现整个供需流程的优化，如"希望制造部门灵活应对每天的需求信息变化""希望直接将图纸设计与实际制造相连接，以缩短交货周期"等。参与

研究的团队成员也将会涉及更多领域。作为本书的重要主题，构建智能工厂被定位在这个领域。

制造业追求的理想状态和目标因企业所处的行业地位、规模、产品和经营状况而各不相同。为了真正实现优化，除了工厂内部，还要考虑到为制造相关的各方参与者提供怎样的价值等要素。虽然从入门级的课题解决领域入手并非毫无意义，但在构建智能工厂方面，需要具备更高的视野，而不仅仅局限于现场的问题解决和改善。

另外，笔者从优化领域的角度构思了工厂的理想状态，并将其整理为参考内容，即在第4章和第5章中详细阐述的"智能工厂印象单元"。

3. 价值创造领域

位于"创新三角形"顶部的"价值创造领域"旨在凭借智能工厂带来的制造灵活性，创造新的产品和服务，开拓新市场，获取新客户。

将现有的商业模式跃升至全新的商业模式，智能工厂将作为一个起点，收集实现这一目标所需的资源。

将企业拥有的各种信息转化为数字资产，并给这些资产注入新的附加值，这是一种有效的途径。

2.1.2　各企业的进展情况

根据截至2019年第5次调查的结果，简要地分析一下"创新三角形"中各个领域数字化转型的进展情况（见图2-2）。

关于课题解决领域的进展，"已经在实行"的企业占比40%，再加上"目前正在计划"的企业，二者占比达到69%。

关于优化领域的进展，"已经在实行"或"目前正在计划"的企业占比共计达到48%。

另外，通过比较自2016年以来的4次调查结果发现，关于课题解决领域，不管是"已经在实行"还是"目前正在计划"，正在进行某种活动的企业占比正逐年增长，2016年为43%，2017年为55%，2018年为64%，2019年为69%。在优化领域进行某种活动的企业占比也呈上升趋势，2016年和2017年为32%，2018年为41%，2019年为48%。

在价值创造领域，正在进行某种活动的企业占比没有发生很大的变化，2016年为19%、2017年和2018年为22%、2019年为24%。由此可以发现，在传统商业范畴内，积极开展制程创新的企业在不断增加，但是能够通过构建新的商业模式创造新价值的企业还很少。

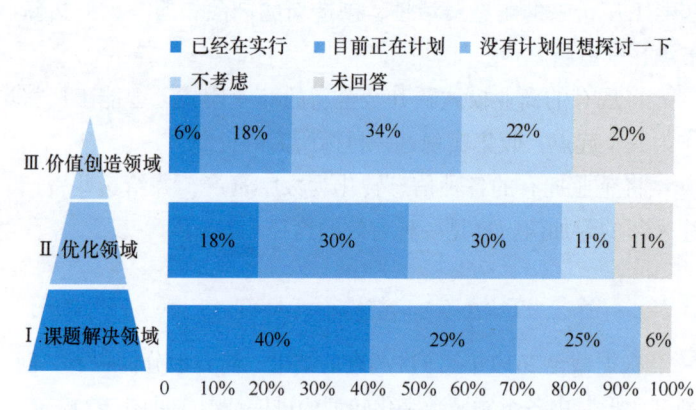

领域	已经在实行	目前正在计划	没有计划但想探讨一下	不考虑	未回答
Ⅲ.价值创造领域	6%	18%	34%	22%	20%
Ⅱ.优化领域	18%	30%	30%	11%	11%
Ⅰ.课题解决领域	40%	29%	25%	6%	

图 2-2　各个领域数字化转型的进展情况

注：资料来源为JMAC第5次"制造业数字化转型实况调查"。

2.2 JMAC构思的数字化转型推进模式

到目前为止，通过实况调查和建立"创新三角形"，了解了制造现场数字化举措的不同层次。接下来，先简单说明一下数字化转型的概念。

2.2.1 何谓数字化转型？

随着数字化和数字技术的应用，我们经常会听到数字化转型（DX）这个词。DX是一个概念，其中"D"代表数字（Digital），"X"代表转型（Transformation），直译的话，可以理解为"利用数字对〇〇进行转型"。用"X"而非"T"来表示"Transformation"，是因为在英语中"trans-"或"ex-"前缀通常缩写为"X"。

一般认为，数字化转型的概念最初是由瑞典于默奥大学的埃里克·斯特尔特曼（Erik Stolterman）教授等人在2004年发表的一篇论文中提出的。在日本的商业领域，"数字化转型"一词在令和时代（2019年）以后才开始频繁使用。日本经济产业省发布的《数字化转型推进指标及其指南》对"数字化转型"的定义如下：

企业根据客户和社会的需求，利用数据和数字技术来应对商业环境的快速变化，对产品、服务和商业模式进行改革，同时对业务本身、组织、流程、企业文化和氛围进行改革，以建立竞争优势。

日本经济产业省发布的数字化转型报告中，基于"数字化转型框架"（见图2-3）提出了一种推动方法。数字化推动阶段包括"未着手"→"数字化转换"→"数字化升级"→"数字化转型"，对象分为"商业模式的数字化""产品/服务的数字化""业务的数字化"和"平台的数字化"四个层次，并提供了相应的指导方针。

笔者认为该框架为企业确定行动方向和认清当前定位提供了一个有效方针。但是，针对"数字化转型"的定义也存在模糊之处，笔者经常听到"我们公司现在做的事情是属于数字化升级还是数字化转型？"这样的问题。关于这个阶段的定义，在网络上有很多文章都做出了各种解释，试图让读者易于理解，但事实上这些解释与实际定义存在着细微的差异。从概念上来说，可以理解为第1章中阐述的**"通过数字技术解决各种问题"**。然而，当需要将数字化转型应用到实际工作中时，可能会有很多人产生疑问，如"我们应该从何入手？""我现在在公司所做的事情到底能否称为数字化转型？"

直言不讳地讲，笔者认为**过于拘泥于"数字化转型"这个词，继续深入探讨上述解释，并没有太大意义**。前面介绍的"创新三角形"展示了3个不同维度的层次，即使是最底层的课题解决领域，也包含了"利用数字技术对业务流程进行转型"的要素和想法，因此也具有很重要的意义。

接下来，将继续着眼于这个框架，将全公司或各组织的数字化转型推动途径归纳为3种进行思考。

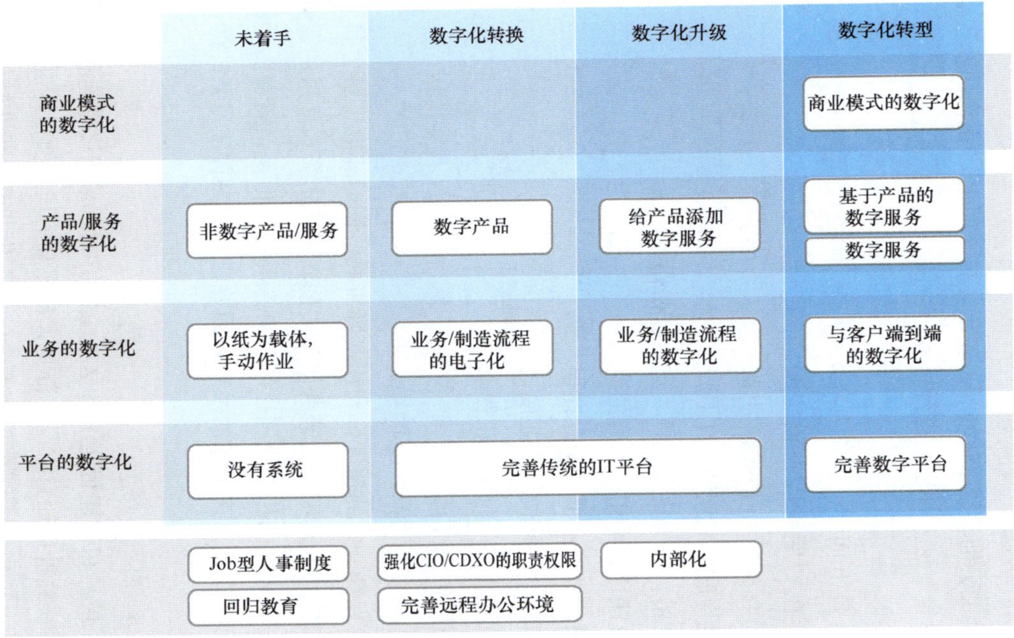

第2章 加速数字化转型是构建智能工厂的关键

	未着手	数字化转换	数字化升级	数字化转型
商业模式的数字化	非数字产品/服务	数字产品	给产品添加数字服务	商业模式的数字化
产品/服务的数字化				基于产品的数字服务 / 数字服务
业务的数字化	以纸为载体，手动作业	业务/制造流程的电子化	业务/制造流程的数字化	与客户端到端的数字化
平台的数字化	没有系统	完善传统的IT平台		完善数字平台
	Job型人事制度 / 回归教育	强化CIO/CDXO的职责权限 / 完善远程办公环境	内部化	

图 2-3 数字化转型框架

注：资料来源为日本经济产业省数字化转型报告。

29

2.2.2 推动数字化转型的3种途径

关于推动数字化转型,基于"自下而上""由内而外""设计途径"这3种途径进行思考。

1. 自下而上

自下而上(见图2-4)是一种优先现场的小而快的途径,在初期阶段不设定明确的目标,而是先解决眼前的课题,利用数字工具反复试错,努力攻克问题。这种方法比较适用于已有的商业模式和商业惯例中存在很多障碍,最初构思商业模式的根本性变革时需要花费很长时间的情况。

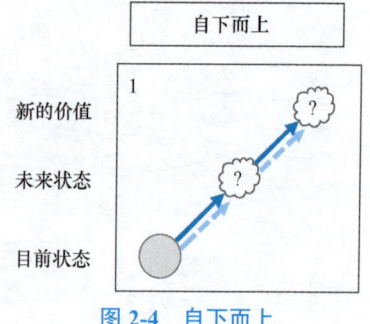

图2-4 自下而上

在实际推动过程中,需要保持一定的速度,利用实际工具,同时还要了解工具的使用技巧及其极限,笔者认为"创新三角形"最底层的课题解决领域中的相关措施比较具有亲和力。但是,随着活动进展迅速,也存在失控的风险,因此需要时刻关注成果,谨慎推进。

2. 由内而外

虽然在构建智能工厂这类主题方面,采用设计途径比较合适。这种途径自古以来都是大众熟知的理想项目推进方法。但是,被称为第四次工业革命的数字化变革处于非持续性变化中，难以准确预测数年后的变化。

由内而外（见图 2-5）的这种途径虽然会先暂定一个目标，但"其后产生的价值"即便与最初设想的目标不同也无妨。该途径首先会设定一个想要达到的中间目标，然后朝着这个目标努力，它对数字时代的改革适用性很强。虽然在开始阶段无法精确地估计其经济价值（效果），但在中间目标实现后会发现新的价值。

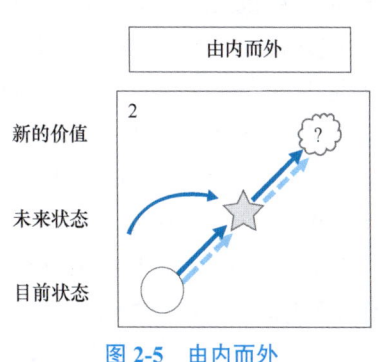

图 2-5 由内而外

3. 设计途径

设计途径（见图 2-6）是指设定目标并攻克各种课题以达到该目标的途径。设计途径有两种。

时任美国总统约翰·肯尼迪曾于 1961 年宣布："我们将在十年内把人类送上月球并安全返回地面。"然而当时并没有提出明确的实施计划，人类登月的里程碑是在推进载人登月工程时逐步确定的，在这个过程中，研究人员会根据情况不断修改轨道和反复试验，这就是如今人们所说的"随机应变型"。最高层仅提出目标,研发团队排除万难,于1969年通过阿波罗11号任务实现了这一目标。挑战这种"不确定是否能实现,但一旦实现将会产生巨大冲击的、激动人心的宏伟目标"或者实现"通过强大的理念和雄厚的资金来达到长期愿景",适合采用第一种设计途径,即"随机应变型"设计途径,也称为"登月型"设计途径(见图2-6左侧3.1)。

第二种设计途径(见图2-6右侧3.2)是,将想要实现的梦想、新的服务和期待的效果设定为目标,并明确制定达到该目标所需的方法和步骤,逐个攻克,向前推进。这种设计途径适用于为构想实现目标的里程碑,以最短路径稳步推进日常工作中明确的课题或目标的案例。笔者认为还是这种设计途径更适合智能工厂建设项目。因为在跨部门追求整体优化的同时,部门之间要相互权衡,所以各方针对具体的愿景和情景达成共识至关重要。但需要注意的是,如果采用这种设计途径,要防止在讨论上花费过多时间,从而导致无法启动项目。

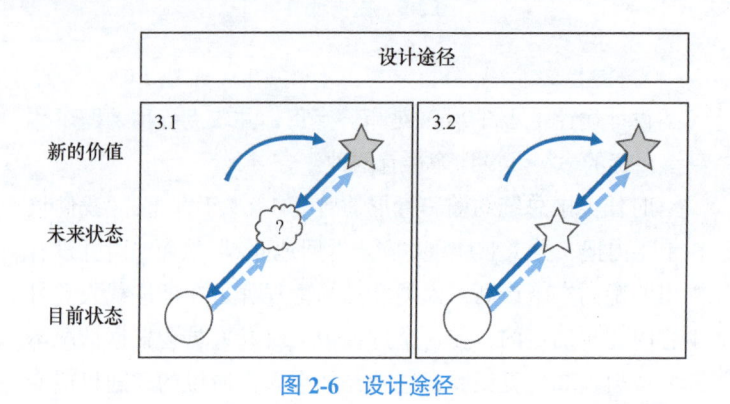

图2-6 设计途径

综上所述，推动数字化转型的3种途径及其特征如图2-7所示。

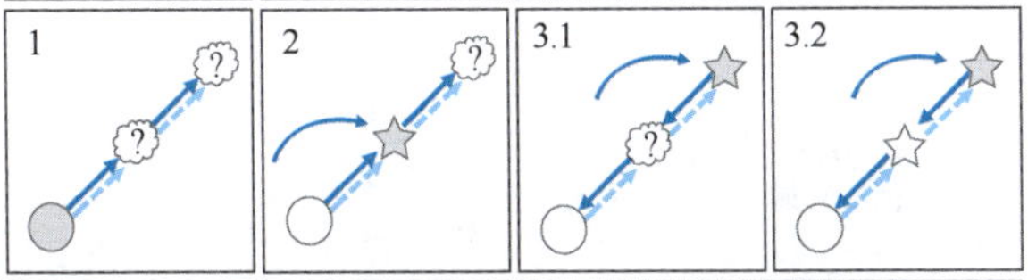

	自下而上	由内而外	设计途径	
	1	2	3.1	3.2
新的价值 未来状态 目前状态				
设定目标	在初期阶段不设定明确的目标	设想将会产生的价值并开始行动（即便结果与预期不同也没关系）	明确设定想要实现的梦想、新的服务或期待的效果	
推进方法	优先现场的小而快，首先解决眼前的课题，利用工具反复试错，努力攻克	为增强竞争力而构思目标状态，最基本的是，通过数据和数据架构实现部门之间的合作	在推进的过程中逐步确定里程碑，根据情况修改推进方式（随机应变型）	构想里程碑，以最短路径稳步推进
要点	将一定程度的决策权限下放给现场，并积累成功和失败的经验	虽然无法精确地估计经济价值，但针对应追求的企业状态要达成一致，同时不断发现新的价值创造	用强大的理念和雄厚的资金来支持实现愿景(长期的)	由具有明确愿景和技能的团队开拓事业（或者设定小目标）
	由于容易失控，因此需要时刻关注成果，谨慎推进	←——————→		要注意防止把时间都花在讨论上而导致无法启动项目

图2-7 推动数字化转型的3种途径及其特征

2.2.3 3种途径与"创新三角形"

将"创新三角形"的各个领域与推动数字化转型的3种途径相结合（见图2-8）时，可以得出以下结论。

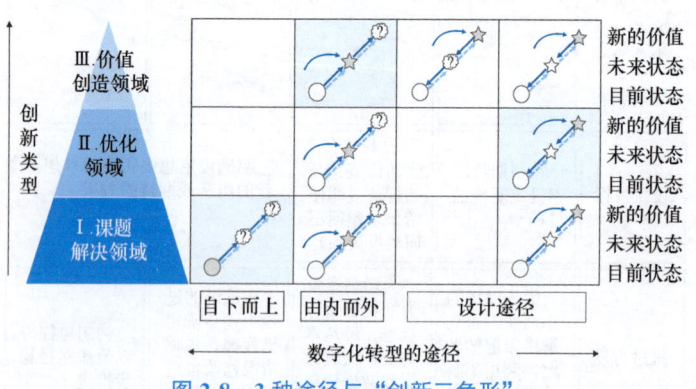

图2-8 3种途径与"创新三角形"

1. 课题解决领域的具体途径

在制造业的各个现场推动数字化转型时，自下而上的途径是一种选择，即在现场主导下，不断试错，小规模推进。另外，如果整个职场都设定了明确的目标，并且全体员工在厂长的指挥下共同努力，在这种情况下，设计途径也可能是一种有效的方法。

2. 优化领域的具体途径

在讨论面向整个供应链的工厂设计或智能工厂构想时，基于其性质选择自下而上的途径并不合适。一般情况下，基本上会采用跨功能的设计途径。基于这种设计途径的智能工厂构建是本书的主题，其内容将在第 4 章中详细介绍。

3. 价值创造领域的具体途径

在价值创造领域的途径中有各种各样的案例。例如，法国巴黎地铁的无人驾驶非常有名[一]，其最大的成就在于不需要乘务员，可以灵活地增减班次，并实现高密度运行。然而，无人驾驶最初并不是为了达到这样的效果，而是为了降低成本。这可以说是一个运用由内而外途径的优秀案例。

因此，用"创新三角形"的哪个领域来考虑推动数字化转型，以及选择哪一种途径，取决于每家企业所处的行业和面临的挑战。希望各企业能根据自身当前处境选择最合适的途径。

[一] 在巴黎的地铁系统中，目前有两条线路（1 号线和 14 号线）已经实现了无人驾驶。作为最古老的线路，1900 年开通的 1 号线从 2011 年开始实施无人驾驶；而作为最新的线路，1998 年开通的 14 号线从开通起就实施了无人驾驶。

第3章

通过反复试验解决现场课题——课题解决领域的行动措施

正如第 2 章所述，用"创新三角形"中的哪个领域看待数字化转型因企业而异，而在构建智能工厂方面同样如此。因此，本章将会具体探讨课题解决领域，第 4 章将讨论优化领域的实际情况和措施，第 7 章还将介绍智能工厂构建的案例。

3.1 从实况调查中看各企业所采取的措施

"课题解决领域"是采取措施最活跃的领域，特别是在日本中小型企业中呈增长趋势（见图 3-1）。

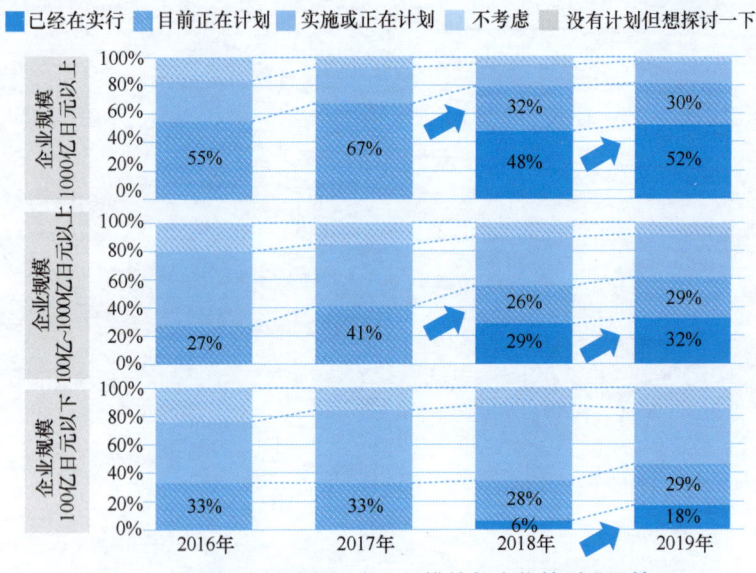

图 3-1　课题解决领域不同企业规模的数字化转型进展情况

注：资料来源为JMAC第5次"制造业数字化转型实况调查"。

在"课题解决领域"中推动数字化转型的日本企业占比情况如下：销售额在 100 亿~1000 亿日元的中小企业中，2016 年为 27%，2017 年为 41%，2018 年为 55%，2019 年为 61%，每年持续攀升；销售额不足 100 亿日元的企业中，2016 年和 2017 年均为 33%，2018 年为 34%，2019 年为 47%，也呈现出逐年增长的趋势。

随着数字化工具的普及，以及国家和地方政府对数字化的支持，可以推测中小企业也将更容易引进和利用数字化工具。

3.2 基于利用数字技术解决现场课题而考虑的"IoT 7 种工具"

3.2.1 课题解决领域容易陷入的失败

"好不容易引进了数字化工具，但现场却不愿意使用"，笔者在访问工厂时经常听到这样的抱怨。其中一个典型的情况是，不熟悉现场业务的信息系统部门负责引进数字化工具。现场人员则纷纷抱怨"不好用""只会增加现场工作负担"。

这种失败案例很多都源于用户（制造现场）和系统开发人员（信息系统部门或 IT 供应商）之间沟通不足。

引进数字化工具时应思考以下 4 个问题。

① 制造现场面临着哪些问题？
② 为了解决问题，需要将哪些信息可视化才能了解实际情况？
③ 将所需信息可视化后，如何改变现场的管理和运营？

④ 希望通过这种方式创造出多大的效果?

如果不能正确认识和共享这些信息,就无法顺利引进数字化工具。有时候是系统开发人员未能理解现场的需求,也有很多时候是制造现场未能梳理好上述问题。重要的是,在推进项目的时候,用户和开发人员双方都要清晰地认识到①~④的问题。

3.2.2 现场 IoT 7 种工具

那么,将哪些信息可视化能够激发现场改善工作的积极性呢?

针对这一点,JMAC 提出了 "IoT 7 种工具" 的概念。IoT 7 种工具是指,将需要在现场可视化的信息按照①位置（Location）、②作业（Operation）、③场景/状态（Situation）、④数量（Count）、⑤危险（Hazard）、⑥运转（Availability）、⑦质量（Quality）这 7 个角度进行整理（见表 3-1）。

表 3-1 JMAC 提出的 7 个角度

L	位置（Location）	追踪人和物:掌握人员、物品、装卸设备的位置和移动路径
O	作业（Operation）	关注人的工作方式:识别和测量作业和动作
S	场景/状态（Situation）	记录那一瞬间:掌握发生不良或故障时的状态和情况
C	数量（Count）	自动计算:掌握产量、不良品、在制品库存等数量

（续）

H	危险（Hazard）	危险的知识化：识别危险场所警示标识和不安全行为
A	运转（Availability）	翻新改造：监测设备和机器的运行与停止情况
Q	质量（Quality）	智能记录质量：测量品质与掌握品质状态

从以上这 7 个角度来思考如何充分发挥人的能力、设备的性能和材料的功能。下面具体介绍一下现场 IoT 7 种工具。

1. 位置（Internet of Location，IoL）

将过去难以观察到的人和物的位置，以及移动路径等信息进行可视化，包括"操作人员现在在哪里？""移动了多远？"等（见图 3-2）。例如，在厂区内安装多个发射器，工人和叉车携带着接收器移动，可以随时监控其动态，并对时间、位置、距离、人数等进行量化。由于设备都携带着接收器，即使多台设备同时随机移动，也可以了解同一时间段内各设备的移动情况。这种方式有助于优化场地布局和移动路径、实现人员和设备数量的最佳配置、减少疲劳工作和故障、做出有效的工作指示等各种改善工作。如今已经出现了使用各种技术的数字化工具，如使用信标（Beacon）或射频识别（Radio Frequency Identification，RFID）等传感器技术、超宽带（Ultra Wide Band，UWB）无线通信技术、全球定位系统（Global Positioning System，GPS）、AI 相机的图像识别技术等。

高效的移动路径和布局　　人员、设备、存放场地　　实现安全移动和搬运
　　　　　　　　　　　　　的最佳配置

减少疲劳工作和故障　　改善负载过于集中的情况　　做出有效的工作指示

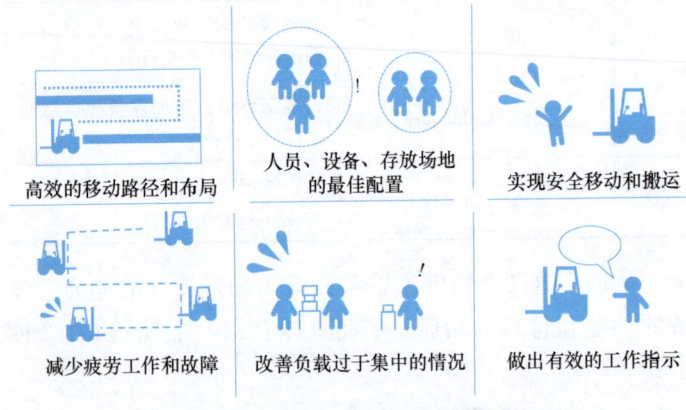

图 3-2　通过 IoL 可以发现的情况

2. 作业（Internet of Operation，IoO）

将制造现场的人员和设备的动作以视觉和数值的形式进行可视化。通过关注制造现场工作人员的工作方式，识别他们从事的工作或非高效的动作来进行改善（见图 3-3）。例如，如果发现有不必要的工作，就可以设计出更高效的工作方式；如果存在不必要的动作，则可以设计为以最少动作来完成作业。同时，还能促进对以往设计的重新审视，例如，如果移动距离过长，则要改善现场布局。另外，还有助于进行各种改善，例如，存在大量重体力工作时，则要考虑减轻工作负担；如果工作节奏异常，则要考虑调整到适当的节奏；如果工作环境不佳，则要考虑重新打造环境等。此外，有一些数字化工具可以在工作开始和结束时按下按钮，或者通过推测人体骨骼来了解工作情况，抑或

使用眼动追踪技术。

是否进行有效作业　　是否为最少作业动作　　作业距离和范围是否优化

是否为负担较少
的作业动作　　　　是否为负担较少
　　　　　　　　　的作业时间　　　　作业环境是否合理

图 3-3　通过 IoO 可以发现的情况

3. 场景/状态（Internet of Situation，IoS）

"运转中的设备发生了故障""产品出现了不良缺陷"等问题在发生之时往往难以立即发现。IoS 可以将发生这种问题的场景可视化（见图 3-4）。例如，使用类似行车记录仪的技术，将高速运转的设备发出的工序内不良品排出信号作为契机，追溯其几十秒前的影像并进行记录，确定问题发生的瞬间。以什么为追溯的契机，以及记录哪个部分多长时间之前的影像，需要根据实际工作现场来设计，但关键是可以通过外接的方式来进行改善，而无须改变现有设备。通过记录"那一瞬间"，对当时的时间、空间和情境做出标记，或者与以往的场景做对比，再现其前后或周围的情况，确定异常场景等，这些都有助于准确分析问题发生的场景并做出改善。

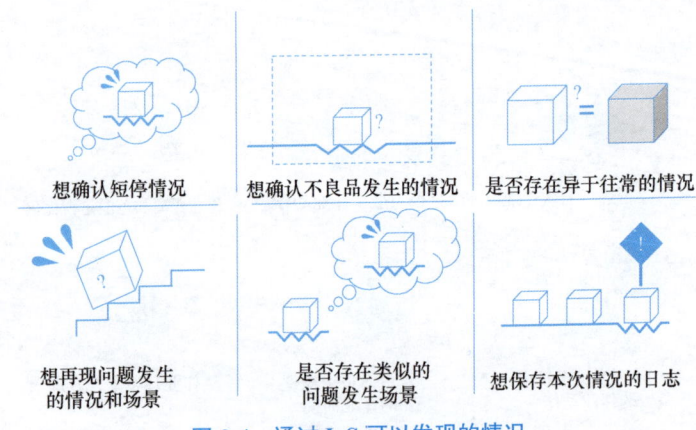

图 3-4　通过 IoS 可以发现的情况

4. 数量（Internet of Count，IoC）

很多时候人们通过目视或手动统计产量、不良品数量、在制品数量、库存量等。与此不同的是，IoC 是一种安装通过式传感器或标识器来自动计数，量化不同时间段的产量和不良品数量的方法（见图 3-5）。

企业可以从投入量、产出量、生产数量等方面了解作业和维护保养的时机、不同产品的实际生产时间差异、不良率等情况，以此来确定改善的重点。此外，还可以利用非接触式图像分析技术形成的彩色条形码（如 Chameleon Code 彩码等），实现物品位置和数量的快速验证、远程验证和多物品同时验证，从而提高拣货和盘点工作的效率，进一步提高生产力。

想要实时掌握产量 **想要立刻了解库存和在制品数量** **何时是更好的作业时机**

想将日报表和票据数字化 **想顺利进行库存盘点** **想掌握成品率和不良率**

图 3-5 通过 IoC 可以发现的情况

5. 危险（Internet of Hazzard，IoH）

一般而言，在劳动安全风险管控中，首先要识别现场内诱发事故的危险源，推测它们会如何导致事故发生，然后讨论其应对措施。例如，提高危险认知度以降低事故发生概率，事先采取措施以减轻事故发生时的损害，或者实施预防措施以防事故发生。

确保制造现场的安全是最需要优先考虑的课题。IoH 旨在识别危险地点、惊吓事故警告和不安全行为，并将其转化为知识，形成并落实安全行动循环，纠正危险行为（见图 3-6）。可以在危险发生时记录情况，预先学习危险知识，当场确认相关情况。另外，还通过提醒注意危险源，监控预示事故发生的替代指标，降低危险性。

图 3-6　通过 IoH 可以发现的情况

（因何事）发生了什么　　是否能够顺利报告　　将惊吓事故信息纳入数据库

危险源是否容易识别　　是否建立了防止再发机制　　是否建立了预防机制

6. 运转（Internet of Availability，IoA）

掌握设备和机器的运转情况，量化实际运转时间和停机时间已经成了许多设备的标配功能（见图3-7）。过去虽然记录了这些设备的日志数据，但由于缺乏处理大量累积数据的技术，因此记录的数据通常未能得到有效利用。即使是没有通信功能的旧设备，只要能够发现代表设备状态的替代信号，如异响、振动、驱动部位的动作等，也可以获取同样的数据。另外，通过利用外接设备，将所有设备的运转情况可视化，可以了解包括翻新改造设备在内的所有设备的运行状态。这样一来，不仅可以统一管理各种设备的日志数据，还可以了解旧设备的运行状态、员工的工作情况及搬运车量的空闲信息。此外，还可以模拟设备和员工承受的负荷，为工厂运营提供重要的信息。

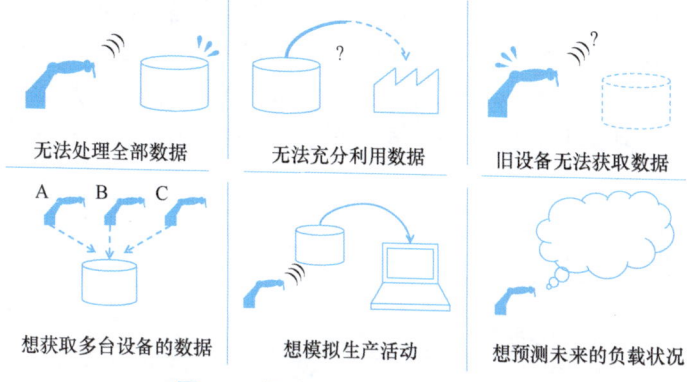

无法处理全部数据　　无法充分利用数据　　旧设备无法获取数据

想获取多台设备的数据　　想模拟生产活动　　想预测未来的负载状况

图 3-7　通过 IoA 可以发现的情况

与人的操作相比，数据收集更为容易，因此越来越多的企业选择在课题解决领域开始进行改善工作。图 3-8 所示为改造翻新型 IoA 的机制。

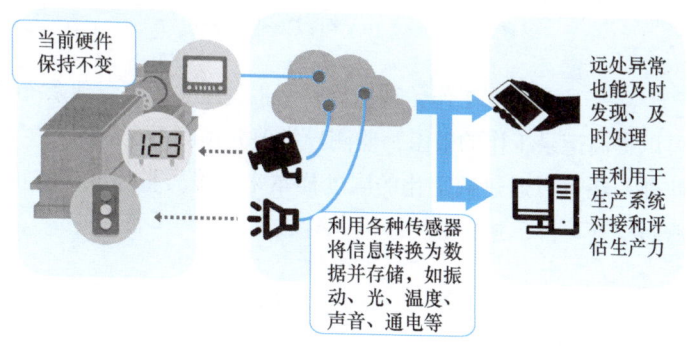

图 3-8　改造翻新型 IoA 的机制

7. 质量（Internet of Quality，IoQ）

IoQ 是为了追求更好、更稳定的质量而**将质量检测和设**

备状态可视化（见图 3-9）。在这个领域，图像检查和重量检测仪器早已被引进和广泛应用，但现在仍然存在通过目视检查和感官检查（依靠人的视觉、听觉、味觉、嗅觉、触觉等感觉器官进行检查）来检测和手写记录等情况。

能否高效完成质量管理记录	能否有效利用质量记录	什么是防患未然型的质量管理
质量标准是否容易理解	检查项目是否有遗漏	实时反馈检查结果

图 3-9　通过 IoA 可以发现的情况

关于这类检查工作，利用物联网工具建立质量管理系统，可以提高记录工作的效率，监测异常值并预测不良品的发生。此外，还可以通过数字化的限度样本来明确质量标准，防止遗漏检查项目，并实时反馈检查结果。

3.2.3　利用 IoT 7 种工具检查表重点关注现场课题

到目前为止，笔者已经介绍了作为"IoT 7 种工具"的现场课题解决的 7 个角度。随着各种数字化工具不断出现，有很多人不知道从哪里入手。IoT 7 种工具检查表从 7 个角度列出了"制造现场常见困扰"（见表 3-2）。对于那些不知道从何入手的人，建议先利用好这份检查表。同时该表格也满足了希望全面提炼现场需要解决的课题的需求。

利用这份检查表可以明确现场需要优先解决的课题，如"现场存在哪些课题""为解决课题，哪些信息需要可视化"，从而能够进行取舍。

考虑这些问题便是"课题解决领域"活动成功的第一步，一旦确定了要优先解决的课题，就能够更加清楚地知道需要引进哪些数字化工具了。

表 3-2　IoT 7 种工具检查表（现场管理）

IoT 7 种工具		项目	A	B	C
IoL	捕捉人、物、设备的位置和动态，消除"不合理、浪费、不均匀"	对工人的把握			
		想了解工人在哪里、有几个人			
		想了解工人的移动路径			
	对物的把握	想了解原材料、部件、在制品在哪里			
		想了解原材料、部件、在制品的滞留时间			
	对设备/机器的把握	想了解治具/工具在哪里			
		想了解搬运设备在哪里			
		想了解搬运设备的移动距离和路径			

(续)

IoT 7种工具		项目	A	B	C
IoO	测量人的动作，并设计最佳作业流程	工作内容可视化	想了解每项工作花费多少时间			
			想了解什么时候进行了什么工作			
		工作方法的验证	想了解每个工作人员的工作方式和时间差异			
			想了解是否能够进行高效工作			
			想了解是否为最少作业动作			
		工作环境的验证	想了解目前的工作环境是否合适			
			想了解目前设计的工作是否负担较小			
IoS	捕捉问题发生的瞬间，并找到有效的解决方法	记录状态重现场景	想捕捉故障或事故发生时的情况和场景			
			想捕捉不良品发生时的情况和场景			
			想对比过去的类似情况			
			想用电子数据记录和把握状态			

(续)

IoT 7种工具		项目	A	B	C
IoC	更轻松、方便地计数	把握进度	想了解每个时间段的产量和波动情况			
			想实时了解生产量、库存和在制品数量			
			想立刻了解成品率、不良率			
IoH	准确记录危险状况，有助于制定安全措施	危险的可视化	想更及时地让每个人看到危险源和危险行为			
		累积信息	想将惊吓事故信息和以往的灾害信息纳入数据库			
			想顺利报告灾害发生情况			
IoA	了解所有设备的状态，并优化操作	稼动率可视化	想了解设备的稼动率			
			想了解故障、换模等设备停止的内容			
		负荷率的可视化	想了解未来的负载			
			想根据负载来模拟生产活动			

(续)

IoT 7 种工具			项目	A	B	C
IoQ	确立更加高效的品质相关业务	提高品质管理业务的效率	想提高质量管理记录和检查记录的效率			
			想立刻反馈检查结果			
			想了解是否营造了合理的生产环境			
		提高质量水平	想毫无遗漏地进行检查			
			想加强追溯能力			

注：A—想马上进行（最优先课题），B—想讨论一下（依效果而定），C—没什么必要。

3.2.4 现场能够接受的数字化工具的 5 个特征

即使确定了要解决的现场课题及想引进的数字化工具，如果现场无法善加利用数字化工具，也难以发挥其效果。那么什么样的数字化工具更容易产生效果，或者更容易融入制造现场呢？下面来分析它们的几个特征。

首先，在没有确切证据表明实施效果的阶段，很难对整个公司或工厂做出统一引进数字化工具的决定，这种决定也很难获得管理层的批准。以下是现场能够接受的数字化工具的 5 个关键特征。

1）低成本：可以低成本启动。

2）小规模开始：可以从示范设备或示范生产线局部小规

模开始使用。

3）翻新改造：直接使用旧设备也可以开始使用。

4）动手制作：自己可以实际接触并使其适用于生产。

5）更新：可以调整、改造、不断更新，以满足自身企业的实际需求。

重要的是要优先考虑特征 1 或特征 2，并积累成功经验。此外，由于工厂中既有最新设备，也有已经使用几十年的老旧设备，因此特征 3 也是关键。如果工厂的操作人员很多都喜欢调整和改造机械设备的话，特征 4 和特征 5 也可以考虑。

特别是对于那些希望从现在开始进行制造现场数字化的企业来说，在引进数字化工具时，最好从具有特征 1~5 的工具开始尝试（见图 3-10）。

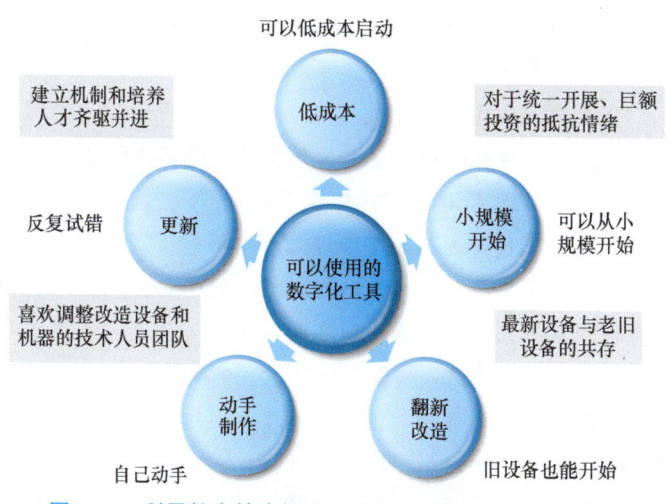

图 3-10 利用数字技术解决制造现场课题的 5 个关键特征

制造现场的数字化并非一蹴而就。在推动数字化时，要不断试错，同时确认是否符合企业自身的工作场所，这个过程本身就具有无法替代的价值，有助于提升制造现场的素养，使数字化工具深深地融入日常工作中。

在制造现场成功运用 IoT 7 种工具的 2 家企业的具体案例如下。

案例1：IoL——日本国内食品制造商 A 公司（厂内物流业务）

在 A 公司的工厂内，有 50 辆叉车和 45 名物流人员负责物流工作，他们使用叉车在工厂内搬运物品。然而，由于 A 公司一直不清楚稼动率的概念，所以不知道工厂内的叉车数量和物流人数是否合适。虽然管理人员感觉到布局和叉车路线不佳，但不知道应如何改进，这是 A 公司一直以来的困扰。另外，A 公司也存在分析设备运转状况需要投入很多精力，相关研究进展缓慢等情况。

因此，A 公司首先考虑了将 50 辆叉车的行驶动态可视化。在厂区和设施内布满了名为信标的传感器（发射器），并为每辆叉车安装了接收器（智能手机）。每个信标自带独立 ID，当安装了接收器的叉车经过信标附近时，叉车的接收器会收到信标发出的信号，叉车经过信标时的位置和时间会作为数据积累下来。信标发出所在的特定位置信息，当叉车接收后，可以实时追踪每辆叉车的动态，并将生产时间、路线、行驶距离和稼动率作为数据进行量化。通过这种方式每天积累数据，并将数据以热图等形式可视化，就可以显示出一天的工作强度变化并发现周末工作量过大等问题，这些现场课题以前只能凭主观感觉捕捉，但现在已经逐渐凸显，并已经可以运用于改善中（见图 3-11）。

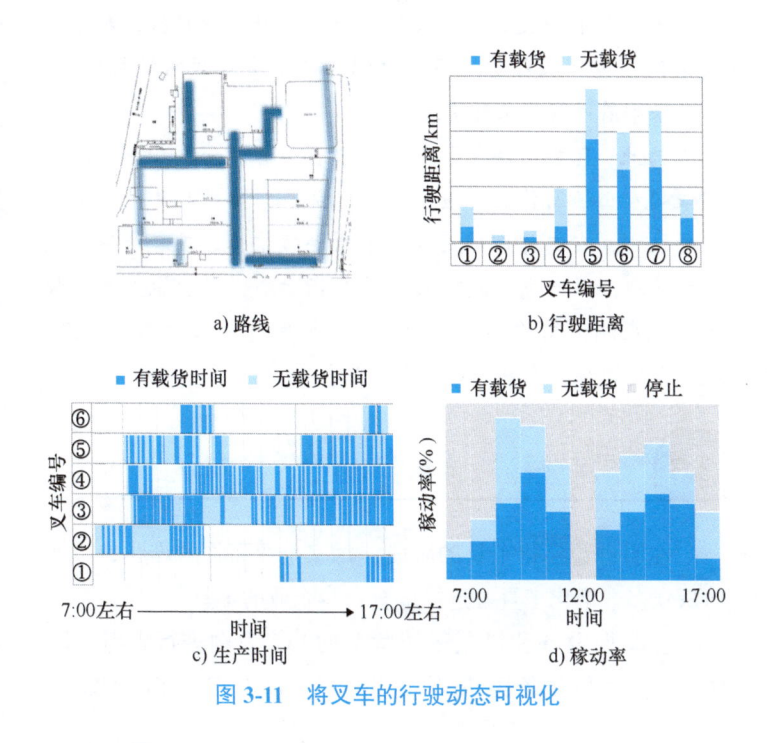

a) 路线

b) 行驶距离

c) 生产时间

d) 稼动率

图 3-11　将叉车的行驶动态可视化

> **案例 2：** **IoO——日本国内钓具制造商 B 公司**

B 公司启动了一个项目，旨在提高劳动生产率并降低 20% 的制造成本。作为第一步，B 公司决定对现状问题进行调查。然而，制造现场一直没有记录工作实绩，如针对每天的生产计划，各产品实际花费了多少工时，以及额外做了哪

55

些工作。在制造现场,一般经常可以看到使用纸质的作业日报,按照时间顺序记录完成的工作内容并提交。但B公司以前从未制作和提交过作业日报,一旦引进作业日报,对于工人来说会增加工作量,因此他们对此抱有强烈的抵抗情绪,导致很难着手收集工作实绩。

为此,B公司决定引进智能手表、智能手机和信标,而不依赖人工填写作业日报。他们建立了与案例1中A公司相同的机制,在工作前后用智能手表触碰信标,或者使用智能手机获取工作日志。按照每份作业指示书,用智能手表或智能手机来测量工作数据,便可以了解所有员工的工作实绩,从而发现现场存在的问题,促进改善。

3.3 如何选择适合自身企业的数字化工具

在引进数字化工具的阶段,每家企业面临的难题是"如何从众多数字化工具中选择适合自身企业的工具"。

以掌握设备和机械运转状况的IoA为例进行思考,即便只是"了解设备稼动率",也有包括以下方法在内的多种方法。

1)通过手动按按钮来测量设备运转时间和停止时间的方法。

2)通过图像判断信号警示灯的亮灯颜色来了解设备运转和停止状态的方法。

3)通过传感器获取信号警示灯发出的信号的方法。

4)从PLC或序列发生器等控制系统中直接获取数据

的方法。

面对众多的工具和方法，很多企业不知道应该如何选择。

在选择最适合的工具时，最重要的是先明确目的，即想通过引进和利用工具"达到什么目标""想要实现什么"。例如，如果从 IoA 的角度使用数字化工具来计算设备稼动率，可以考虑以下目的。

1）要正确地向现场展示损耗总量，首先想培养员工的问题意识。

2）过去一直是每月了解一次生产率，但现在希望能够每天将实绩反馈给现场，加快 PDCA（即计划、执行、检查、处理）循环。

3）希望能够实时管理当前状态，及时避免进度落后或挽回进度。

4）希望能够捕捉将会发生的问题的前兆，防患于未然。

对于可视化的目标，每个制造现场都有所不同。如果追求的目标不同，那么数字化工具应具备的功能和仪表板的展示方式也会不同。

在讨论时，经常会出现成员之间的目的和愿景不一致的情况，因此要充分讨论数字化工具引进后的使用预期效果，并准确传达给参与引进的合作伙伴，这一点很重要。

下面，笔者将阐明可视化数据的"深度"（见图 3-12）。

例如，如果要监控设备稼动率，那么只呈现总的损耗时间，还是要将"停机损耗""性能损耗""不良损耗"等损耗的构造进行可视化？甚至将损耗的构造与损耗发生的原因一

图 3-12 数据的"深度"

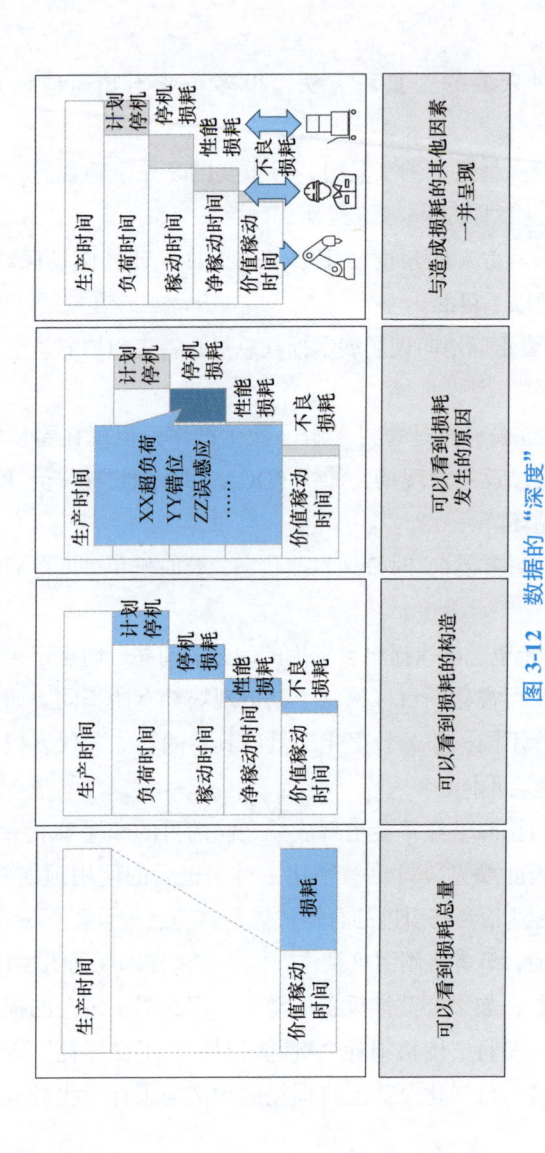

起可视化？或者不仅限于单个设备，要将与发生损耗相关的人和设备等要素关联起来进行可视化？为了实现追求的目标，下面将阐明需要收集多深层次的数据。

如果发现问题和解决问题的研究单元与数据可视化单元之间存在偏差，将无法有效地探究原因和制定对策。如果想要明确损耗发生的环节、类型和程度，并确定重点关注改善对象，那么将损耗的构成进行可视化的做法是有效的。但是，如果已经明确了止损是重点，则需要深入挖掘相关内容和原因的数据。这种将发现问题和解决问题的研究单元与数据可视化单元相结合的做法，就是从"深度"的角度来考虑的。

与"深度"一起探讨的是数据的"新鲜度"。"新鲜度"考虑的是将收集和汇总的数据以何种周期和时机反馈给制造现场（见图 3-13）。

有些数据适合以月度为单位进行可视化，而有些数据则需要以周、日或班次为单位进行可视化，还有些数据要以小时或分钟为单位，甚至某些情况下需要即时进行可视化。这里需要注意的是，并非所有数据都需要实时可视化。例如，即便实时显示设备稼动率，通常情况下也并不意味着可以采取有效对策。重要的是将行动与可视化的时机协调一致。如果想要即时发现设备故障，并让工程师立即赶往制造现场，那么实时可视化是有效的做法。但如果想要根据当天的生产实绩来了解问题，并在次日早会上提醒注意事项，则不需要实时信息。数据收集的时机需要进行探讨，但数据汇总以日或班次为单位进行就足够了。

对数据的"新鲜度"要求越高，那么相应的收集和汇总过程也会越烦琐，最后数字化工具也可能会倾向于采用高规格，价格也会随之上涨。

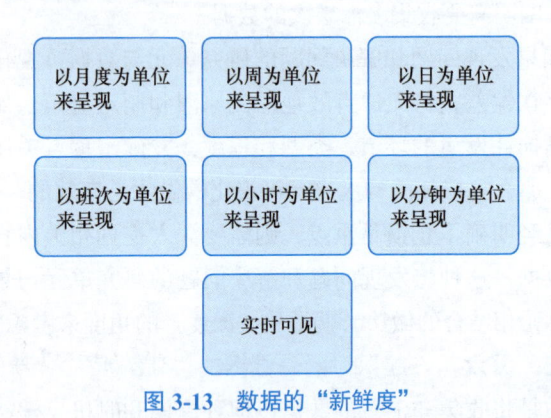

以月度为单位来呈现	以周为单位来呈现	以日为单位来呈现
以班次为单位来呈现	以小时为单位来呈现	以分钟为单位来呈现

实时可见

图 3-13　数据的"新鲜度"

因此，为了选择适合企业自身的数字化工具，首先要明确引进工具的目的和愿景，然后从决定数据的"深度"和"新鲜度"这两个角度来选择数字化工具，这一点至关重要（见图 3-14）。

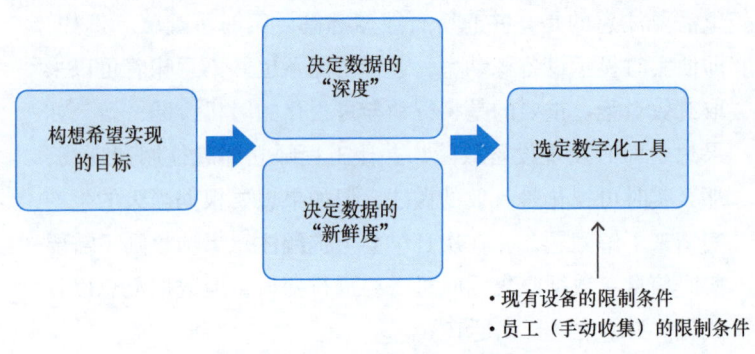

构想希望实现的目标 → 决定数据的"深度" / 决定数据的"新鲜度" → 选定数字化工具

· 现有设备的限制条件
· 员工（手动收集）的限制条件

图 3-14　数字化工具的选择步骤

第4章

把自身企业打造成智能工厂——
优化领域的行动措施

正如前面内容所述，课题解决领域致力于利用数字化工具，将制造现场日常发生的各种问题和挑战可视化，并通过反复试错来改善。那么如果利用数字化工具，不断解决日常工作中的问题，是否就可以构建智能工厂呢？正如第 2 章所述，要构建智能工厂，需要把目光范围扩大，不仅是整个制造机制，甚至包括整条供应链都要进行改革。本章将会说明课题解决领域与优化领域所采取措施的主要不同点。

那么，针对"将自身企业打造成智能工厂"的课题，应该如何解决呢？首先，笔者想从常见的失败案例开始分析。

4.1 构建智能工厂的常见失败案例

当今的数字化工具可谓五花八门，每天都有诱人的新产品问世。如果去参加以智能工厂或数字化转型为主题的展会，就会发现现场到处是数字化工具，让人想要立刻引进使用。智能工厂的构想也愈发具象化。

在此背景下，C 公司根据社长指令启动了智能工厂建设项目的案例。

C 公司组建了以经营企划部门为核心的项目团队，但负责人 Z 不知道从何入手，于是他决定在项目初始阶段去参观展会收集相关信息。在展台上，Z 拿起了最先进的数字化工具亲自体验后，脑海中便涌现出了许多想要在公司实现的智能工厂的意象。

1）似乎可以使用 VR 技术进行新员工培训。
2）利用 AI 或许可以实现质检自动化。

3）给全体员工配备平板电脑，以便实时下达工作指令。如果可以在平板电脑上录入工作业绩，那就实现了一举两得。

4）在厂区内布满信标传感器，将人和物的位置及移动路径可视化。

5）使用彩色条形码来防止物资出入库的错误。

6）使用可穿戴设备来提高拣货效率。

7）在云端集中管理各种数据，并将KPI可视化。

负责人Z立即与项目团队成员进行讨论，并制定了一个与展会上看到的数字化工具相结合的智能工厂方案（见图4-1）。

然后，团队成员花费了大量时间制作了详细的演示资料，并自信地向管理层提出了建议。

然而，C公司社长的态度却出乎意料地严厉，他提出以下疑问。

1）工厂应该优先解决的课题是什么？

2）为了解决工厂的课题，这里提到的工具是否为最佳选择？

3）是否有考虑到成本效益？

4）是否已经尽力采取了必要措施？是否有更需要优先考虑的事情？

团队成员无法回答社长的这些问题，最后不得不从头重新研究。

类似情况并非只有C公司一家，笔者经常可以看到这种案例。

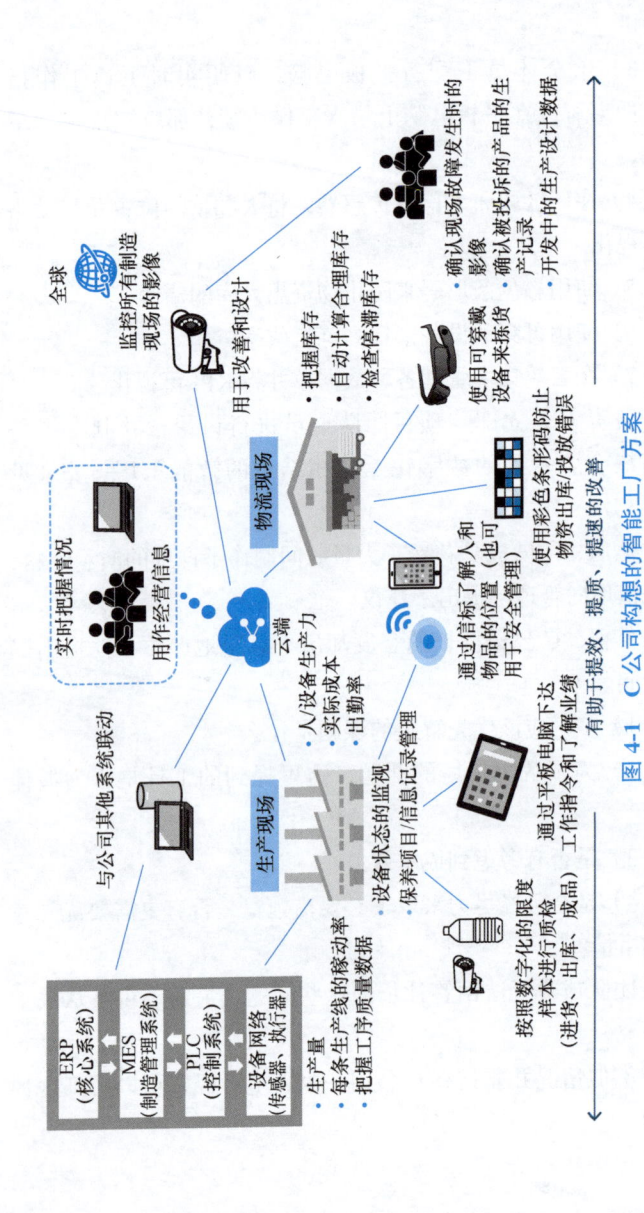

智能工厂构建手册

图 4-1　C 公司构想的智能工厂方案

C公司失败的最主要原因在于"以工具为起点"来构想智能工厂的方案。C公司的员工在展会上体验到最先进的工具后思考"能做什么",并从这个角度来考虑他们的智能工厂。在构建智能工厂时,如果最初采用这种"可能性发掘"的方法,那么遗憾的是,大多数情况下都会失败。

如前所述,数字技术和数字化工具的发展日新月异。因此,即使C公司的项目团队成员描绘的智能工厂构想图在规划阶段是最先进的,但实际投入运营时很可能就已经过时了。

以C公司提出的"利用VR进行新员工培训"为例,思考该措施背后的问题。假设C公司计划大幅增产,当务之急是提高产能。那么每条生产线就需要增加人手,而让新员工快速提高工作能力可能会被视为改革的一个重要方面。

然而,"让新员工快速提高工作能力＝利用VR技术"这种想法是否能够直接解决问题应另当别论。这种想法可能在某种程度上是正确的,但并非是必需的。即使不引进VR工具,也还有其他选择,如制作简易的视频手册以便从视觉上直观地理解工作内容,使用AR工具来辅助操作,或者通过远程指导提供工作援助等。另外,还可以重新进行工序设计,实现生产线的全自动化,从而无须人工操作。

实现数字化和引进工具归根到底只是一种手段,重要的是明确"希望通过构建智能工厂来实现什么目标"。以前文提到的C公司为例,课题的核心是通过让新员工快速提高工作能力来"早日提高产能"。明确想要实现的愿景,并共享行动方向，那么就可以根据当下的技术趋势和预算情况，选择最合适的数字化工具作为手段。在"想要实现的愿景"中，也许会存在按照目前的技术水平无法实现的情况，但是，几年后技术水平可能就会达到要求。

在考虑智能工厂时，由于其与日新月异的数字技术密切相关，因此采用设计途径比较合适。重申一遍，从思考"想要实现什么"的经营课题出发的途径是最重要的，而不是以工具为起点思考"能做什么"的"可能性发掘"途径。

首先明确应该要解决的经营课题，然后深入思考要改革哪些业务和工作流程。这是构建智能工厂的第一步，也是最重要的策略。

其他公司引进的最新数字化工具看起来很吸引人，很多人想要赶上数字化转型的潮流，急于引进数字化工具，这些都可以理解。但是，先停下脚步，冷静地审视自己的公司，这种做法最终反而会成为捷径。

4.2 构建智能工厂的重要策略

4.2.1 答案不止一个——立足于经营课题的概念设计是成功的关键

为什么从"想要实现什么"的经营课题出发，比以工具为起点考虑"能做什么"的"可能性发掘"更为重要呢？

笔者提出这样的观点是基于一个基本观念，那就是"智能工厂的答案并非只有一个"。如果有100家公司，那么有100种智能工厂目标也不足为奇，而且智能工厂所追求的目标应该是因公司而异的。

以智能手机的制造战略为例，许多日本企业选择了"内部生产"的方式来应对，而苹果公司则倾向于"无工厂化"（即不建立自己的工厂，而是采取外包的商业模式）。对于"内部生产"，主要课题是如何提高自己工厂的生产率；而对于"无工厂化"，主要课题则是如何构建供应链网络。

再以食品制造商为例，对于保质期长的冷冻食品或糖果，通常会在集中生产基地进行大规模生产，而对于保质期较短的日用品或物流成本较高的饮料，更多的是采用地产地销的方式。在集中生产基地进行大规模生产时，其主要课题是提高工厂生产率和构建物流网；而实施地产地销的话，其主要课题则是各生产基地制造流程的标准化、负荷的平均化、供应商编组等。

在汽车行业，有的企业采取了像丰田那样的全产品线策略，也有的企业采取了像铃木那样专注于小型车的精产品线战略。这两家公司面临的课题应该也不一样。

因此，在不同行业，甚至即使在同一行业，如果产品的特性或定位不同，那么追求的制造模式也会有所不同。当然，企业的策略也会影响制造模式。换句话说，要解决的经营课题，以及解决课题的业务和工作方式因企业而异。因此，没有一种独一无二的智能工厂最佳解决方案适用于所有公司，智能工厂的构建方法必须是引导每家企业寻找能够获得各自独特的最佳解决方案的方法。模仿其他企业的先进案例或组合先进工具，并不一定能构建最适合自身的智能工厂。企业需要根据自身的情况和环境设定目标，并推进工作。

企业应该要解决什么经营课题，为此必须要改革哪些业务和工作流程，立足于经营课题，思考最适合自身企业的智能工厂是成功的关键。本书编写的目的是基于这种观念，提供最适合自身企业的智能工厂的构思过程和研究步骤。

4.2.2 全面审视整个业务流程，思考工厂的理想状态

那么，该如何描绘最适合自身企业的智能工厂的形象呢？

在设计工厂的愿景时，只考虑制造现场的"封闭式"研究是不够的。提高设备和人员的生产率，降低每个产品的成本，这样的课题在制造现场有很多。但从经营的角度看，这是否是至关重要的课题呢？

某食品制造商 D 公司发生了这样的情况：D 公司的工厂将设备稼动率设为 KPI，为了提高设备稼动率，他们致力于预防因设备故障导致的停机及减少不良品的发生。同时，积极投资数字化领域，如利用振动传感器进行异常预测、引进检测设备等。但是，每当产品开发部门请求试制新产品时，制造现场都会以换模和设置设备条件需要时间为由不予积极配合，有时甚至请求会被推迟安排。

根据 D 公司的情况,从公司整体的经营角度来看,显然快速推出新产品是关键成功因素(Key Success Factor,KSF)。虽然提高设备稼动率是制造现场需要重视的 KPI,但 D 公司亟须解决的是快速试制新产品。因此,应该优先考虑建立能够迅速响应试制需求的生产计划和信息管理机制,大幅缩短换模时间,或者采用容易应对小批量生产的设备和工序设计等。

由于 D 公司只是从制造现场的角度思考问题,因此陷入了个别优化的困境。这说明,现场的优化并不一定能够实现整个制造过程的优化。

因此,为了思考如何实现整个制造过程的优化,需要站在更高的角度进行研究,全面审视整个业务流程来制定课题。

具体而言,要从制造的外部链条中,捕捉外部对制造的要求,从而考虑工厂应扮演的角色(见图 4-2)。

图 4-2 制造整体优化的思考角度

图 4-2 中的"制造链"指的是"制造现场",在构建智能工厂时,重要的是要从需求链、供应链、工程链和服务链这四个外部链条中,考虑制造的理想状态。接下来,阐述每个链条的作用。

1. 需求链

思考终端用户和销售部门的需求及制造功能应该发挥的作用。

例如,像食品制造商这种将产品的"放心安全"视为首要任务的企业该怎么办呢?如果有一套生产系统能够实现每个产品全程可追溯,那么很可能会提高竞争力。

如果拥有大规模生产型工厂的企业亟须改革,以满足客户的个性化需求和个别规格等细致的要求,那么又该怎么办呢?即使是大规模生产型的工厂,也可能需要转型为能够满足单品生产或微小批量生产的工厂。这种情况下,就必须彻底重新审视传统的工艺设计和操作设计的思路。

2. 供应链

在与原材料采购和物流功能的关系中,思考制造功能应该发挥的作用。

以汽车行业为例,在全球范围内的众多生产基地中选择哪一个基地生产,有时会对成本产生重大影响。除了来自各国的订单情况,还要考虑各个基地的生产负担、汇率、物流成本等因素,看准并控制好何时、何地、生产什么产品,这将有助于获得竞争优势。在这种情况下,需要建立一个制造体系,确保不管基地和产品呈 $N:N$ 的关系,也能以相同的质量、成本、交期(QCD)进行生产,并且还要对供应商进行编组。

另外，如果是库存风险非常高的企业，则需要根据当时的订单情况和库存状况，灵活控制生产加速和减速。在这种情况下，最大限度地压缩生产周期以实现同一时期生产和出货，这样的制造机制可能会提高竞争力。

3. 工程链

思考增强产品竞争力的理想制造功能。

正如前文提到的食品制造商 D 公司一样，如果缩短新产品开发周期可以带来竞争优势，那么就需要建立能够快速响应新产品试制需求的制造机制。或者基于以往的故障信息，建立向设计部门反馈信息的机制也会比较有效。

4. 服务链

思考在整个产品生命周期中，包括售后服务在内，制造功能应发挥的作用。

以工业机械制造商为例，如果计划开展一项业务，监控产品的使用情况并引导其进行售后保养，这种情况下该怎么办呢？如果能够建立一种与保养预测信息联动的制造机制，可能会增强竞争力。

另外，像住宅建造商那样，呈现订单产品的生产状况可以吸引客户的企业又该怎么办呢？如果建立一种机制以便与客户共享工厂的状况和工程的进度，那么可能会带来竞争优势。

以上四个链条中介绍的内容只是一部分例子，重要的是要将目光扩展到制造现场的周边链条，思考工厂应该做出哪些贡献，而不是仅仅局限于制造现场，即在制造链中考虑。

换言之，全面审视整个业务流程，思考工厂在其中的角色，这是构想"最适合自身"的智能工厂时不可或缺的视角。

4.2.3　追求适合自身企业的最佳解决方案

笔者再重新整理一下以上阐述的内容。

1）以工具为出发点的"可能性发掘"途径会失败。

2）立足于"利用数字化工具想要实现什么？"的经营课题来设计概念是成功的关键。

3）为此需要全面审视工厂的整个业务流程。

4）具体来说，要从需求链、供应链、工程链、服务链等围绕制造的周边链条来思考工厂应扮演的角色。

重申一遍，构建智能工厂并没有独一无二的最佳解决方案。

不同企业追求的智能工厂目标各不相同，汽车制造商、食品制造商、化学品制造商追求的愿景也不一样。即使是在同一行业，行业顶级的领导型企业、进攻型企业、跟随型企业和缝隙型企业的目标也应该不同。此外，各企业的策略、产品特性、工艺和设备、拥有的资源等也会影响其追求的目标。

最重要的既不是了解其他公司的先进案例，也不是把先进工具研究透彻，而是把握自身企业需要解决的经营课题，考虑课题解决所需的业务和工作流程。为此要基于公司固有的情况，找出自身的经营课题，如果不能做到这一点，智能工厂不可能成功。

唯有追求"适合自身企业的最佳解决方案"的态度，才

是最应该受到重视的。

4.2.4 思考自身企业理想状态的思考模板

虽说"要从制造的周边链条思考工厂应扮演的角色，立足于经营课题来设计智能工厂概念"，但实际做起来并不容易。要收集销售功能、设计开发功能、供应链管理功能、制造功能、经营规划功能等各相关功能的意见，并总结出要实现的智能工厂蓝图，这是一项十分艰巨的任务。

在这里，笔者想列举几个工程链相关课题的事例（见表4-1）。

表4-1 工程链相关课题的事例

公司	事例
压缩机制造商E公司	在紧迫的设计周期中，设计图纸精度低的问题曾一直备受关注。实际上由于这个原因，制造阶段出现了一些意想不到的质量问题，而且经常发生延误交期的情况
特殊车辆制造商F公司	在制造现场，调整作业（即将成品与现品进行对照）已经成为常态，同时设计审查（DR）不起作用的问题也曾备受关注
化学品制造商G公司	设计质量依赖于某位资深专家的知识和经验，但他的知识和经验尚未在组织内得到共享和传承。因此，导致设计人员出现不良情况的倾向存在差异

表4-1中都是笔者在实际咨询过程中遇到的课题。

虽然每家公司面临的情况各不相同，但从这些课题的根源中可以找到共同因素。这个共同因素可以解释为"**在源头**

阶段没有建立起全面的评估机制"。换句话说，需要将制造实绩数据反馈给设计部门，以便将问题扼杀在设计阶段。

通过从制造的周边链条的角度将各制造公司面临的个别课题逐个提取出来，就能找到一些共同点。如果能够提取和重新整理这些共同课题，将其转化为语言符号并作为智能工厂追求的情景，那么无论是哪个行业、何种规模的公司，都必然会找到与自身面临的课题相近的案例，并能为探讨智能工厂理想状态提供一定的启示。

JMAC将其称为"智能工厂印象单元"（以下简称印象单元）(见图4-3，彩色版请参考本书文前插页)。

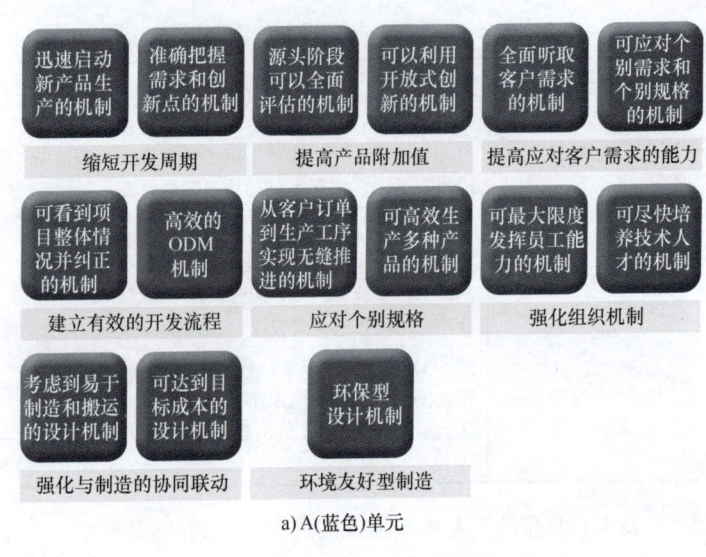

迅速启动新产品生产的机制	准确把握需求和创新点的机制	源头阶段可以全面评估的机制	可以利用开放式创新的机制	全面听取客户需求的机制	可应对个别需求和个别规格的机制
缩短开发周期		提高产品附加值		提高应对客户需求的能力	

可看到项目整体情况并纠正的机制	高效的ODM机制	从客户订单到生产工序实现无缝推进的机制	可高效生产多种产品的机制	可最大限度发挥员工能力的机制	可尽快培养技术人才的机制
建立有效的开发流程		应对个别规格		强化组织机制	

考虑到易于制造和搬运的设计机制	可达到目标成本的设计机制	环保型设计机制
强化与制造的协同联动		环境友好型制造

a) A(蓝色)单元

图4-3 智能工厂印象单元

| 管理在消费地生产的机制 | 从设计数据到制造实现无缝推进的机制 | 可快速回复价格和交期的机制 | 可判断何时、何地、生产什么产品的机制 | 控制物流成本的机制 | 同一时期生产和出货的机制 |

应对短交期　　　　机会损失最小化　　　　供应链成本最小化

| 高精度预测需求的机制 | 可呈现供应链整体库存的机制 | 可高频率出货的机制 | 可安排车辆、选择最佳路线的机制 | 控制负荷变动的机制 | 可选择最佳供应商的机制 |

供需达到平衡　　　构建当日出货的体制　　　　稳定的生产

| 不受场所限制的制造机制 | | | 供应链共创网络机制 |

不被已有资源束缚的制造方式　　　　　　建立分享机制

b) B(红色)单元

| 不受人的技能限制的制造机制 | 优化质量成本的工序设计和作业设计机制 | 弥补员工之间技能差异的机制 | 提高每个人技能的机制 | 合理控制负荷的机制 | 提高附加价值时间占比的机制 |

不被已有资源束缚　　最大限度发挥员工能力　　最大限度发挥员工能力
的制造方式　　　　　弥补技能差异　　　　　　利用工时

| 应对部件个体差异、维持成品质量的机制 | 最大限度控制原料废弃损失的机制 | 可信赖的质量记录机制 | 最大限度控制质量问题发生时的影响的机制 | 用制造实绩数据激发改善流程的机制 | 用SX实绩数据激发改善流程的机制 |

质量管理水平提升　　质量保障水平提升　　积极开展改善工作的工厂

| 环保型生产机制 | 可合理平衡实际经费的机制 |

环保型制造

c) C(绿色)单元

图 4-3　智能工厂印象单元(续)

第 4 章　把自身企业打造成智能工厂——优化领域的行动措施

[工厂保证产品高质量的机制] [看得见生产者(工匠)的机制] [为客户呈现订单产品的生产进度] [保证放心安全的机制] [引导客户关注计划出售产品的机制]

制造的品牌化　　　　　　　建立放心安全的企业形象　　既满足客户需求又要预防滞销

[激发客户潜在需求的机制] [使交付的产品成为新附加值的信息来源的机制]

建立售后的新收入来源

d) D(黄色)单元

图 4-3　智能工厂印象单元(续)

印象单元是从制造的外部链条（需求链、供应链、工程链、服务链、制造链）的角度，总结归纳出常见的经营课题。

印象单元主要分类如下：A（蓝色）单元主要记录了开发设计到制造的"工程链"方面的经营课题，B（红色）单元记录了"供应链"的课题，C（绿色）单元主要记录了制造现场的"制造链"方面的课题，D（黄色）单元记录了从"需求链"和"服务链"的角度提供的建议和价值。

印象单元是一套思维模板集，用于研究自身企业的愿景。全面提取经营课题是一项艰巨的任务，但通过使用印象单元，公司的愿景将更容易想象，课题也能够更具体地提取出来。作为设计自身企业独特的智能工厂的起点，使用印象单元可以实现高效的概念设计。

但是，印象单元并不是为了实现其中 50 个项目的所有内容。印象单元的正确使用方法是，选择与自身企业的重点课题相适应的单元，并在其中进行取舍，确定实现哪些单元能达到最佳效果。关于每个印象单元的内容，将在第 5 章中详细说明。

4.2.5 设定印象单元的实现级别

使用印象单元，可以更容易地构想企业愿景的方向。然而，即使愿景相同，每家企业追求的层次也各不相同。因此，为了设定各企业追求的层次，笔者将印象单元的所有项目划分为 5 个级别。

5 个级别的设定以图 4-4 为指针，并将其作为通用标准（虽然有些主题与这种级别划分不太契合，但笔者使用了独立的标准对它们进行级别设定）。

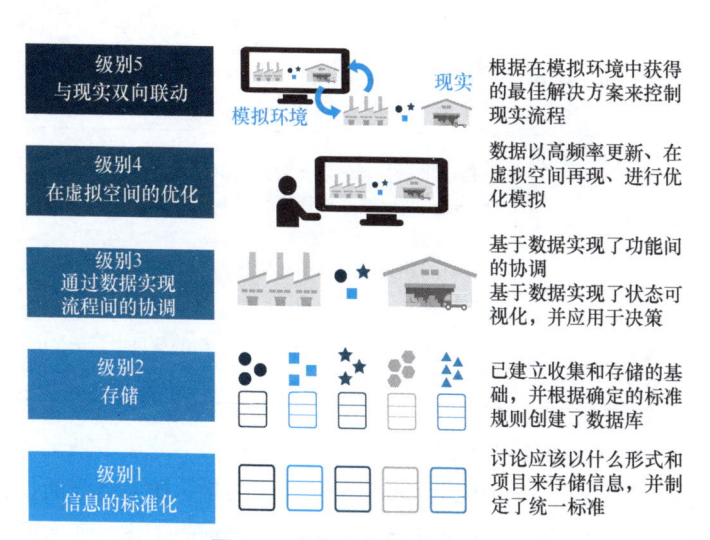

级别5 与现实双向联动	根据在模拟环境中获得的最佳解决方案来控制现实流程
级别4 在虚拟空间的优化	数据以高频率更新、在虚拟空间再现、进行优化模拟
级别3 通过数据实现流程间的协调	基于数据实现了功能间的协调 基于数据实现了状态可视化，并应用于决策
级别2 存储	已建立收集和存储的基础，并根据确定的标准规则创建了数据库
级别1 信息的标准化	讨论应该以什么形式和项目来存储信息，并制定了统一标准

图 4-4 印象单元的实现级别

在想要引进的数字化工具中，包含了目前尚未确立为技术的工具。尽管如此，能够认识到"明确知道想要实现的目标，但缺乏实现手段"这一差距，本身就具有重要的价值，因此笔者特意在这里提出来。

这就是与"以工具为起点的思考方式"的主要不同之处。

关于级别划分的具体示例（见表4-2），请参考工程链相关课题中提到的"在源头阶段可以全面评估的机制"。

表4-2 印象单元实现级别划分的具体示例

级别	示例
级别5：与现实双向联动	在实施阶段和量产阶段收集改善所需信息，并督促设计人员进行修改；挑选存在类似风险的产品并督促其修改；（数字孪生）基于具体部位，有时会自动决定设计规范
级别4：在虚拟空间的优化	在设计阶段向设计人员提供推荐的设计规范，或者提醒其注意起因于过去缺陷的设计
级别3：通过数据实现流程之间的协调	能够根据积累的电子数据向设计人员提供反馈，设计人员采纳反馈并将其体现在下一次设计中
级别2：存储	用标准格式积累了DR信息、工序故障信息、市场投诉信息等
级别1：信息的标准化	过去的故障数据记录在可供利用的项目中，记录方法已经标准化

对于某些企业来说，将级别1的"过去的故障数据记录在可供利用的项目中，记录方法已经标准化"作为当前的目标可能比较合适。如果已经完成了这个级别的工作，那么可

以将级别2实现"用标准格式积累DR信息、工序故障信息、市场投诉信息等"设定为目标。如果企业已经实现了信息的标准化和存储，那么可以考虑追求级别3的"通过数据实现流程之间的协调"，即"能够根据积累的电子数据向设计人员提供反馈，设计人员采纳反馈并将其体现在下一次设计中"。再向更高层次发展，有级别4"在设计阶段向设计人员提供推荐的设计规范，或者提醒其注意起因于过去缺陷的设计"，以及级别5"在实施阶段和量产阶段收集改善所需信息，并督促设计人员进行修改；挑选存在类似风险的产品并督促其修改；（数字孪生）基于具体部位，有时会自动决定设计规范"。

在这5个级别中，如果能够设定公司希望达到的级别，那么可以在此基础上更清晰地设计业务的理想状态（To-Be）。

如果读者能够想象前面阐述的内容，那么"要达到期望的级别，应该使用哪些数字化工具"就会变得更加清晰，智能工厂蓝图和应引进的数字化工具也会变得更加具体。

要达到级别1，可能需要一种能够简单记录和存储故障问题的工具；而要达到级别2，则需要一个集成数据库来统一管理各种信息。如果要达到级别3及更高层次，需要考虑高级系统，如PLM或优化算法（模拟）。

即便使用印象单元描绘的目标愿景相同，但如果追求的级别不同，那么采用的数字化工具也会不一样。因此，如果设定了错误的目标级别，那么引进的数字化工具可能会性能过剩或功能不足，导致无法得到预期成果或现场未能使用工具等不良后果。

为了避免这种不匹配现象发生，参考使用印象单元的5个实现级别会比较有效。

4.2.6 从左边（想要实现什么）开始思考，构想智能工厂概念

本书第一次提到了"引进数字化工具"一词。正如读者所注意到的，到目前为止，笔者还没有阐述涉及数字化方面的任何内容。

在考虑智能工厂方面，笔者认为最重要的不是从工具出发思考"能做什么"的可能性发掘，而是从思考"想要实现什么"的经营课题出发。

重新整理一下，智能工厂的概念需要按照以下研究步骤得出。

1）从制造的周边链条出发，全面审视整个业务流程，思考工厂的理想状态。

2）在考虑工厂的理想状态时，可以借助印象单元来设定自身企业期望的愿景及对应的实现级别。

3）选择实现这些目标的数字化工具。

利用印象单元设定了企业追求的愿景，并参考5个级别确定了企业想要实现的级别后，才能开始考虑引进数字化工具。笔者称之为"从左边（想要实现什么）开始思考"，重点是绝对不从右边（即以工具为起点）开始思考。如果能够从左边依次思考，就可以设计立足于自身企业经营课题的概念，并描绘出最适合自身企业的智能工厂概念（见图4-5）。

图 4-5 智能工厂概念的研究步骤

应实现的智能工厂概念

- 了解制造环境，借助5个链条来思考制造的理想状态
- 明确生产系统追求的目标，重点放在需要强化的功能
- 促进对重点功能的极限追求，选择数字技术

第 4 章　把自身企业打造成智能工厂——优化领域的行动措施

81

4.3 利用智能工厂印象单元设计智能工厂概念的案例

以拥有海外工厂的日本国内化妆品制造商 H 公司为例，由于日本国内需求减少，H 公司的日本工厂存在人员和设备富余的情况。与此同时，亚洲等海外市场的需求大幅增加，因此海外工厂即使满产运行也供不应求。通过观察其产品发现，品种不断增加，而批量趋于缩小。H 公司从以往的大规模生产转向多品种小批量生产，制造难度也因此增加，结果导致盈利能力下降，迫切需要降低成本。

H 公司面临的问题如下所示。

1）日本国内和海外生产基地之间的经营水平存在差异。

2）日本国内工厂积累的经验未能运用到海外工厂，导致海外工厂的生产率较低。

3）结果导致海外工厂出现交期延迟和客户投诉，降低了客户的信任。

关于这些问题，首先从 5 个链条的角度思考 H 公司理想的制造状态（见图 4-6）。

从需求链的角度来看，必须要建立能够应对需求波动的制造方式。从供应链的角度来看，必须建立供应体系，以缩短交货周期。从工程链的角度来看，需要建立灵活高效的生产体系，以适应多品种小批量生产的方式。从服务链的角度来看，需要树立"高品质工厂"的形象，避免给客户留下"品质低劣"的印象。从制造链的角度来看，要努力让国内外的所有工厂都能以相同的生产力进行生产。这就是从 5 个链条的角度看到的 H 公司理想的制造状态。

图 4-6　H 公司理想的制造状态

将这些课题转换为印象单元后，可以得出如下结论：图 4-7 所示的 5 个单元很重要。

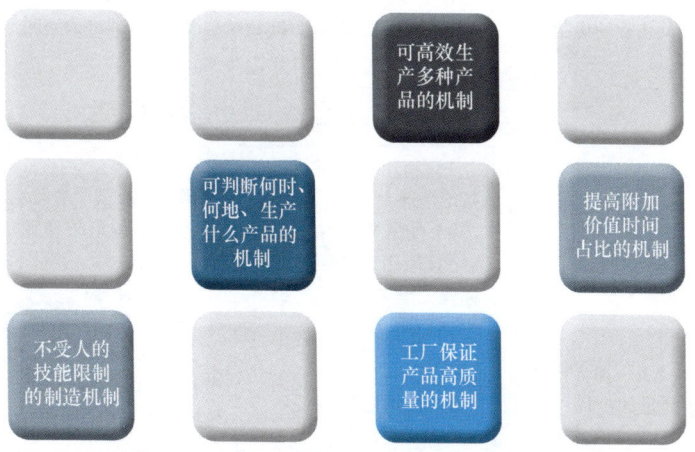

图 4-7　H 公司通过印象单元得出的重点关注课题

那么，针对这些课题需要引进哪些工具？以及每个课题需要使用什么工具？这些内容总结在表 4-3 "软件"一列中。

表 4-3　H 公司引进的工具概要

印象单元	软件	硬件
可高效生产多种产品的机制	使用离散事件模拟器预测新产品的 QCD 与性能之比	1）设备的共通化/通用化 2）原材料的共通化 3）换模简单化
可判断何时、何地、生产什么产品的机制	使用生产调度系统实现各基地生产计划的统一，并通过对接 ERP 系统来管理订单和库存	1）设备的共通化/通用化 2）作业的标准化
提高附加价值时间占比的机制	1）使用蓝牙技术对工人位置进行定位，了解工人的工作状态，实时下达工作指令 2）使用 ERP/MES/PLC/Excel→ETL→DWH→BI 工具进行批次生产的生产率反馈和成本管理	1）多能工化 2）开放式办公空间
不受人的技能限制的制造机制	1）利用视频进行操作指南培训 2）使用 VR 解决故障 3）使用智能眼镜进行远程工作支援	原材料投放、装载、搬运等各种附带作业的自动化
工厂保证产品高质量的机制	1）在整个供应链中进行批次追踪 2）使用区块链技术防止数据被篡改	为实现零杂质混入，进行建筑翻新和制造环境管理

针对第 1 个印象单元，引进了相关机制，使用离散事件模拟器在虚拟空间中重现工厂，预测和分析"在该工厂生产新产品需要多大效率"等问题。

针对第 2 个印象单元，使用生产调度系统统一了各个基地分散的生产计划，并与 ERP 系统进行了对接。

针对第 3 个印象单元，引进了相关机制，通过信标传感器和蓝牙技术，可以实时了解工人的位置和工作状态，并下达指令。此外，将 ERP、MES、PLC（数据）及其他分散在 Excel 中的现场数据等全部存储到数据仓库中，以便利用仪表盘等 BI 工具进行管理。

针对第 4 个印象单元，通过类似录像机的影像方式制定了操作指南，以及使用智能眼镜，以便进行远程工作支援。

至于第 5 个印象单元，利用追溯系统和区块链等系统来提高质量。

此外，笔者还从硬件方面针对每个单元列出了课题，助力构建智能工厂。

通过这种方式，企业不仅考虑到工厂本身，还会从 5 个链条的角度思考理想的制造状态，明确愿景，重点关注应强化的功能，选择并引进最适合的数字化工具来促进对重点功能的极限追求。换言之，这是一个并非以工具为起点，而是"从想要实现什么开始思考"，构想立足于 H 公司经营课题的智能工厂的案例。

通过这个案例，读者或许对于如何运用印象单元有了一定的了解。在第 5 章中，笔者将继续通过案例更加具体地说明构建智能工厂的方法和技巧。

第5章

通过智能工厂印象单元
构建理想的工厂

5.1 四个流程创新

首先，再详细了解一下印象单元。

前面已经说明了以工厂为主体的生产活动涉及公司内部各种职能部门，如销售部门、开发设计部门、生产技术部门、生产管理部门、采购部门、质量管理部门、物流部门、施工部门等，需要原材料供应商、设备制造商、物流相关企业等各种企业的协作，并且与5个链条息息相关。

在印象单元中，将在各个部门与制造部门的协作下进行的生产活动分为四个创新类别，如图5-1所示。

关于这些内容，笔者想再逐一进行深入的探讨。

5.1.1 产品·工序设计流程创新

A（蓝色）单元在产品·工序设计流程创新领域展示了想要实现的经营事项。产品·工序设计流程是指从产品规划到市场投放（上市）的一系列活动。

图5-2中将其流程简化为提取需求、产品计划、开发设计、试制DR和量产上市这5个步骤。

在深入探讨每个单元之前，先来分析各单元之间的关联性（见图5-2）。在这一系列的流程中，印象单元主要从4个角度进行定位。

1. 建立有效的开发流程

这里首先以提升开发流程本身的效率为目的。

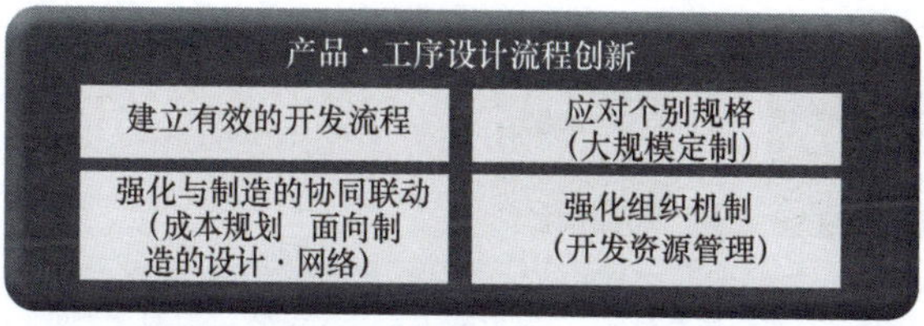

产品·工序设计流程创新

建立有效的开发流程	应对个别规格（大规模定制）
强化与制造的协同联动（成本规划 面向制造的设计·网络）	强化组织机制（开发资源管理）

a) A(蓝色)单元：主要由开发设计部门和生产技术部门与制造部门共同实现的"产品·工序设计流程创新"

生产管理·物流流程创新

灵活的供应链设计和指导	强大的供应链设计
供应链绩效管理	

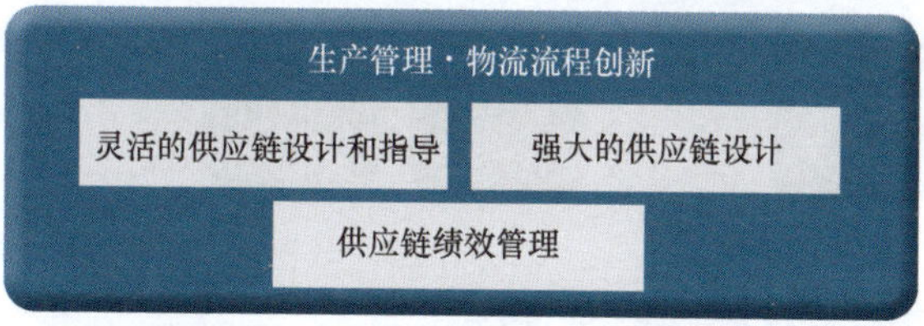

b) B(红色)单元：由销售、生产管理、采购、物流部门与制造部门共同实现的"生产管理·物流流程创新"

生产流程创新

生产资源设计·流程设计	生产流程控制
生产绩效控制	

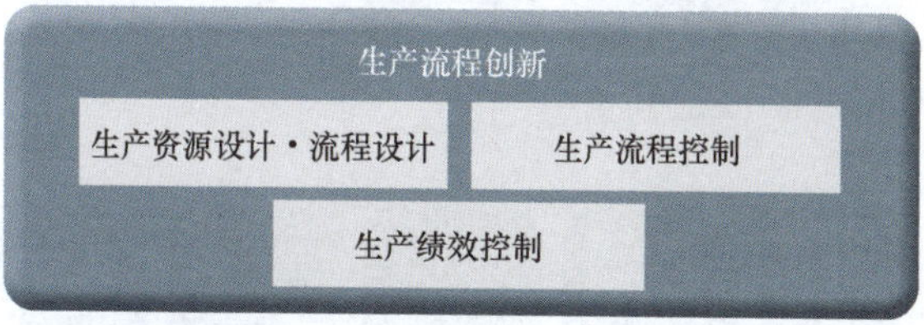

c) C(绿色)单元：主要由制造部门独自实现的"生产流程创新"

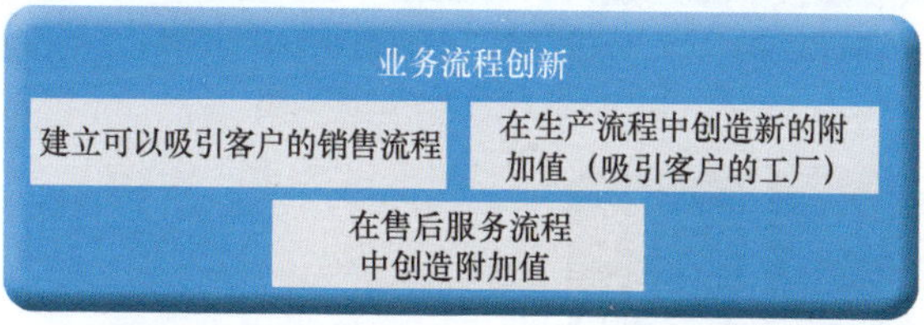

业务流程创新

建立可以吸引客户的销售流程	在生产流程中创造新的附加值（吸引客户的工厂）
在售后服务流程中创造附加值	

d) D(黄色)单元：在思考与客户的关系、为客户提供新的附加值的过程中实现的"业务流程创新"（包括营销流程和售后服务流程）

图 5-1 构成印象单元的四个流程创新

建立有效的开发流程
□提高应对客户需求的能力　□提高产品附加值　□缩短开发周期

- 准确把握需求和创新点的机制
- 可以利用开放式创新的机制

提取需求 → 产品计划 → 开发设计 → 试制DR → 量产上市

- 迅速启动新产品生产的机制
- 源头阶段可以全面评估的机制
- 可看到项目整体情况并纠正的机制

- 全面听取客户需求的机制
- 可应对个别需求和个别规格的机制
- 从客户订单到生产工序实现无缝推进的机制

应对个别规格（大规模定制）

- 可达到目标成本的设计机制
- 考虑到易于制造与搬运的设计机制
- 可高效生产多种产品的机制
- 高效的ODM机制
- 环保型设计机制

强化与制造的协同联动（成本规划　面向制造的设计・网络）

- 可最大限度发挥员工能力的机制
- 可尽快培养技术人才的机制

强化组织机制（开发资源管理）

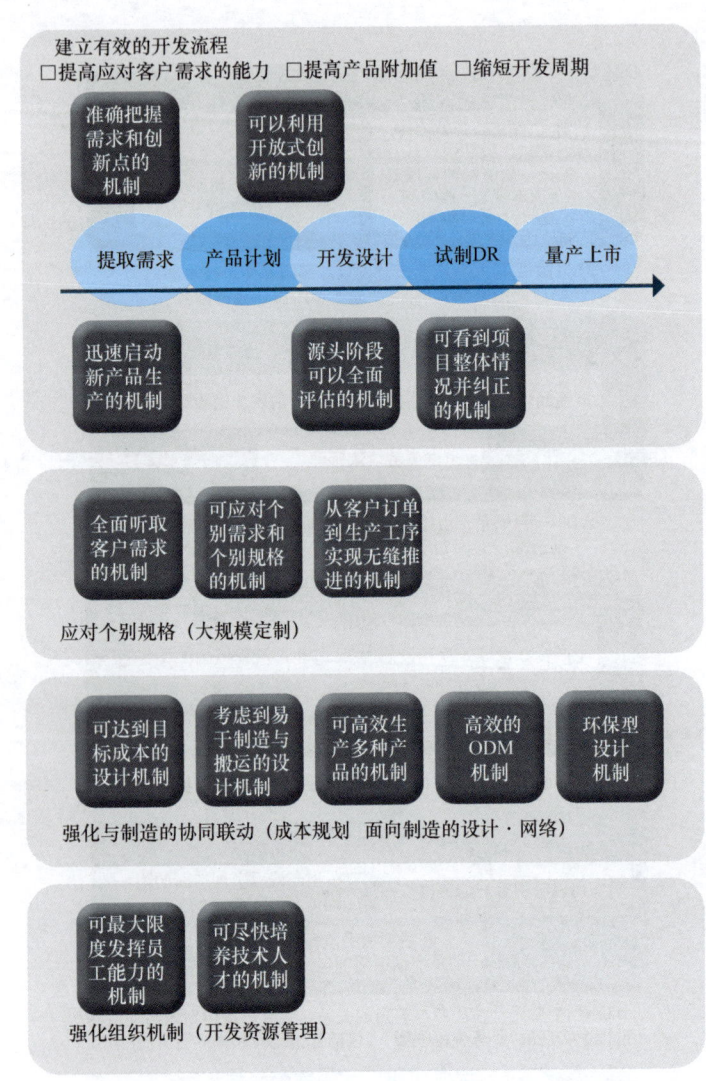

图 5-2　产品・工序设计流程与各印象单元的关联性

1）旨在加强市场调研的**"准确把握需求和创新点的机制"**。

2）旨在充分利用外部知识的**"可以利用开放式创新的机制"**。

3）旨在减少开发中返工的**"源头阶段可以全面评估的机制"**。

4）旨在缩短整个流程周期的**"迅速启动新产品生产的机制"**和**"可看到项目整体情况并纠正的机制"**。

因此，应将高效开发更受市场欢迎的新产品的开发流程作为重点课题。

2. 应对个别规格

特别是在定制化生产管理系统中，产品设计和工序设计是起点，它与后面将阐述的生产管理·物流流程、生产流程及业务流程协同联动，旨在实现大规模定制和改革定制化生产企业的流程。

在这里展开 3 个印象单元，作为开发和工序设计流程领域的主题。

1）旨在提高业务洽谈流程的质量和效率的**"全面听取客户需求的机制"**。

2）旨在每次将客户的不同需求高效地体现在设计中的**"可应对个别需求和个别规格的机制"**。

3）旨在每次将不同的图纸全面高效地传递给制造部门的**"从客户订单到生产工序实现无缝推进的机制"**。

关于"应对个别规格"，将在第 7 章的案例 2 中进行说明。

3. 弹化与制造的协同联动

此外，企业需要评估投放到市场的产品的盈利能力。

1）旨在从成本企划的角度时常计算和评估所开发产品成本的**"可达到目标成本的设计机制"**。

2）与生产率和制造成本直接关联的**"考虑到易于制造和搬运的设计机制"**。

3）模块化设计等**"可高效生产多种产品的机制"**。

4）通过与合作公司的协作，追求总体生产率的**"高效的ODM机制"**。

5）为降低环境负荷（如 CO_2 减排）的产品设计提供支持的**"环保型设计机制"**。

事实上，一般来说，在设计阶段就已经决定了大约80%的制造成本。在这个类别中，将设计阶段切实推进成本企划和减轻环境负荷计划作为主要课题。

4. 强化组织机制（开发资源管理）

这个类别中提出了如何利用负责推动一系列流程的人才开展工作。

1）针对已有的员工建立**"可最大限度发挥员工能力的机制"**。

2）针对新加入的同事建立**"可尽快培养技术人才的机制"**。

在产品·工序设计流程方面，需要评估面向市场开发的产品的价值，以及推出产品时要研究供求过程的效率和确保收益性。企业需要选择上面的印象单元，考虑通过数字化工具实现突破并推进相关对策的实施。

5.1.2 生产管理·物流流程创新

B（红色）单元在生产管理·物流流程创新领域开发了希望实现的经营课题。生产管理·物流流程是指从客户询价到交货的信息流和物流活动。

图5-3通过6个步骤来体现生产管理·物流流程，其分别为询价和接受订单、日程计划和负荷计划、指令和统一管理、采购、制造、交货。

在这一系列流程中，印象单元主要从3个角度进行定位。

1. 灵活的供应链设计和指导

本主题是以强大的供应链为武器，更灵活地控制该供应链以满足用户需求。

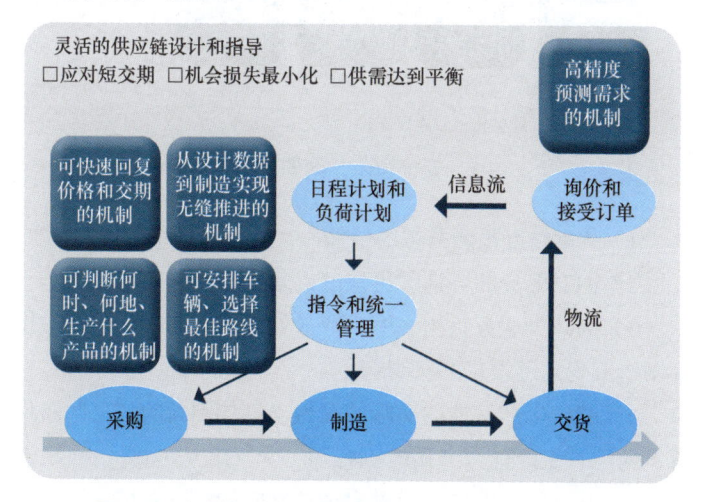

图5-3 生产管理·物流流程与各印象单元的关联性

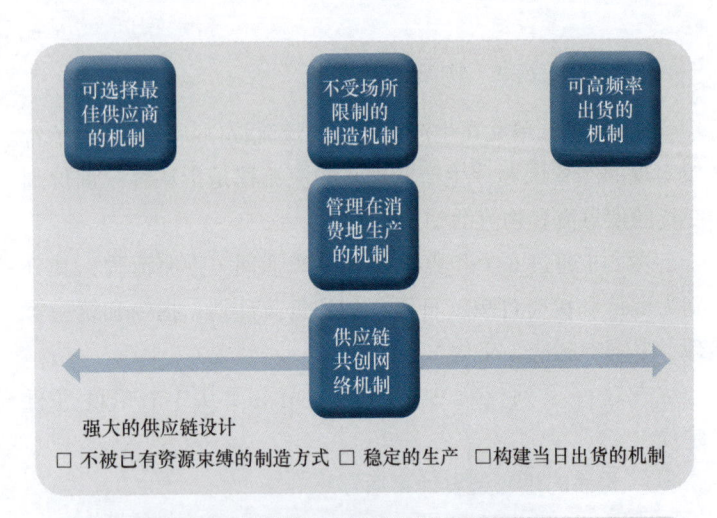

```
┌─────────────┐      ┌─────────────┐      ┌─────────────┐
│ 可选择最     │      │ 不受场所     │      │ 可高频率     │
│ 佳供应商     │      │ 限制的       │      │ 出货的       │
│ 的机制       │      │ 制造机制     │      │ 机制         │
└─────────────┘      └─────────────┘      └─────────────┘
                     ┌─────────────┐
                     │ 管理在消     │
                     │ 费地生产     │
                     │ 的机制       │
                     └─────────────┘
                     ┌─────────────┐
                     │ 供应链       │
        ←————————————│ 共创网       │————————————→
                     │ 络机制       │
                     └─────────────┘
```

强大的供应链设计
☐ 不被已有资源束缚的制造方式 ☐ 稳定的生产 ☐ 构建当日出货的机制

```
┌─────────┐ ┌─────────┐ ┌─────────┐ ┌─────────┐
│可呈现供应│ │ 控制负   │ │同一时期 │ │ 控制物流 │
│链整体库存│ │ 荷变动   │ │生产和出 │ │ 成本的   │
│ 的机制   │ │ 的机制   │ │货的机制 │ │ 机制     │
└─────────┘ └─────────┘ └─────────┘ └─────────┘
```

供应链绩效管理
☐ 供应链成本最小化 ☐ 库存安排合理

图 5-3　生产管理·物流流程与各印象单元的关联性（续）

1）"高精度预测需求的机制"。

2）面对客户的咨询"可快速回复价格和交期的机制"。

3）为减少业务负担、缩短业务处理周期的"从设计数据到制造实现无缝推进的机制"。

4）基于生产基地的实际情况做出最佳判断的"可判断何时、何地、生产什么产品的机制"。

5）基于物流网的情况做出最佳判断的"可安排车辆、选择最佳路线的机制"。

通过这些机制,重点是要实现应对短交期,尽可能减少机会损失并使供需达到平衡。

2. 强大的供应链设计

加强将产品实际交付给用户的供应流程,即加强物流网,是这一类别的主题。

1)考虑订单特性和供应商负荷情况的"可选择最佳供应商的机制"。

2)同样,以确保制造灵活性为重点的"不受场所限制的制造机制",并进一步发展为"管理在消费地生产的机制"。

3)以不设库存小批量搬运为目的的"可高频率出货的机制"。

4)让所有供应链成员共同优化销售、成本和交期的"供应链共创网络机制"。

通过这些机制,实现不受传统资源束缚的制造、稳定的生产和构建当日出货的体制。

3. 供应链绩效管理

本部分主要是维持和改进由 1 和 2 构建的供应链体系。

1)"可呈现供应链整体库存的机制"。

2)"控制负荷变动的机制"。

3)"同一时期生产和出货的机制"。

4)"控制物流成本的机制"。

本部分的重点是将库存和供应链成本可视化,并提供研究改善措施的框架。这也是供应链管理的主要 KPI。

5.1.3 生产流程创新

C（绿色）单元在生产流程创新领域，开展想要实现的经营事项。生产流程是指从生产管理部门接收生产指令到完成产品的活动。

图 5-4 以生产流程为中心，展示了人员·设备·物（生产资源）的投入、通过工序管理和作业管理来控制生产流程、评估生产流程的实绩管理（QCDES）。

在这一系列的流程中，印象单元主要从 3 个角度进行定位。

1. 生产资源设计·流程设计

此处对印象单元的定位是重点关注生产系统的物理层面的强化。

1）考虑到引进机器人等自动化技术的**"不受人的技能限制的制造机制"**。

2）通过自动仓库和无人搬运机等技术，**"提高附加价值时间占比的机制"**。

3）利用三维坐标测量等技术**"应对部件个体差异、维持成品质量的机制"**。

4）通过预警管理、质量成本模拟等方法，**"优化质量成本的工序设计和作业设计机制"**。

2. 生产流程控制

此处对印象单元的定位是重点关注如何充分利用各现场物理层面的能力来执行操作。

1）通过灵活调整每个人的工作负担来提高生产率的**"合理控制负荷的机制"**。

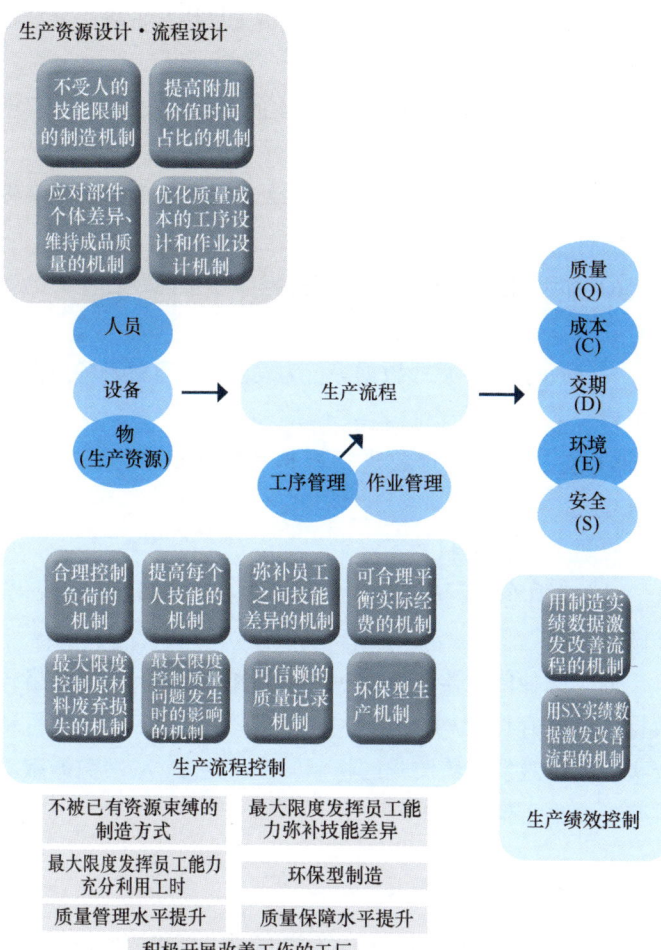

第5章 通过智能工厂印象单元构建理想的工厂

生产资源设计·流程设计
- 不受人的技能限制的制造机制
- 提高附加价值时间占比的机制
- 应对部件个体差异、维持成品质量的机制
- 优化质量成本的工序设计和作业设计机制

人员 / 设备 / 物(生产资源) → 生产流程 → 质量(Q) / 成本(C) / 交期(D) / 环境(E) / 安全(S)

工序管理 · 作业管理

生产流程控制
- 合理控制负荷的机制
- 提高每个人技能的机制
- 弥补员工之间技能差异的机制
- 可合理平衡实际经费的机制
- 最大限度控制原材料废弃损失的机制
- 最大限度控制质量问题发生时的影响的机制
- 可信赖的质量记录机制
- 环保型生产机制

生产绩效控制
- 用制造实绩数据激发改善流程的机制
- 用SX实绩数据激发改善流程的机制

- 不被已有资源束缚的制造方式
- 最大限度发挥员工能力弥补技能差异
- 最大限度发挥员工能力充分利用工时
- 环保型制造
- 质量管理水平提升
- 质量保障水平提升
- 积极开展改善工作的工厂

图 5-4 生产流程与各印象单元的关联性

97

2）最大限度激发员工潜力，"提高每个人技能的机制"。

3）通过高效培训和工作支持让员工尽快具备战斗力，"弥补员工之间技能差异的机制"。

4）通过传感器等实现能源成本的可视化和控制，"可合理平衡实际经费的机制"。

5）通过实际监控和模拟，"最大限度控制原材料废弃损失的机制"。

6）加强可追溯性，"最大限度控制质量问题发生时的影响的机制"。

7）防止捏造、篡改数据等行为发生的"可信赖的质量记录机制"。

8）对二氧化碳排放进行模拟和控制的"环保型生产机制"。

3. 生产绩效控制

此处对印象单元的定位是将重点放在生产绩效的可视化，并做出改善。

通过各种传感器和数据湖（可容纳大量不同类型和格式数据的数据存储架构），将"QCDES"可视化，建立"用制造实绩数据激发改善流程的机制"和"用SX实绩数据激发改善流程的机制"。

5.1.4 业务流程创新

D（黄色）单元在业务流程创新领域开展想要实现的经营事项。业务流程创新领域被视为一个思考框架，即思考如何在与客户接触的过程中提供更高附加值的服务和创造新的价值。

图 5-5 所示为销售流程、生产流程和售后服务流程这 3 个步骤。

```
销售流程 → 生产流程 → 售后服务流程

[销售流程]
- 激发客户潜在需求的机制
- 引导客户关注计划出售产品的机制
建立可以吸引客户的销售流程

[生产流程]
- 工厂保证产品高质量的机制
- 为客户呈现订单产品的生产进度
- 看得见生产者(工匠)的机制
在生产流程中创造新的附加值（吸引客户的工厂）

[售后服务流程]
- 使交付的产品成为新附加值的信息来源的机制
- 保证放心安全的机制
在售后服务流程中创造附加值
```

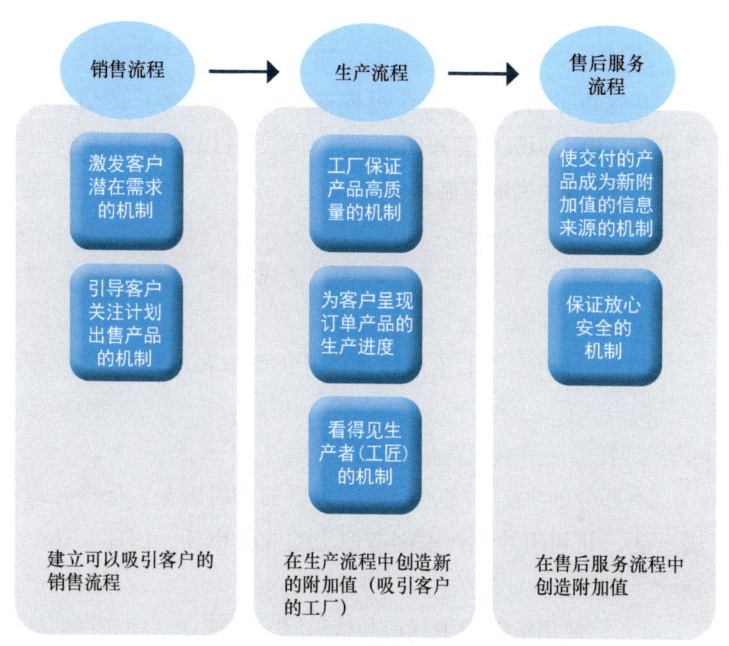

图 5-5　业务流程与各印象单元的关联性

在这一系列流程中，主要从以下 3 个角度对印象单元进行定位。

1. 建立可以吸引客户的销售流程

本部分的主题是切实捕捉客户需求，并在贴近这些需求的过程中促成订单。

1）提供与购买产品相关的产品追加选择功能，建立"激发客户潜在需求的机制"。

2）根据库存情况，向客户推荐公司的优选商品，建立**"引导客户关注计划出售产品的机制"**。

2. 在生产流程中创造新的附加值（吸引客户的工厂）

在这里，将工厂的生产过程本身的魅力与客户的信任联系起来，提出为吸引客户而采取的对策，并以此作为主题。

1）通过彻底的控制和管理，实现高品质产品的量产，建立**"工厂保证产品高质量的机制"**。

2）将生产者（工匠）的技术打造成品牌，吸引客户，建立**"看得见生产者（工匠）的机制"**。

3）将订单产品的生产过程公开，增加客户黏性，**"为客户呈现订单产品的生产进度"**。

3. 在售后服务流程中创造附加值

本部分的主题是完善产品交付后的售后服务，保持客户满意度，并利用数字技术创造稳定的业务市场。因此，这个领域受到各行各业的关注。

1）将使用情况用于营销和售后服务，建立**"使交付的产品成为新附加值的信息来源的机制"**。

2）通过追溯系统，建立**"保证放心安全的机制"**。

以工厂为起点，将制造的优势积极转化为新的服务，创造出附加值，这是印象单元中业务流程创新领域的目标。

5.2 智能工厂印象单元的具体说明

以下将对每个印象单元逐一进行说明。

每个印象单元的页面上都记录了作为其目标的重点管理指标（成本、生产周期、不良率等），以及用何种机制来实现这些目标。

另外，如第 4 章所述，笔者会用 5 个级别来体现如何实现每个印象单元的主题。

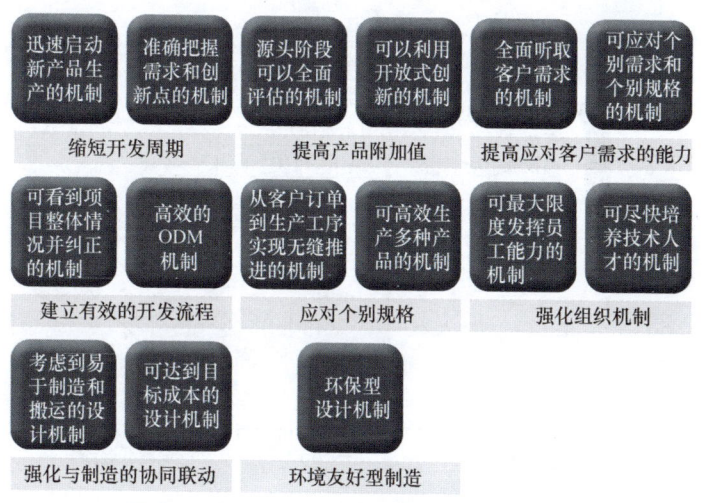

1. 产品·工序设计流程创新

产品·工序设计流程创新的印象单元如图 5-6 所示。

迅速启动新产品生产的机制	准确把握需求和创新点的机制	源头阶段可以全面评估的机制	可以利用开放式创新的机制	全面听取客户需求的机制	可应对个别需求和个别规格的机制
缩短开发周期		提高产品附加值		提高应对客户需求的能力	

可看到项目整体情况并纠正的机制	高效的ODM机制	从客户订单到生产工序实现无缝推进的机制	可高效生产多种产品的机制	可最大限度发挥员工能力的机制	可尽快培养技术人才的机制
建立有效的开发流程		应对个别规格		强化组织机制	

考虑到易于制造和搬运的设计机制	可达到目标成本的设计机制	环保型设计机制
强化与制造的协同联动		环境友好型制造

图 5-6　产品·工序设计流程创新的印象单元

每个印象单元的具体说明如图 5-7~图 5-21 所示。表 5-1~表 5-15 分别用 5 个级别来体现如何实现每个印象单元的主题。

迅速启动新产品生产的机制

产品·工序设计流程创新
缩短开发周期

KPI 缩短开发前置期

开发到量产的前置期较长，无法及时将产品投放市场

- 为进行设计审查，制作试制品需要周期和成本
- 召集设计审查会议和批准流程需要时间
- 每次重新制定方案都需要时间

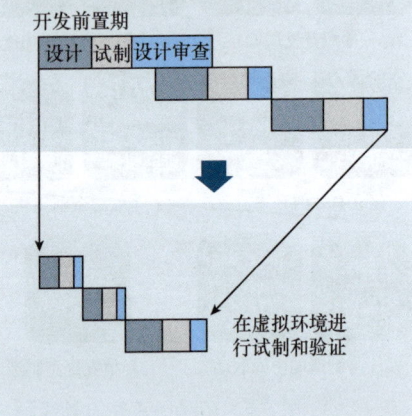

开发前置期

| 设计 | 试制 | 设计审查 |

产品设计、工序设计、试制、量产的流程在网络空间中重现，发现和纠正问题在短时间内得以实施

在虚拟环境进行试制和验证

基于模型的开发　　快速原型技术（3D打印）　　数据孪生

图 5-7 "迅速启动新产品生产的机制"的具体说明

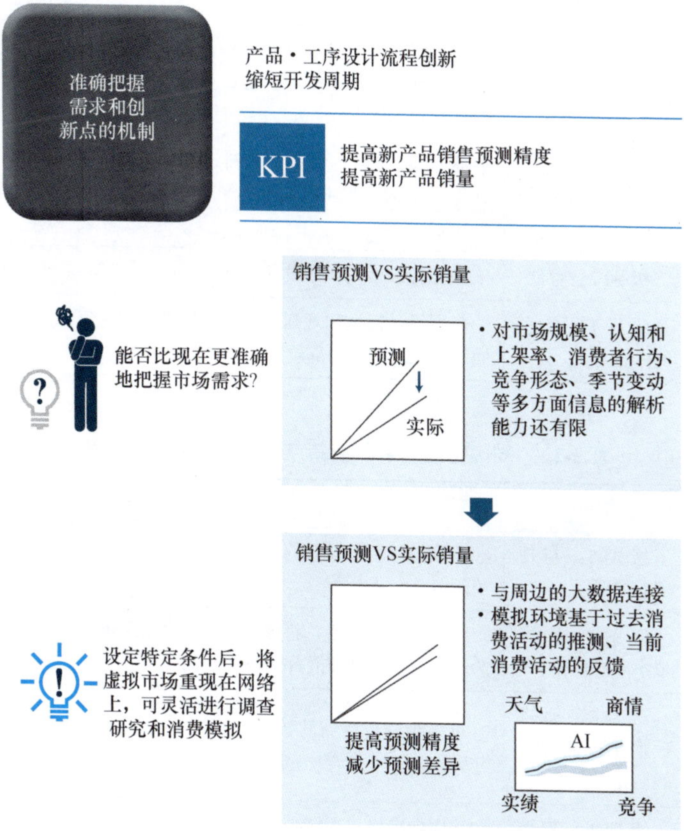

第5章 通过智能工厂印象单元构建理想的工厂

准确把握需求和创新点的机制

产品·工序设计流程创新
缩短开发周期

KPI 提高新产品销售预测精度
提高新产品销量

能否比现在更准确地把握市场需求?

销售预测VS实际销量

预测 ↓ 实际

- 对市场规模、认知和上架率、消费者行为、竞争形态、季节变动等多方面信息的解析能力还有限

设定特定条件后,将虚拟市场重现在网络上,可灵活进行调查研究和消费模拟

销售预测VS实际销量

提高预测精度
减少预测差异

- 与周边的大数据连接
- 模拟环境基于过去消费活动的推测、当前消费活动的反馈

天气　商情
AI
实绩　竞争

图 5-8 "准确把握需求和创新点的机制"的具体说明

103

表 5-1 "迅速启动新产品生产的机制"的实现级别

级别	说明
级别 5:与现实双向联动	建立实施阶段和量产阶段的信息反馈与修正流程（数字孪生）
级别 4:在虚拟空间的优化	产品设计、工序设计、试制、量产的流程在网络空间中重现，发现和纠正问题在短时间内得以实施（虚拟试制和工序设计）
级别 3:通过数据实现流程间的协作	根据设计的电子数据，安排试制，管理试制流程及其他一系列流程（PLM、与试制管理系统协作、3D打印）
级别 2:存储	按照标准格式存储设计信息
级别 1:信息的标准化	针对设计标准和规则制定统一标准，将各负责人之间和组织之间的局部规则的影响控制到最小

表 5-2 "准确把握需求和创新点的机制"的实现级别

级别	说明
级别 5:与现实双向联动	将模拟环境下设置的参数与实际信息相结合，更新预测值
级别 4:在虚拟空间的优化	设定特定条件后，将虚拟市场在网络上重现，可灵活进行调查研究和消费模拟
级别 3:通过数据实现流程间的协作	可多维分析存储的数据（通过 BI 工具进行大数据分析等）
级别 2:存储	按照标准格式存储必要信息
级别 1:信息的标准化	讨论为方便预测而输入的信息，并将这些项目标准化（公司内部的实绩信息和外部周边信息）

源头阶段可以全面评估的机制

产品·工序设计流程创新
提高产品附加值

KPI　设计前置期
　　　降低设计成本
　　　减少设计缺陷

在设计阶段未能解决问题，导致问题遗留到后道工序

- 设计审查中遗漏了问题，导致返工
- 设计引起的问题在后道工序或市场上出现
- 负责人之间没有充分共享过去的信息，导致重复出现相同的问题

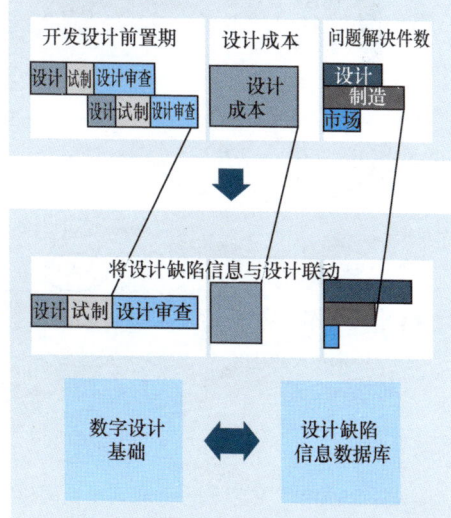

开发设计前置期	设计成本	问题解决件数
设计 试制 设计审查 设计试制 设计审查	设计成本	设计 制造 市场

↓

将设计缺陷信息与设计联动

设计 试制 设计审查

数字设计基础 ⇔ 设计缺陷信息数据库

根据设计缺陷的相关信息，提供推荐的设计规格。提醒设计人员注意起因于过去设计缺陷的类似设计

图 5-9　"源头阶段可以全面评估的机制"的具体说明

105

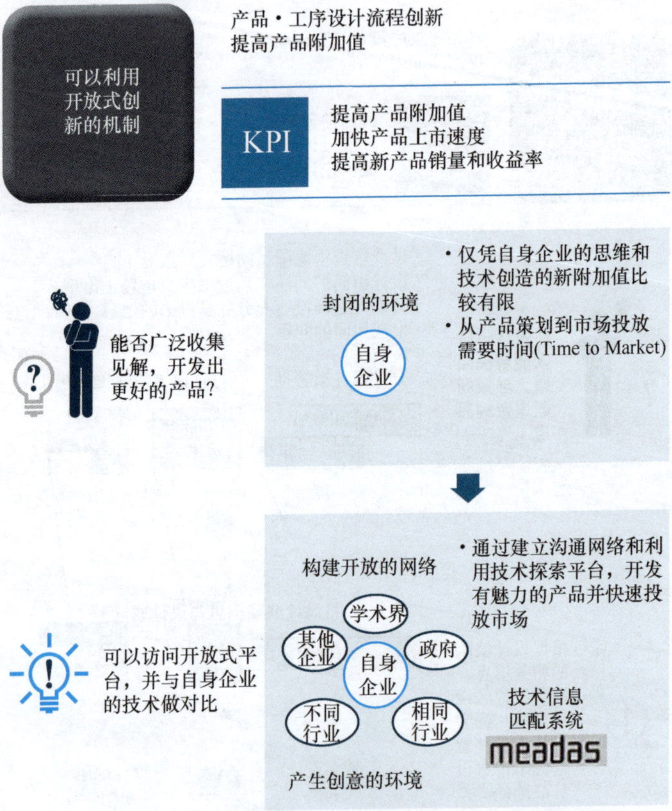

可以利用开放式创新的机制

产品・工序设计流程创新
提高产品附加值

KPI
提高产品附加值
加快产品上市速度
提高新产品销量和收益率

能否广泛收集见解，开发出更好的产品？

封闭的环境
自身企业
- 仅凭自身企业的思维和技术创造的新附加值比较有限
- 从产品策划到市场投放需要时间(Time to Market)

可以访问开放式平台，并与自身企业的技术做对比

构建开放的网络
学术界　政府　相同行业　不同行业　其他企业　自身企业

- 通过建立沟通网络和利用技术探索平台，开发有魅力的产品并快速投放市场

技术信息匹配系统
meadas

产生创意的环境

图 5-10　"可以利用开放式创新的机制"的具体说明

注：meadas是由日本能率协会咨询公司的研发团队提供的技术信息匹配系统。

表 5-3 "源头阶段可以全面评估的机制"的实现级别

级别	说明
级别 5：与现实双向联动	1）收集实施阶段和量产阶段需要改善的信息，并督促设计人员进行修改；挑出存在类似风险的产品并督促修改（数字孪生） 2）根据产品的具体部分，有时其规格是自动指定的
级别 4：在虚拟空间的优化	在设计阶段向设计人员提供推荐的设计规格，或者提醒设计人员注意起因于过去设计缺陷的设计
级别 3：通过数据实现流程间的协作	能够根据存储的电子数据向设计人员提供反馈，设计人员采纳反馈并将其体现在下一次设计中
级别 2：存储	按照标准格式存储 DR 信息、工序故障信息、市场投诉信息等
级别 1：信息的标准化	过去的故障数据记录在可供利用的项目中，记录方法已经标准化

表 5-4 "可以利用开放式创新的机制"的实现级别

级别	说明
级别 5：与现实双向联动	可以访问开放的平台，并且提供所需技术的匹配建议
级别 4：在虚拟空间的优化	可以访问开放式平台，并与自身企业的技术做对比
级别 3：通过数据实现流程间的协作	其他公司拥有的优势技术已展示在开放的平台上，并进行各种可供他人参考的合作
级别 2：存储	其他公司拥有的优势技术已在数据库中列出，并且存储了使用方法等
级别 1：信息的标准化	1）其他公司拥有的优势技术已在数据库中列出 2）制定了方便与外部进行技术合作的指导方针

智能工厂构建手册

全面听取客户需求的机制

产品·工序设计流程创新
提高应对客户需求的能力

KPI 缩短规格确定前置期
降低制造成本

- 为整理客户需求需要进行多次交流
- 接受客户需求将会增加制造种类

确定规格需要时间。能否更好地把握客户的需求?

洽谈流程

通过模块设计和对接生产系统,扩大可提供的种类

客户可以选择"可选规格"。不是逐一听取客户的需求,而是形成客户可以订购的产品式样

设置选项的策划　开发用户界面电子目录　对接生产系统

图 5-11 "全面听取客户需求的机制"的具体说明

可应对个别需求和个别规格的机制

产品·工序设计流程创新
提高应对客户需求的能力

KPI 缩短设计前置期

每次客户需求确定后,设计人员都要根据需求制作图纸(由于标准化进展缓慢,所以制作图纸需要时间)

- 客户每次提出新需求,设计人员都要制作图纸
- 设计工作的"属人化",即"内容和技能仅由个别人掌握"的趋势日益加剧

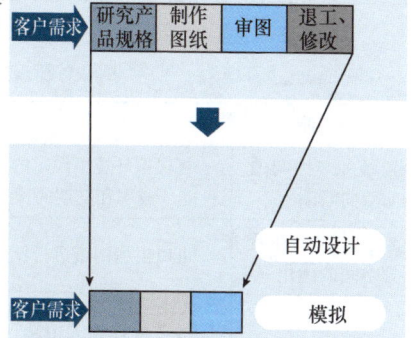

| 客户需求 | 研究产品规格 | 制作图纸 | 审图 | 退工、修改 |

能够根据客户要求立即制定产品规格和图纸

客户需求 → 自动设计 / 模拟

- 将客户需求自动转换为产品规格
- 自动生成图纸,然后验证性能、成本和交期

图 5-12 "可应对个别需求和个别规格的机制"的具体说明

109

表 5-5 "全面听取客户需求的机制"的实现级别

级别	说明
级别 5：与现实双向联动	客户想选择的规格和实际成本体现在标准规格中，可以自动设置这种标准规格
级别 4：在虚拟空间的优化	客户可以参考价格和前置期（Lead Time，LT）等选择菜单上的项目，并自动进行随后的设计和采购安排
级别 3：通过数据实现流程间的协作	客户可以参考价格和前置期等选择菜单上的项目
级别 2：存储	可选择的设计标准规格的信息已转变为数据，可供客户查看，并存储了相应的实绩
级别 1：信息的标准化	通过模块设计，确保向客户提供充足的可选种类

表 5-6 "可应对个别需求和个别规格的机制"的实现级别

级别	说明
级别 5：与现实双向联动	将模拟环境下设定的参数与实际信息相结合，更新性能、成本和交期的预测值
级别 4：在虚拟空间的优化	可以根据图纸进行性能、成本和交期的模拟
级别 3：通过数据实现流程间的协作	参考设计相关信息，将客户需求转换为产品规格（如材料、形状、尺寸等），并生成推荐的图纸
级别 2：存储	已经整理和存储技术标准、以往类似设计实绩、过去的问题等相关信息。在制作图纸时可以参考这些信息
级别 1：信息的标准化	每种型号都有标准图纸，并且已整理好部件清单；可用部件已制成一览表

可看到项目整体情况并纠正的机制

产品·工序设计流程创新
建立有效的开发流程

KPI　提高设计开发部门的生产率

制定开发计划和维护需要花费较长时间以管理者的感觉来确认进度

- 开发主题的进展与个人任务之间没有联动
- 管理者无法看到日程表，导致处理延迟

主题管理单　＋　个人任务管理表

通过将项目进展情况可视化和及时采取行动来抑制项目延迟

- 从开发主题到个人任务进行统一管理的日程计划
- 通过将进展情况可视化，尽早发现问题并及时纠正

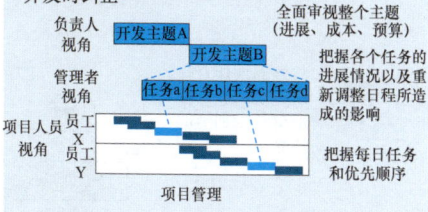

负责人视角：开发主题A、开发主题B
管理者视角：任务a、任务b、任务c、任务d
项目人员视角：员工X、员工Y

项目管理

全面审视整个主题（进展、成本、预算）
把握各个任务的进展情况以及重新调整日程所造成的影响
把握每日任务和优先顺序

图 5-13 "可看到项目整体情况并纠正的机制"的具体说明

第 5 章　通过智能工厂印象单元构建理想的工厂

111

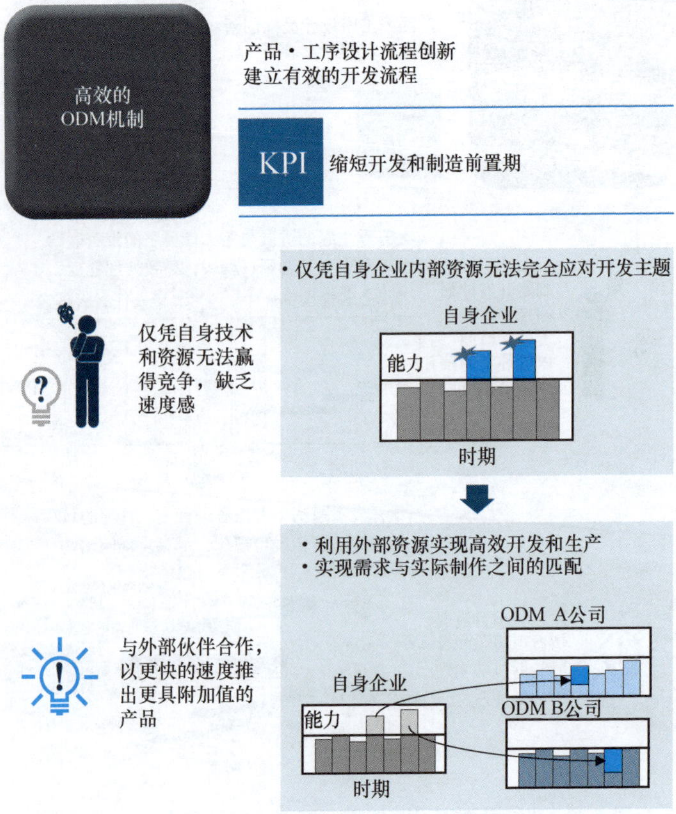

高效的 ODM 机制

产品·工序设计流程创新
建立有效的开发流程

KPI 缩短开发和制造前置期

仅凭自身技术和资源无法赢得竞争，缺乏速度感

- 仅凭自身企业内部资源无法完全应对开发主题

自身企业
能力
时期

与外部伙伴合作，以更快的速度推出更具附加值的产品

- 利用外部资源实现高效开发和生产
- 实现需求与实际制作之间的匹配

自身企业
能力
时期

ODM A公司

ODM B公司

图 5-14 "高效的 ODM 机制"的具体说明

表 5-7 "可看到项目整体情况并纠正的机制"的实现级别

级别	说明
级别 5：与现实双向联动	考虑任务难度、技术人员技能、负荷，自动生成修订计划方案
级别 4：在虚拟空间的优化	模拟日程延迟时的影响程度，并在遵循关键路径的范围内，灵活更改任务的优先级和责任分配
级别 3：通过数据实现流程间的协作	根据过去类似案例的实绩信息，提供开发主题的日程计划
级别 2：存储	开始/完成指令的实绩信息已存储，并可以与预测结果和实际结果对比
级别 1：信息的标准化	可以用相同的格式或在相同的系统中创建日程计划，并能发出开始/完成的指令

表 5-8 "高效的 ODM 机制"的实现级别

级别	说明
级别 5：与现实双向联动	当未来开发资源不足时，思考原厂委托设计（Original Design Manufacture，ODM）厂商的评估信息和可接受程度，挑选出最佳 ODM 厂商
级别 4：在虚拟空间的优化	已经了解当未来开发资源不足时，是否可以接受 ODM 厂商
级别 3：通过数据实现流程间的协作	可以看到未来开发资源不足，当开发资源不足时，可以参考合适的 ODM 厂商信息
级别 2：存储	已列出有望成为候补 ODM 厂商的企业，并将每家企业的评估信息（技术实力、处理能力、成本等）纳入数据库
级别 1：信息的标准化	过去的 ODM 委托厂商及委托业绩已经列成清单

从客户订单到生产工序实现无缝推进的机制

产品·工序设计流程创新
应对个别规格

KPI 设计和制造前置期

虽然设计已完成,但制造方式交由现场决定无法预测成本和交期

E-BOM × M-BOM × BOP

- 成本估算精度低
- 交期回复准确度低

▼

- 无法迅速回应客户问询(造成机会损失)

根据客户订单制定规格信息和图纸后,再根据规格信息和图纸即时生成E-BOM和M-BOM

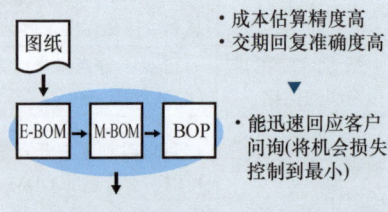

图纸
↓
E-BOM → M-BOM → BOP
↓
即时估算成本和交期

- 成本估算精度高
- 交期回复准确度高

▼

- 能迅速回应客户问询(将机会损失控制到最小)

图 5-15 "从客户订单到生产工序实现无缝推进的机制"的具体说明

可高效生产多种产品的机制

产品·工序设计流程创新
应对个别规格

KPI 缩短制造前置期
降低制造成本

由于品种过多，不知道用什么工序流程和设备来生产更加有效

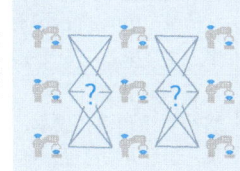

使用通用设备执行多任务生产时，生产过程往往由现场决定，结果导致难以控制成本和交期

- 可以从设计阶段开始选择最合适的工序和设备
- 可以提示出QCD性能最高的制作方式

可选择最有效的工序流程和设备

虚拟工序计划（模拟）

图 5-16 "可高效生产多种产品的机制"的具体说明

第 5 章 通过智能工厂印象单元构建理想的工厂

115

表5-9 "从客户订单到生产工序实现无缝推进的机制"的实现级别

级别	说明
级别5：与现实双向联动	能够考虑物价变动和当前生产状况，估算成本和交期
级别4：在虚拟空间的优化	基于统一存储的电子数据，根据设计图纸自动计算成本和交期
级别3：通过数据实现流程间的协作	可以从统一存储的电子数据中参考类似案例的成本和交期，并向设计人员提供便于回答客户咨询的信息
级别2：存储	用标准格式统一存储设计信息［图纸、设计物料清单（Engineering Bill of Material，E-BOM）、制造物料清单（Manufacturing Bill of Material，M-BOM）、工艺清单（Bill of Process，BOP）］及制造实绩信息（成本、生产率）
级别1：信息的标准化	将设计信息（图纸、E-BOM、M-BOM、BOP）及制造实绩信息（成本、生产率）以可使用的形式记录，记录方法已经标准化

表5-10 "可高效生产多种产品的机制"的实现级别

级别	说明
级别5：与现实双向联动	输入规格要求后，会推荐合适的设备组合
级别4：在虚拟空间的优化	在工序·设备设计阶段选择设备时，可以获得工序模拟结果
级别3：通过数据实现流程间的协作	工序·设备设计时可选择每台设备的加工条件、能力、成本、品质等信息，推测生产线的能力
级别2：存储	存储每台设备的加工条件、能力、成本、品质等信息，可在工序·设备设计时进行参考
级别1：信息的标准化	每台设备的加工条件、能力、成本、品质等信息都以可使用的形式进行记录

可最大限度发挥员工能力的机制

产品·工序设计流程创新
强化组织机制

KPI 提高设计开发部门的生产率

设计人员之间的工作负担不均衡

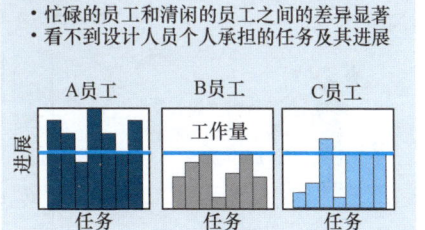

- 忙碌的员工和清闲的员工之间的差异显著
- 看不到设计人员个人承担的任务及其进展

A员工　　B员工　　C员工
工作量
进展
任务　　任务　　任务

评估技术人员的负担情况和技能，建立最佳的资源分配和项目组织结构

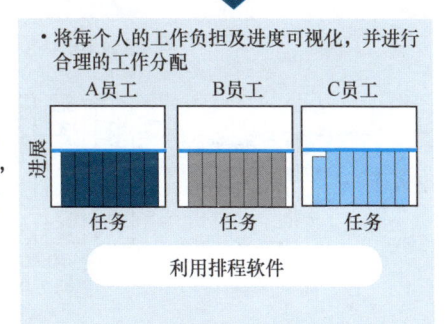

- 将每个人的工作负担及进度可视化，并进行合理的工作分配

A员工　　B员工　　C员工
进展
任务　　任务　　任务

利用排程软件

图 5-17　"可最大限度发挥员工能力的机制"的具体说明

可尽快培养技术人才的机制

产品·工序设计流程创新
强化组织机制

KPI 提高设计开发部门的生产率
缩短技术人才培养时间

业务风格"属人化"导致系统的人才培养进展缓慢

- 培养技术人才需要花费较长时间

计划看不见 ▶ 事先不能发现问题 ▶ 一个人承担问题 ▶ 出现故障 ▶ 心情烦躁

通过个人绩效的可视化和有组织地跟进，积极开展人才培养

- 系统地培养人才，让技术人员尽早具备战斗力

计划看得见 ▶ 事先能发现问题 ▶ 发挥团队力量 ▶ 工作顺畅 ▶ 心情轻松

排程软件

人才管理

共享工作内容
提供学习和成长的平台

图 5-18 "可尽快培养技术人才的机制"的具体说明

表 5-11 "可最大限度发挥员工能力的机制"的实现级别

级别	说明
级别 5：与现实双向联动	考虑任务难度、技术人员技能、负担，提供最佳任务分配方案
级别 4：在虚拟空间的优化	可根据每个人的进展情况来推测延迟风险，并灵活地更改责任分配
级别 3：通过数据实现流程间的协作	能够根据可视化的个人负担比例来平衡工作负担（将任务分配给负担较少的员工）
级别 2：存储	根据任务表，可以看到当前和未来的个人工作负担比例
级别 1：信息的标准化	用相同的格式或系统创建设计人员个人的任务表

表 5-12 "可尽快培养技术人才的机制"的实现级别

级别	说明
级别 5：与现实双向联动	考虑到需要跟进的任务的特性及每位技术人员的技能，提供最佳的支援人员
级别 4：在虚拟空间的优化	根据每个人的进展状况检测到没有进展（陷入困境）的人，并发出跟进提醒
级别 3：通过数据实现流程间的协作	根据可视化的实绩信息和当前的进展状况有一个与设计人员跟进的有效流程
级别 2：存储	可根据任务表，存储相对计划而言的实绩信息，进行计划与实绩的比较
级别 1：信息的标准化	用相同的格式或系统创建设计人员个人的任务表

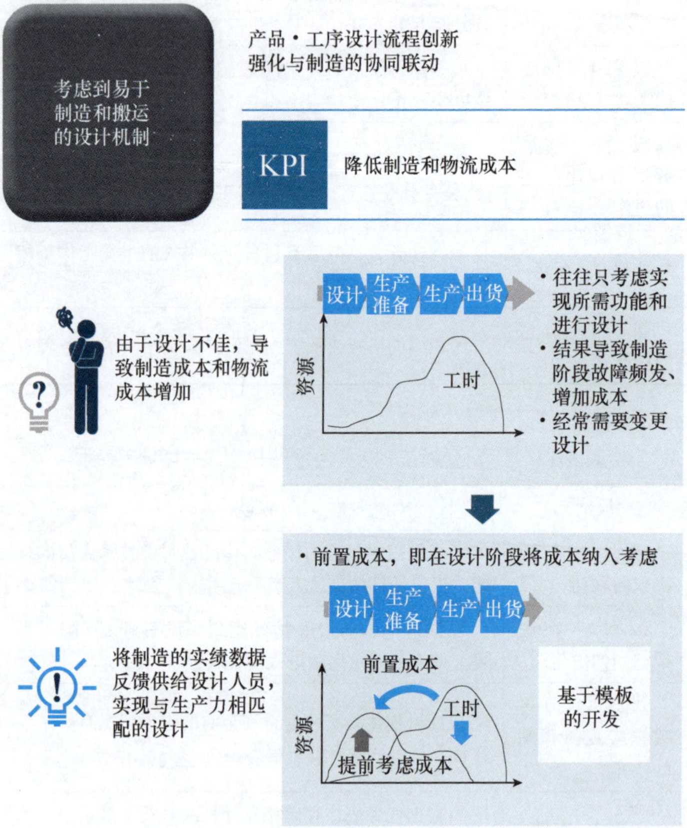

考虑到易于制造和搬运的设计机制

产品·工序设计流程创新
强化与制造的协同联动

KPI 降低制造和物流成本

由于设计不佳,导致制造成本和物流成本增加

- 往往只考虑实现所需功能和进行设计
- 结果导致制造阶段故障频发、增加成本
- 经常需要变更设计

将制造的实绩数据反馈供给设计人员,实现与生产力相匹配的设计

- 前置成本,即在设计阶段将成本纳入考虑

基于模板的开发

图 5-19 "考虑到易于制造和搬运的设计机制"的具体说明

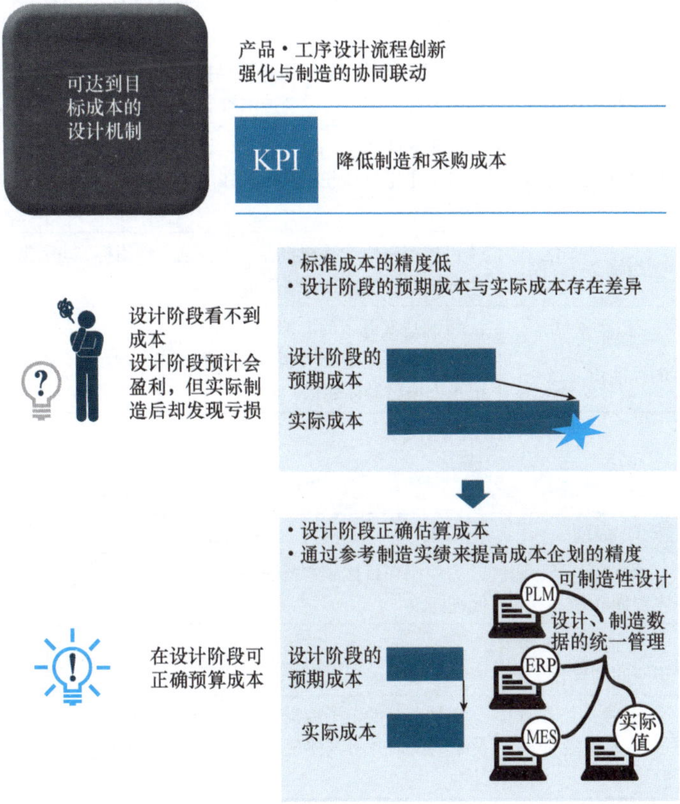

可达到目标成本的设计机制

产品·工序设计流程创新
强化与制造的协同联动

KPI 降低制造和采购成本

- 标准成本的精度低
- 设计阶段的预期成本与实际成本存在差异

设计阶段看不到成本
设计阶段预计会盈利，但实际制造后却发现亏损

设计阶段的预期成本
实际成本

- 设计阶段正确估算成本
- 通过参考制造实绩来提高成本企划的精度

可制造性设计
PLM
设计、制造数据的统一管理
ERP
MES
实际值

在设计阶段可正确预算成本

设计阶段的预期成本
实际成本

图 5-20 "可达到目标成本的设计机制"的具体说明

表 5-13 "考虑到易于制造和搬运的设计机制"的实现级别

级别	说明
级别 5：与现实双向联动	根据设计信息预测制造性指标，并提供设计和生产阶段的改善要点以促进修改。根据具体部位，自动决定设计规格
级别 4：在虚拟空间的优化	在设计阶段向设计人员提供推荐的设计规格。或者提醒其注意容易造成制造困难、搬运困难的关键点
级别 3：通过数据实现流程间的协作	能够根据存储的电子数据向设计人员提供反馈，设计人员采纳反馈并将其体现在下一次设计或类似产品的设计中
级别 2：存储	可按照每个产品规格存储各种制造性指标，并在设计阶段参考过去的实绩信息
级别 1：信息的标准化	将制造实际工时、修正工时、不良率、工程能力、装载效率等制造相关指标以可利用的形式进行记录。记录方法已经标准化

表 5-14 "可达到目标成本的设计机制"的实现级别

级别	说明
级别 5：与现实双向联动	为控制在目标成本范围内，提供降低成本的要点以促进修改
级别 4：在虚拟空间的优化	可根据设计图纸模拟成本，验证与目标成本的差异
级别 3：通过数据实现流程间的协作	根据存储的电子数据向设计人员提供反馈，设计人员采纳反馈并将其体现在下一次设计或类似产品的设计中
级别 2：存储	可按照每个产品规格存储实际成本和各制造 KPI，并在设计阶段参考过去实绩信息
级别 1：信息的标准化	将材料费和加工费的实际成本及与成本相关的制造 KPI 以可利用的形式记录下来，记录方法已经标准化

环保型设计机制

产品·工序设计流程创新
环境友好型制造

KPI CO_2减排

- 看不到产品生命周期中的环境负载
- 优先QCD的生产制造

除了追求QCD，还希望设计出对可持续发展有贡献的产品

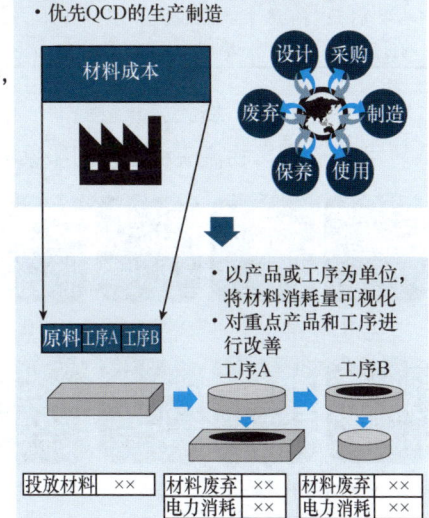

材料成本

设计　采购
废弃　制造
保养　使用

- 以产品或工序为单位，将材料消耗量可视化
- 对重点产品和工序进行改善

原料 工序A 工序B

工序A　　工序B

进行环保型的产品设计

投放材料	××

材料废弃	××
电力消耗	××
水量消耗	××

材料废弃	××
电力消耗	××
水量消耗	××

图 5-21 "环保型设计机制"的具体说明

第 5 章　通过智能工厂印象单元构建理想的工厂

123

表 5-15 "环保型设计机制"的实现级别

级别	说明
级别 5：与现实双向联动	基于产品材料的信息，提出使用环境负荷较低的替代材料等建议，并提示替代时的设计信息（如材料配比和加工条件等）
级别 4：在虚拟空间的优化	提出将材料成本控制到最小的推荐设计规格
级别 3：通过数据实现流程间的协作	能够确定材料投入量较大的部分，并向设计人员提供反馈，设计人员采纳反馈并将其体现在设计中
级别 2：存储	记录工厂内每种材料在固定单位中的消耗量
级别 1：信息的标准化	已经盘点了工厂内使用的材料，确定了需要掌握的单位

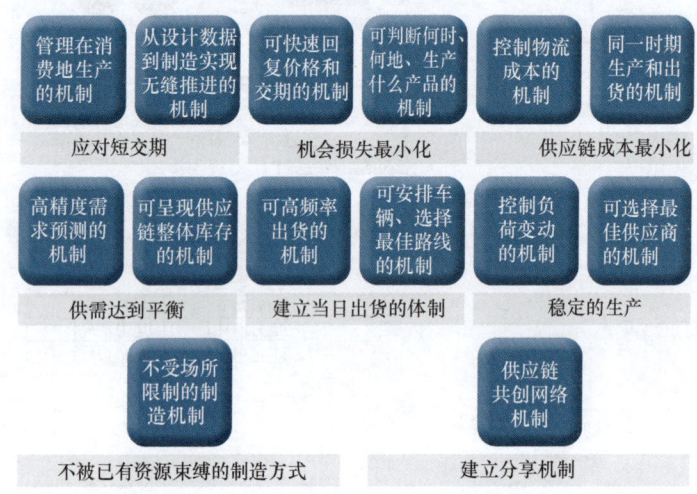

2. 生产管理·物流流程创新

生产管理·物流流程创新的印象单元如图 5-22 所示。

应对短交期：管理在消费地生产的机制；从设计数据到制造实现无缝推进的机制

机会损失最小化：可快速回复价格和交期的机制；可判断何时、何地、生产什么产品的机制

供应链成本最小化：控制物流成本的机制；同一时期生产和出货的机制

供需达到平衡：高精度需求预测的机制；可呈现供应链整体库存的机制

建立当日出货的体制：可高频率出货的机制；可安排车辆、选择最佳路线的机制

稳定的生产：控制负荷变动的机制；可选择最佳供应商的机制

不被已有资源束缚的制造方式：不受场所限制的制造机制

建立分享机制：供应链共创网络机制

图 5-22 生产管理·物流流程创新的印象单元

每个印象单元的具体说明如图5-23~图5-36所示。表5-16~表5-29分别用5个级别来体现如何实现每个印象单元的主题。

管理在消费地生产的机制

生产管理・物流流程创新
应对短交期

KPI 缩短物流前置期
降低物流成本

生产地点的不同会导致前置期和物流成本大幅波动。想尽量在接近消费地的地方进行生产

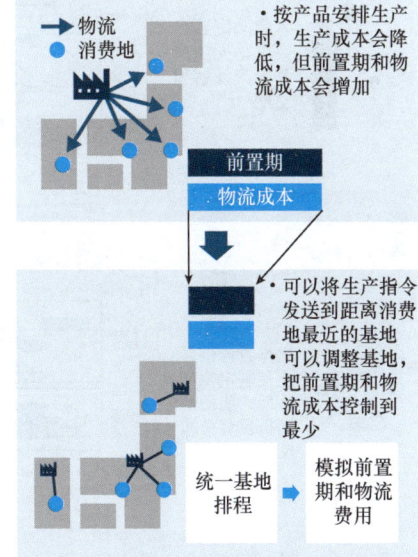

→ 物流
● 消费地

・按产品安排生产时,生产成本会降低,但前置期和物流成本会增加

前置期
物流成本

通过在接近消费地的基地进行生产,可以抑制前置期和物流成本

・可以将生产指令发送到距离消费地最近的基地
・可以调整基地,把前置期和物流成本控制到最少

统一基地排程 → 模拟前置期和物流费用

图 5-23 "管理在消费地生产的机制"的具体说明

智能工厂构建手册

从设计数据到制造实现无缝推进的机制

生产管理·物流流程创新
应对短交期

KPI 缩短制造前置期

未能确定客户要求，无法预测生产计划和交期

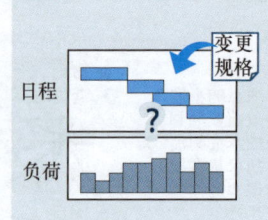

变更规格
日程
负荷

- 频繁变更设计，无法清楚地把握交期和负荷
- 日程计划很大程度上依赖制造现场，生产管理功能无法控制统一管理整体情况

根据设计信息立刻制定生产计划，能清楚地把握负荷和交期

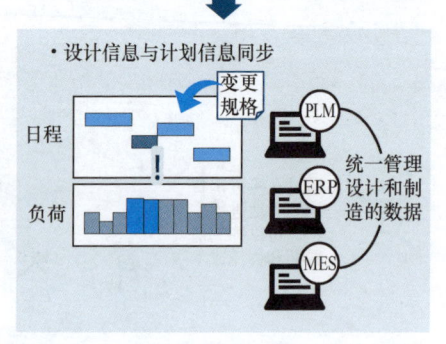

- 设计信息与计划信息同步

变更规格
日程
负荷

PLM / ERP / MES 统一管理设计和制造的数据

图 5-24 "从设计数据到制造实现无缝推进的机制"的具体说明

126

表 5-16　"管理在消费地生产的机制"的实现级别

级别	说明
级别 5：与现实双向联动	可以实时把握各生产基地的生产状况，并将其体现在计划改善中
级别 4：在虚拟空间的优化	可以模拟各个基地的计划负荷，并调整生产地以优化交期和成本
级别 3：通过数据实现流程间的协作	可以基于存储的数据和订单信息（消费地信息），将生产指令发送到最接近消费地的生产基地
级别 2：存储	基于标准化项目，存储了用于计算负荷的数据
级别 1：信息的标准化	已确定各工厂的负荷计算标准和项目，并制定了统一标准

表 5-17　"从设计数据到制造实现无缝推进的机制"的实现级别

级别	说明
级别 5：与现实双向联动	根据规格变更信息和当前生产进度，自动修正生产计划并生成工作指令
级别 4：在虚拟空间的优化	可以根据规格变更的信息，更新图纸/E-BOM/M-BOM/BOP，并模拟日程计划修改时产生的影响
级别 3：通过数据实现流程间的协作	图纸/E-BOM/M-BOM/BOP 互相联动，生成负荷计划和日程计划
级别 2：存储	始终保存图纸/E-BOM/M-BOM/BOP 信息的最新状态
级别 1：信息的标准化	图纸/E-BOM/M-BOM/BOP 可以按照规定的格式注册到系统中

可快速回复价格和交期的机制

生产管理·物流流程创新
机会损失最小化

KPI 快速回复交期和成本
交期遵守率
标准成本达成率

以标准交期和标准价格回答客户的问询,但准确度较低。因此,有时会导致机会损失

- 负荷不明,交期不明,成本不明
- 尽管按照标准交期和标准成本来制订计划,但无法确定是否能够达到

交期和价格的估算精度低 → 加班 / 休息日加班 / 利用外包 / 变更工序 → 延迟交期 / 收益恶化

↓

可以根据生产基地的负荷和供应商的情况,回答成本和交期

交期和价格的估算精度高 → 合理且无浪费的生产计划和管理 → 遵守交期 / 达到标准成本

过去实绩信息数据库类似案例检索　　基于过去实绩、负荷推进日程

图 5-25 "可快速回复价格和交期的机制"的具体说明

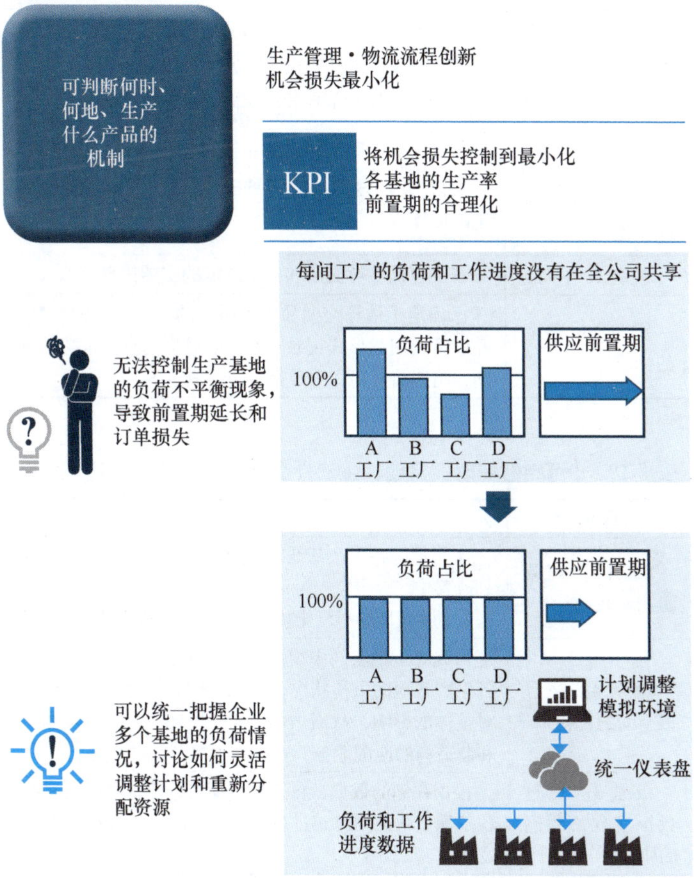

可判断何时、何地、生产什么产品的机制

生产管理·物流流程创新
机会损失最小化

KPI 将机会损失控制到最小化
各基地的生产率
前置期的合理化

每间工厂的负荷和工作进度没有在全公司共享

负荷占比 / 供应前置期
100%
A工厂 B工厂 C工厂 D工厂

无法控制生产基地的负荷不平衡现象，导致前置期延长和订单损失

负荷占比 / 供应前置期
100%
A工厂 B工厂 C工厂 D工厂

计划调整模拟环境
统一仪表盘
负荷和工作进度数据

可以统一把握企业多个基地的负荷情况，讨论如何灵活调整计划和重新分配资源

图 5-26 "可判断何时、何地、生产什么产品的机制"的具体说明

表 5-18 "可快速回复价格和交期的机制"的实现级别

级别	说明
级别 5：与现实双向联动	可以自动生成优化成本与交期的计划,并在回答客户的同时,发出订购和工作指令
级别 4：在虚拟空间的优化	可以结合生产基地和供应商的负荷情况,模拟成本和交期
级别 3：通过数据实现流程间的协作	可以参考过去类似产品的实绩信息,用于交期和成本的估算
级别 2：存储	统一存储估算交期和成本所需的实绩信息
级别 1：信息的标准化	已确定了估算交期和成本所需的实绩信息的项目,并以可利用的形式记录下来(如规格信息、采购前置期、制造前置期、生产率、实际成本等)

表 5-19 "可判断何时、何地、生产什么产品的机制"的实现级别

级别	说明
级别 5：与现实双向联动	实时把握各生产基地的生产状况,并将其体现在计划改善中 自动生成能够尽可能减少各生产基地负荷偏差的计划
级别 4：在虚拟空间的优化	可以在虚拟空间中模拟生产计划的负荷。可以把握各生产基地的负荷状况,并能够即时捕捉到调整生产对整体的影响,从而做出决策(发展形式是连接客户和制造商的匹配业务)
级别 3：通过数据实现流程间的协作	根据存储的数据,将工厂负荷可视化,可以在观察各基地负荷的同时,进行生产地的讨论、选择和指令发送
级别 2：存储	根据标准化项目,存储了用于计算负荷的数据
级别 1：信息的标准化	已确定各工厂的负荷计算标准和项目,并制定了统一标准 基于通用设备的无基地限制的生产系统

第5章 通过智能工厂印象单元构建理想的工厂

控制物流成本的机制

生产管理·物流流程创新
供应链成本最小化

KPI 降低物流成本

- 物流成本飙升,货车竞争激烈

物流费合计
A公司
B公司
C公司

货车数量难以保证,即使保证了数量,其装载率也很低,单价也在上升……物流成本呈增加趋势

- 联合配送机制

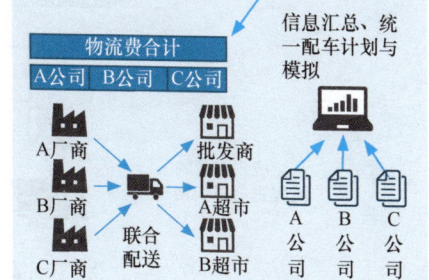

物流费合计
A公司　B公司　C公司

A厂商
B厂商
C厂商
→ 批发商
A超市
B超市
联合配送

信息汇总、统一配车计划与模拟

A公司　B公司　C公司

可以掌握合作企业的发货信息和配车信息,实现联合配送

图 5-27 "控制物流成本的机制"的具体说明

131

同一时期生产和出货的机制

生产管理·物流流程创新
供应链成本最小化

KPI 减少库存相关成本
提高单位面积生产力

生产完成到出货之间存在时间滞后，需要进行成品运输，并且要有临时存放场所

- 生产完成和出货不同步

  不必要的运输和保管
  临时保管场所

  | 制造 | 检查 | ▽ | 出货 |

↓

- 生产完成后即可出货

  | 制造 | 检查 | 出货 | 自动仓库 |

从完成到出货的流程完全同步化

生产管理系统
生产计划·进度管理

仓库管理系统(Warehouse Management System, WMS)
出入库计划

运输管理系统(Transportation Management System, TMS)
配车指令

生产管理系统与WMS、TMS的联动

图 5-28 "同一时期生产和出货的机制"的具体说明

表 5-20 "控制物流成本的机制"的实现级别

级别	说明
级别5：与现实双向联动	可以自动计算和给出配车数量、取货路线和运输路线（自动生成能够尽可能提高装载率及降低运输成本的计划）
级别4：在虚拟空间的优化	可以根据生产的实绩信息，考虑重新安排配车（装载物、取货路线等）
级别3：通过数据实现流程间的协作	可以一边查看各生产基地的出货信息和配车信息，一边进行配车安排（每家公司各自预约座位）
级别2：存储	已存储配车安排信息，并且可以统一查看货车的空闲情况和配车信息
级别1：信息的标准化	目标基地（包括合作公司和其他公司）的信息已经统一录入系统，可以使用该系统进行配车安排

表 5-21 "同一时期生产和出货的机制"的实现级别

级别	说明
级别5：与现实双向联动	根据制造进度，可以自动向驾驶员发送配车指令或更换车辆
级别4：在虚拟空间的优化	根据制造进度，向驾驶员发送配车指令
级别3：通过数据实现流程间的协作	根据小日程计划中计算完成时间，并向驾驶员发送配车指令
级别2：存储	实时更新小日程计划的进度，可以统一查看小日程计划、进度信息和配车计划
级别1：信息的标准化	按照标准化方法制定小日程计划和配车计划

高精度需求预测的机制

生产管理·物流流程创新
供需达到平衡

KPI 减少库存
减少供应链成本

- 库存过剩导致现金流恶化，库存成本增加
  - ❹必须要准备 ❸有可能缺货 ❷有可能缺货 ❶有3个人均
  - 200个产品　想要100个产品　想要20个产品　想要2个产品

厂家　物流　批发商/物流　零售商　消费者
　　　　　　中心

需求预测的准确度较低。因"牛鞭效应"导致库存过剩

- 基于高度准确的需求预测来全面控制供应链

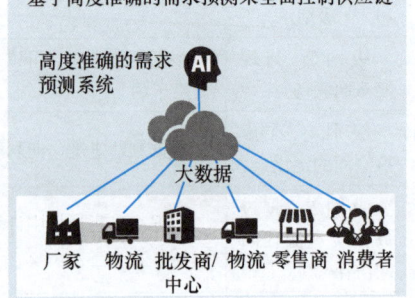

高度准确的需求预测系统

大数据

厂家　物流　批发商/物流　零售商　消费者
　　　　　　中心

可以进行高精度的需求预测，并且可以讨论和更新供应链成员的计划信息

图 5-29　"高精度需求预测的机制"的具体说明

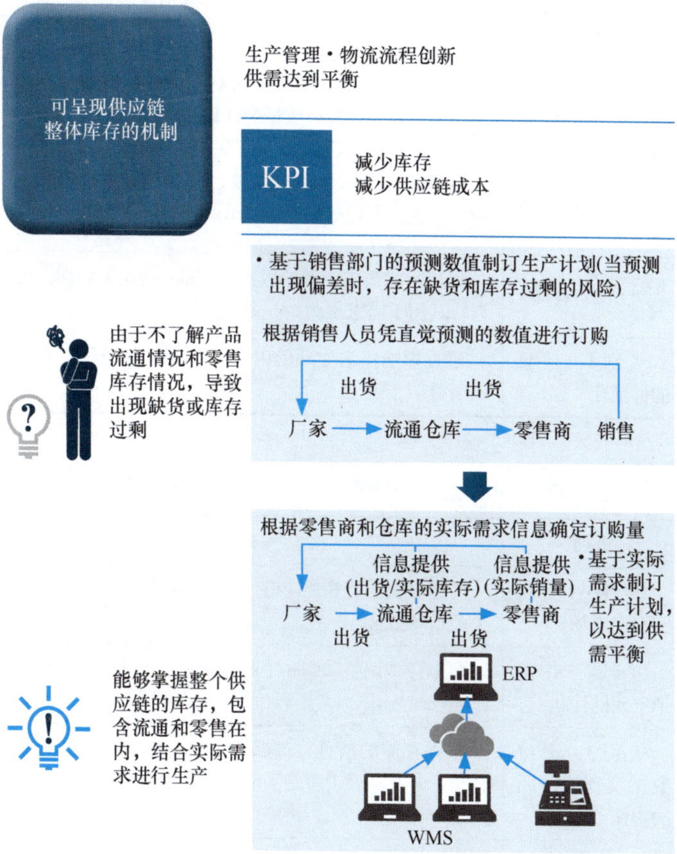

可呈现供应链整体库存的机制

生产管理·物流流程创新
供需达到平衡

KPI 减少库存
减少供应链成本

- 基于销售部门的预测数值制订生产计划(当预测出现偏差时,存在缺货和库存过剩的风险)

由于不了解产品流通情况和零售库存情况,导致出现缺货或库存过剩

根据销售人员凭直觉预测的数值进行订购

出货 → 出货 →
厂家 → 流通仓库 → 零售商 销售

根据零售商和仓库的实际需求信息确定订购量

信息提供   信息提供
(出货/实际库存) (实际销量)
厂家 → 流通仓库 → 零售商
出货   出货

- 基于实际需求制订生产计划,以达到供需平衡

能够掌握整个供应链的库存,包含流通和零售在内,结合实际需求进行生产

ERP

WMS

图 5-30 "可呈现供应链整体库存的机制"的具体说明

表 5-22 "高精度需求预测的机制"的实现级别

级别	说明
级别 5：与现实双向联动	获取和保存影响需求变化的未知因素信息，以便需求预测过程顺利进行
级别 4：在虚拟空间的优化	可以对目前为止的情况进行考虑，频繁地预测需求，调整各个供应链成员的计划
级别 3：通过数据实现流程间的协作	可以根据需求预测的结果，研究和更新销售、采购、制造、零售等供应链成员的计划信息
级别 2：存储	保存影响需求变动的因素（已知）的相关数据，可以将其用于需求预测
级别 1：信息的标准化	研究影响需求变动的因素（已知），并记录已确定的项目

表 5-23 "可呈现供应链整体库存的机制"的实现级别

级别	说明
级别 5：与现实双向联动	考虑销售趋势和供应链库存，提示最佳的订购量和生产指令数量
级别 4：在虚拟空间的优化	可以模拟调整采购和生产指令时对各供应链库存的影响
级别 3：通过数据实现流程间的协作	根据存储的信息，可以统一查看整个供应链的库存量，并在观察销售趋势的同时考虑发出采购和生产指令
级别 2：存储	保存每个库存点的出入库和库存信息
级别 1：信息的标准化	各库存点可以按照规定的形式记录出入库和库存信息

可高频率出货的机制

生产管理·物流流程创新
建立当日出货的体制

KPI 缩短从制造到出货的前置期

- 随时变化的订单使得制造和配送功能变得不稳定
- 采用人海战术的制造

从订单到交货通常需要几个小时。针对逐渐变化的订单,应如何跟踪产品的制造和配送?

订单 → 制造 → 出货
- 前置期较长
- 无法应对紧急的订单变化

可以根据订单信息立即展开生产计划、分拣计划和配送计划,协调从制造到物流的所有功能,并即时交付给客户

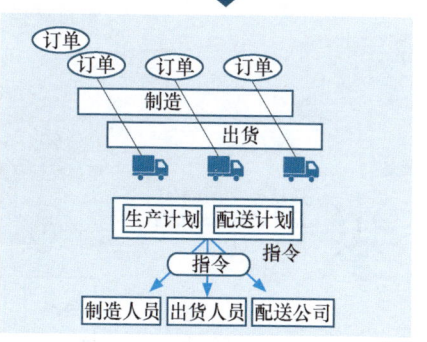

订单 → 制造 → 出货 → 配送

生产计划 / 配送计划 → 指令 → 制造人员 / 出货人员 / 配送公司

图 5-31 "可高频率出货的机制"的具体说明

第 5 章 通过智能工厂印象单元构建理想的工厂

137

智能工厂构建手册

可安排车辆、选择最佳路线的机制

生产管理·物流流程创新
建立当日出货的体制

KPI 缩短配送前置期

配送时间
A | B | C
交货地

· 无法预测配送时间，有时无法在要求的时间段内配送

要求按小时交付，但配送计划出现延迟

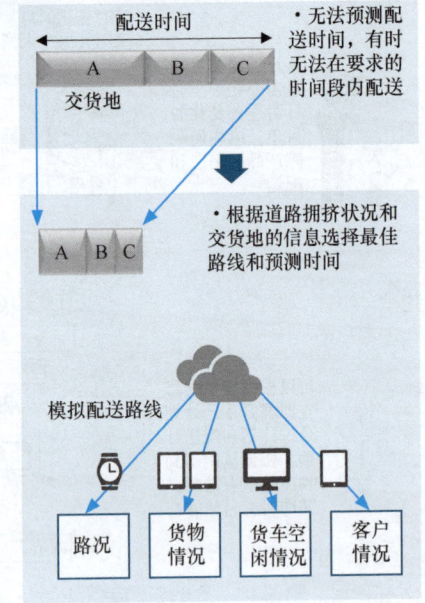

A B C

· 根据道路拥挤状况和交货地的信息选择最佳路线和预测时间

模拟配送路线

通过选择最佳配送路线以便用最短的时间交付产品

路况 | 货物情况 | 货车空闲情况 | 客户情况

图 5-32 "可安排车辆、选择最佳路线的机制"的具体说明

138

表 5-24 "可高频率出货的机制"的实现级别

级别	说明
级别 5：与现实双向联动	可以参考订单变更、生产进度和配送情况，提供修正计划，并发出生产指令和配送指令
级别 4：在虚拟空间的优化	可以根据订单变更、生产进度和配送状况，模拟生产指令和配送指令变更带来的影响
级别 3：通过数据实现流程间的协作	每次接收订单时，都能够自动更新生产计划与配送计划
级别 2：存储	已经存储了各种计划标准信息
级别 1：信息的标准化	已经按照规定的形式记录每种产品的计划标准信息（配方、工序、实绩时间）

表 5-25 "可安排车辆、选择最佳路线的机制"的实现级别

级别	说明
级别 5：与现实双向联动	根据道路拥挤情况和配送地信息，提出最佳配送路线
级别 4：在虚拟空间的优化	结合当前道路交通拥堵状况，模拟配送时间
级别 3：通过数据实现流程间的协作	根据存储的数据预测每条配送路线的时间，并制定配送计划
级别 2：存储	保存配送路线和配送时间的实绩信息
级别 1：信息的标准化	能以规定的形式记录配送路线和配送时间

生产管理·物流流程创新
稳定的生产

控制负荷变动的机制

KPI 提高劳动效率和设备生产率

每个车间的负荷偏差较大

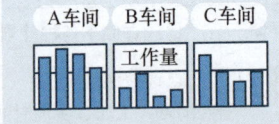

- 各车间的负荷情况不清晰,导致生产效率下降和交期延误

制订计划将负荷变动控制到最小,根据生产进度灵活应对变化

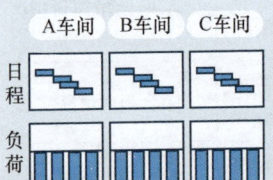

- 负荷可视化
- 根据进度尽快实施补救措施

排程软件

图 5-33 "控制负荷变动的机制"的具体说明

可选择最佳供应商的机制

生产管理·物流流程创新
稳定的生产

KPI 减少采购成本
缩短采购前置期

- 采购成本和采购交期的改善工作进展缓慢
- 面对多家报价时，价格谈判比较耗时

作图 > 委托报价/价格谈判 > 下单

自身企业 ─ A公司
        ─ B公司
        ─ C公司 ─ 下单

无法判断供应商提出的成本和交期是否合理

- 最佳供应商

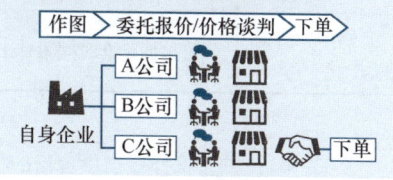

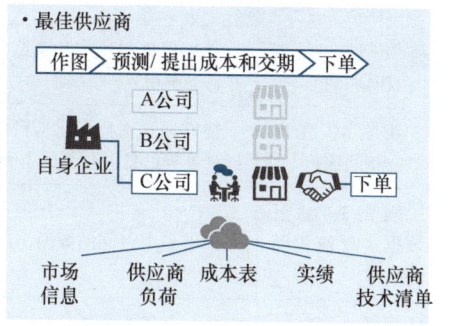

作图 > 预测/提出成本和交期 > 下单

自身企业 ─ A公司
        ─ B公司
        ─ C公司 ─ 下单

市场信息　供应商负荷　成本表　实绩　供应商技术清单

每次都可以选择最佳供应商，以提高QCD水平

图 5-34 "可选择最佳供应商的机制"的具体说明

表 5-26 "控制负荷变动的机制"的实现级别

级别	说明
级别 5：与现实双向联动	结合生产进度，提出合理的补救措施，并督促执行
级别 4：在虚拟空间的优化	可根据负荷计划和生产实绩，验证延误发生时的补救措施（如计划变更、加班、支援、外包等）的效果
级别 3：通过数据实现流程间的协作	根据负荷计划，可以研究资源分配优化计划（通过合并、拆解作业实现均衡化，以及内外作业）
级别 2：存储	可根据交易信息，横向查看各车间未来的负荷情况
级别 1：信息的标准化	可根据标准时间累计工序的负荷

表 5-27 "可选择最佳供应商的机制"的实现级别

级别	说明
级别 5：与现实双向联动	能够根据对成本和交期的预测来选择最佳供应商，并自动下单
级别 4：在虚拟空间的优化	能够通过考虑各供应商的负荷情况、原材料市况、订单量等信息，预测成本和交期
级别 3：通过数据实现流程间的协作	能够参考存储的数据，选择最佳供应商
级别 2：存储	保存下单实绩信息，并始终保持最新状态
级别 1：信息的标准化	按照规定的形式记录每家供应商的订单项目、数量、成本、交期、质量等实绩信息

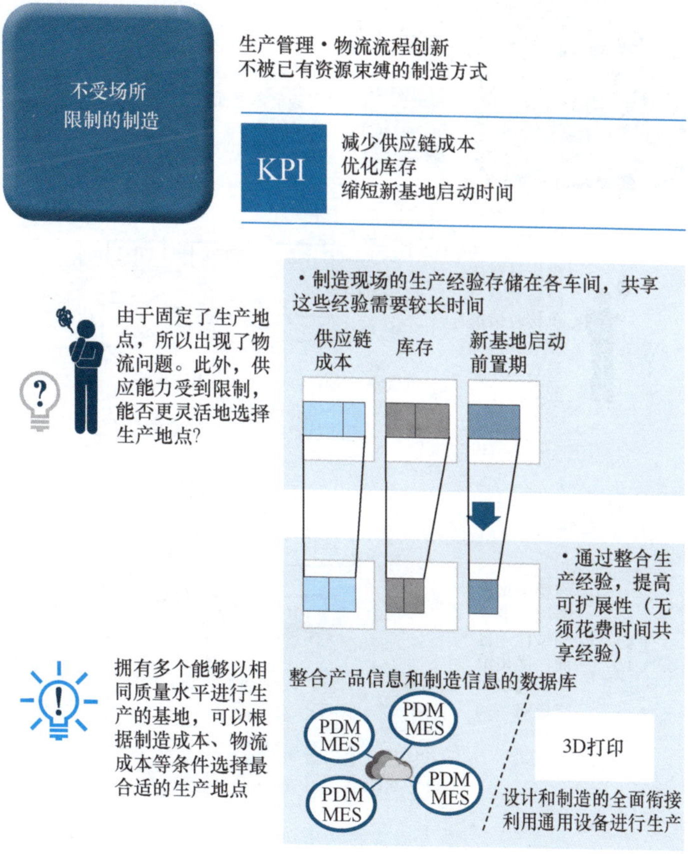

不受场所限制的制造

生产管理·物流流程创新
不被已有资源束缚的制造方式

KPI
减少供应链成本
优化库存
缩短新基地启动时间

由于固定了生产地点，所以出现了物流问题。此外，供应能力受到限制，能否更灵活地选择生产地点？

- 制造现场的生产经验存储在各车间，共享这些经验需要较长时间

供应链成本　　库存　　新基地启动前置期

- 通过整合生产经验，提高可扩展性（无须花费时间共享经验）

拥有多个能够以相同质量水平进行生产的基地，可以根据制造成本、物流成本等条件选择最合适的生产地点

整合产品信息和制造信息的数据库

PDM MES

3D打印

设计和制造的全面衔接
利用通用设备进行生产

图 5-35 "不受场所限制的制造"的具体说明

智能工厂构建手册

供应链共创网络机制

生产管理·物流流程创新
建立分享机制

KPI 供应链整体层面的
・降低成本
・提高销量和收益

供应链整体没有共享订单接收情况和负载情况,导致工作分配不均

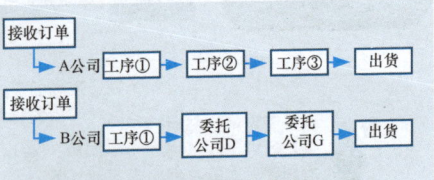

接收订单 → A公司 工序① → 工序② → 工序③ → 出货
接收订单 → B公司 工序① → 委托公司D → 委托公司G → 出货

・每家公司各自接收订单和实施生产
・供应链整体出现负荷不均衡
・各公司遭遇机会损失和效率低下的情况

在整个供应链网络中寻找最佳外包商,优化销售、成本和交货期

接收订单
推进工序选择最佳外包商

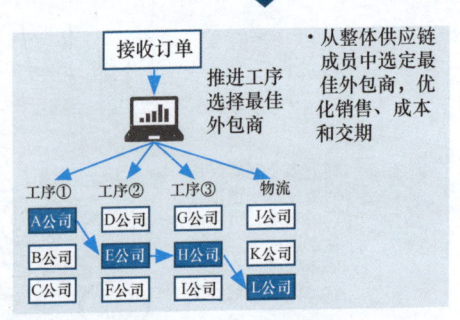

・从整体供应链成员中选定最佳外包商,优化销售、成本和交期

工序①	工序②	工序③	物流
A公司	D公司	G公司	J公司
B公司	E公司	H公司	K公司
C公司	F公司	I公司	L公司

图 5-36 "供应链共创网络机制"的具体说明

144

表 5-28 "不受场所限制的制造"的实现级别

级别	说明
级别 5：与现实双向联动	针对发生的问题，挑选出可能存在相似风险的产品，并督促其改善
级别 4：在虚拟空间的优化	当某生产基地发生问题时，可立即共享这些问题，并跨部门追踪原因，制定对策
级别 3：通过数据实现流程间的协作	各生产基地之间共享制造经验
级别 2：存储	已根据标准化项目存储制造经验
级别 1：信息的标准化	有存储各工厂的生产技术、生产经验的基础

表 5-29 "供应链共创网络机制"的实现级别

级别	说明
级别 5：与现实双向联动	可根据订单信息和各供应链成员的当前状况，选择最佳外包商并发出订购请求
级别 4：在虚拟空间的优化	可根据订单信息和各供应链成员的当前状况，模拟各外包商的成本和交期
级别 3：通过数据实现流程间的协作	基于存储的信息，选择能够优化成本和交货期的制造与物流供应商的流程正在有效运作
级别 2：存储	统一存储各供应链成员之间共享的信息
级别 1：信息的标准化	用规定的形式记录各供应链成员共享的信息（拥有的功能/设备、能力、订单信息、负荷信息等）

3. 生产流程创新

生产流程创新的印象单元如图 5-37 所示。

工厂智能化建设推进

```
┌─────────────┬─────────────┬─────────────┬─────────────┬─────────────┐
│ 优化质量    │ 弥补员工    │ 提高个人    │ 合理控制    │ 提高附加    │
│ 成本的工    │ 之间技能    │ 技能发挥    │ 负荷的机制  │ 价值时间    │
│ 序设计和    │ 差异的机制  │ 的机制      │             │ 占比的机制  │
│ 作业设计    │             │             │             │             │
│ 机制        │             │             │             │             │
└─────────────┴─────────────┴─────────────┴─────────────┴─────────────┘
不被已有资源束缚的制造方式    最大限度发挥员工能力    最大限度发挥员工能力
                              （弥补技能差异）         （充分利用工时）

┌─────────────┬─────────────┬─────────────┬─────────────┬─────────────┐
│ 应对部件    │ 最大限度    │ 可信赖的    │ 最大限度    │ 用制造实绩  │
│ 个体差异、  │ 控制原材    │ 质量记录    │ 控制质量    │ 数据激发改  │
│ 维持成品    │ 料废弃损    │ 机制        │ 问题发生    │ 善流程的机制│
│ 质量的机制  │ 失的机制    │             │ 时的影响    │             │
│             │             │             │ 的机制      │             │
└─────────────┴─────────────┴─────────────┴─────────────┴─────────────┘
质量管理水平提升              质量保障水平提升        积极开展改善工作的工厂

┌─────────────┐                                      ┌─────────────┐
│ 不受人的    │                                      │ 用SX实绩    │
│ 技能限制的  │                                      │ 数据激发    │
│ 制造机制    │                                      │ 数据改善    │
│             │                                      │ 流程的机制  │
└─────────────┘                                      └─────────────┘

┌─────────────┐
│ 可合理平    │
│ 衡实际经    │
│ 要的机制    │
└─────────────┘

┌─────────────┐
│ 环保型      │
│ 生产机制    │
└─────────────┘
环保型制造
```

图 5-37　生产流程创新的印象单元

每个印象单元的具体说明如图 5-38~图 5-51 所示。表 5-30~表 5-43 分别用 5 个级别来体现如何实现每个印象单元的主题。

不受人的技能限制的制造机制

生产流程创新
不被已有资源束缚的制造方式

KPI 人员效率

制造部门和物流部门无法确保足够的人员

配置人员5人
- 尚未统一制定工作标准,无法推进自动化
- 难以确保人员
- 培训比较耗时
- 质量参差不齐

↓

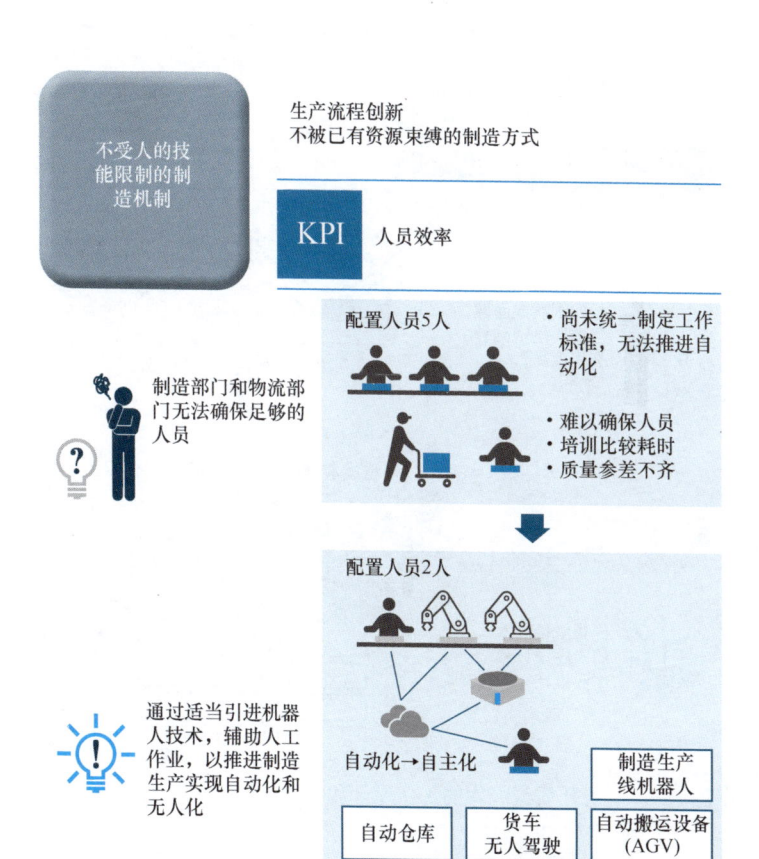

配置人员2人

通过适当引进机器人技术,辅助人工作业,以推进制造生产实现自动化和无人化

自动化→自主化

| 自动仓库 | 货车无人驾驶 | 自动搬运设备(AGV) | 制造生产线机器人 |

图 5-38 "不受人的技能限制的制造机制"的具体说明

147

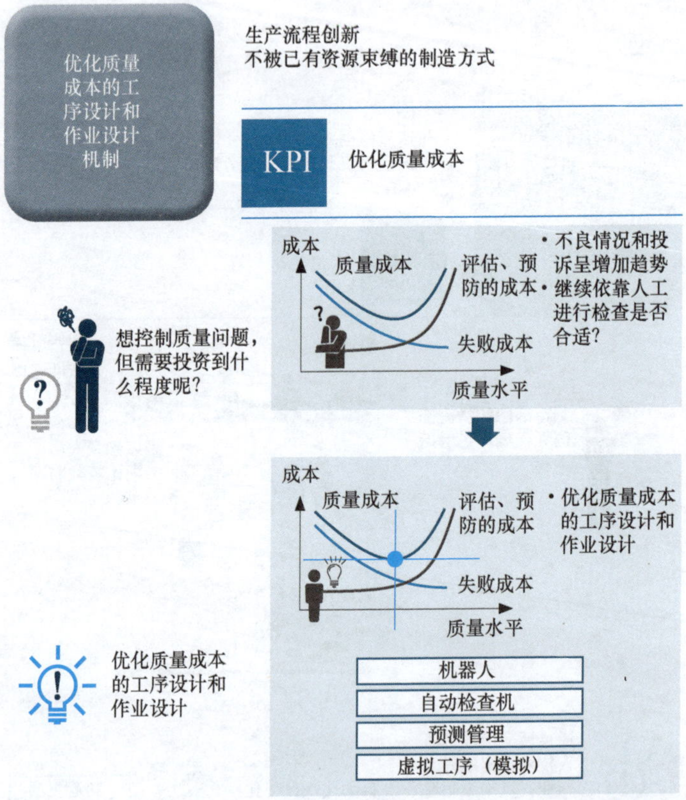

优化质量成本的工序设计和作业设计机制

生产流程创新
不被已有资源束缚的制造方式

KPI 优化质量成本

想控制质量问题，但需要投资到什么程度呢？

- 不良情况和投诉呈增加趋势
- 继续依靠人工进行检查是否合适？

优化质量成本的工序设计和作业设计

- 机器人
- 自动检查机
- 预测管理
- 虚拟工序（模拟）

图 5-39 "优化质量成本的工序设计和作业设计机制"的具体说明

表 5-30 "不受人的技能限制的制造机制"的实现级别

级别	说明
级别 5：与现实双向联动	机器之间直接联动并自主控制、自动回避故障等
级别 4	识别随机工作，选择合适的序列进行作业（适用于多产品混线生产和单一产品生产的机器人）
级别 3	通过数据实现流程间的协作	与计划和指令信息联动，机器人可以执行作业（适用于多产品混线生产和单一产品生产的机器人）
级别 2	已经由机器人代替进行多种类型的工作（由人选择程序）
级别 1：信息的标准化	作业标准和设备序列已经转换为数据，单一且重复的工作已经由机器人代替进行

表 5-31 "优化质量成本的工序设计和作业设计机制"的实现级别

级别	说明
级别 5：与现实双向联动	结合当前生产状况（不良率、负荷率、技能等）更新参数，并计算出重新修改工序设计和作业设计时的质量成本
级别 4：在虚拟空间的优化	可以模拟工序设计和作业设计变更时对质量成本的影响
级别 3：通过数据实现流程间的协作	能够基于存储的质量成本数据，研究如何改善工序设计和作业设计
级别 2：存储	存储实绩信息，并计算失败成本、评估成本和预防成本
级别 1：信息的标准化	讨论计算质量成本时所需的信息，并以可利用的形式记录下来，记录方法已标准化

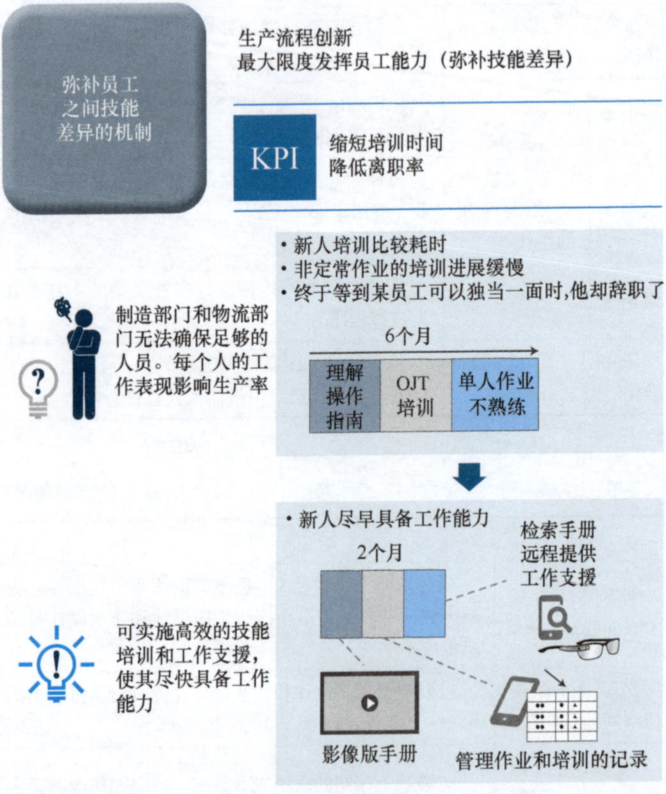

智能工厂构建手册

弥补员工之间技能差异的机制

生产流程创新
最大限度发挥员工能力（弥补技能差异）

KPI 缩短培训时间
降低离职率

制造部门和物流部门无法确保足够的人员。每个人的工作表现影响生产率

- 新人培训比较耗时
- 非定常作业的培训进展缓慢
- 终于等到某员工可以独当一面时，他却辞职了

6个月

| 理解操作指南 | OJT培训 | 单人作业不熟练 |

可实施高效的技能培训和工作支援，使其尽快具备工作能力

- 新人尽早具备工作能力

2个月

检索手册
远程提供
工作支援

影像版手册　　管理作业和培训的记录

图 5-40 "弥补员工之间技能差异的机制"的具体说明

150

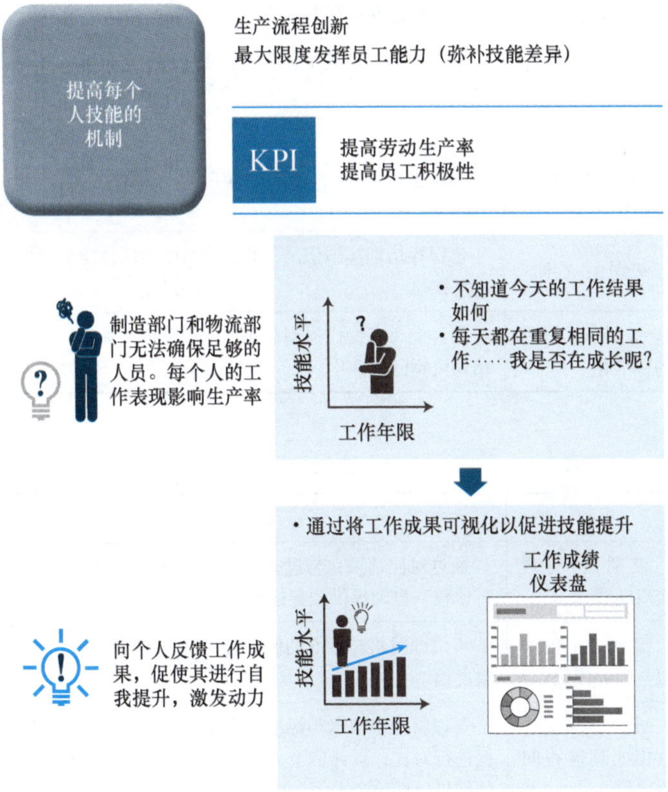

提高每个人技能的机制

生产流程创新
最大限度发挥员工能力（弥补技能差异）

KPI 提高劳动生产率
提高员工积极性

制造部门和物流部门无法确保足够的人员。每个人的工作表现影响生产率

- 不知道今天的工作结果如何
- 每天都在重复相同的工作……我是否在成长呢？

技能水平 / 工作年限

向个人反馈工作成果，促使其进行自我提升，激发动力

- 通过将工作成果可视化以促进技能提升

工作成绩仪表盘

技能水平 / 工作年限

图 5-41 "提高每个人技能的机制"的具体说明

表 5-32 "弥补员工之间技能差异的机制"的实现级别

级别	说明
级别5：与现实双向联动	系统可以根据过去的工作实绩判断容易出错的步骤或关键点，并进行提示
级别4：在虚拟空间的优化	可以看到当前的工作状态，资深员工可以远程支援作业
级别3：通过数据实现流程间的协作	结合工作内容，显示操作指南和单点课程
级别2：存储	已保存培训实施记录，并已将每个人的技能掌握情况可视化
级别1：信息的标准化	已经完善了操作指南和单点课程等培训资料，并且培训流程已标准化

表 5-33 "提高每个人技能的机制"的实现级别

级别	说明
级别5：与现实双向联动	通过对比结果、与过去的或其他公司的最佳实践进行比较，自动提供改善建议
级别4：在虚拟空间的优化	可以即时将与标准的偏差可视化，并向作业人员提供反馈
级别3：通过数据实现流程间的协作	可以将记录信息与标准进行比较，或者与过去的数据进行对比，以评估个人的工作表现，可以每天将评估结果反馈给个人
级别2：存储	存储了作业实绩信息
级别1：信息的标准化	用相同的格式或系统记录员工个人的工作成果，记录方法已标准化

合理控制负荷的机制

生产流程创新
最大限度发挥员工能力（充分利用工时）

KPI 提高劳动生产率

员工之间的工作负担不均衡。能否更加有效地利用资源？

A车间　B车间　C车间
工作量

- 看不到每个人的空闲情况
- 如果能够顺利进行支援就好了

能够看到每个人的工作负担，并灵活调整任务的分配

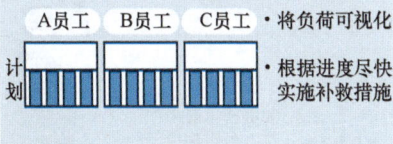

计划　A员工　B员工　C员工
进度　A员工　B员工　C员工

- 将负荷可视化
- 根据进度尽快实施补救措施

利用排程软件

图 5-42 "合理控制负荷的机制"的具体说明

第 5 章　通过智能工厂印象单元构建理想的工厂

153

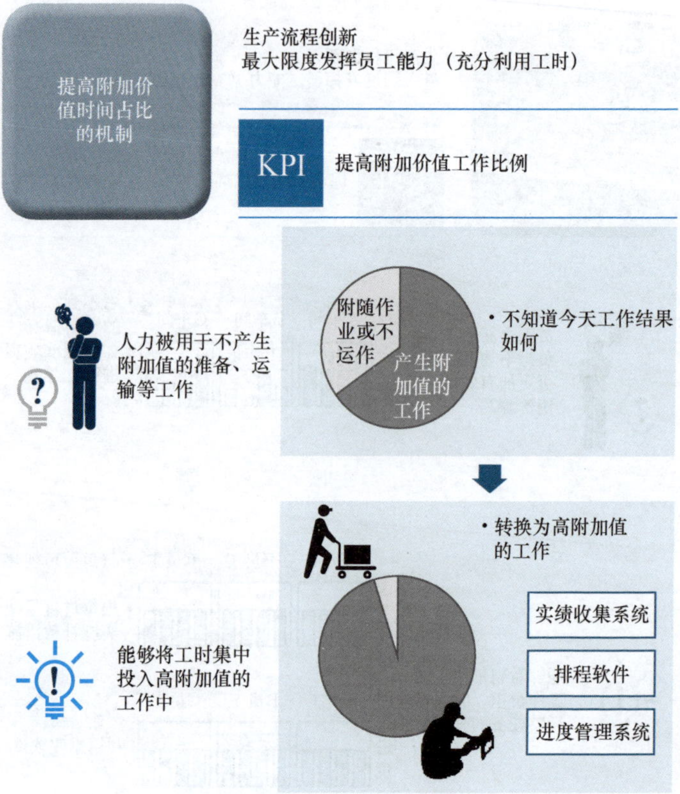

提高附加价值时间占比的机制

生产流程创新
最大限度发挥员工能力（充分利用工时）

KPI 提高附加价值工作比例

人力被用于不产生附加值的准备、运输等工作

- 附随作业或不运作
- 产生附加值的工作
- 不知道今天工作结果如何

能够将工时集中投入高附加值的工作中

- 转换为高附加值的工作

| 实绩收集系统 |
| 排程软件 |
| 进度管理系统 |

图 5-43 "提高附加价值时间占比的机制"的具体说明

表 5-34 "合理控制负荷的机制"的实现级别

级别	说明
级别 5：与现实双向联动	结合生产进度，提示合理的补救措施，并督促执行
级别 4：在虚拟空间的优化	可根据负荷计划和生产实绩，实时把握员工和工序的空闲情况，验证补救措施（更改顺序、变更设备、支援和接受支援等）的效果
级别 3：通过数据实现流程间的协作	可以根据负荷计划，生成资源分配的最优计划（通过合并和拆分操作进行平衡）
级别 2：存储	可根据交易信息，横向查看各车间未来的负荷情况
级别 1：信息的标准化	可根据标准时间累计工序的负荷

表 5-35 "提高附加价值时间占比的机制"的实现级别

级别	说明
级别 5：与现实双向联动	根据工作进度灵活更新小日程计划，并向每位员工发出相应的工作指令，以将附随作业或不运作控制到最少
级别 4：在虚拟空间的优化	制订可将附随作业或不运作控制到最少的小日程计划，并发出工作指令
级别 3：通过数据实现流程间的协作	能够根据附加价值作业比例，反复研究如何进行改善
级别 2：存储	能够针对已定义的工作项目，记录和掌握实绩信息
级别 1：信息的标准化	针对有附加值和无附加值的工作内容，已分别定义其项目和类别

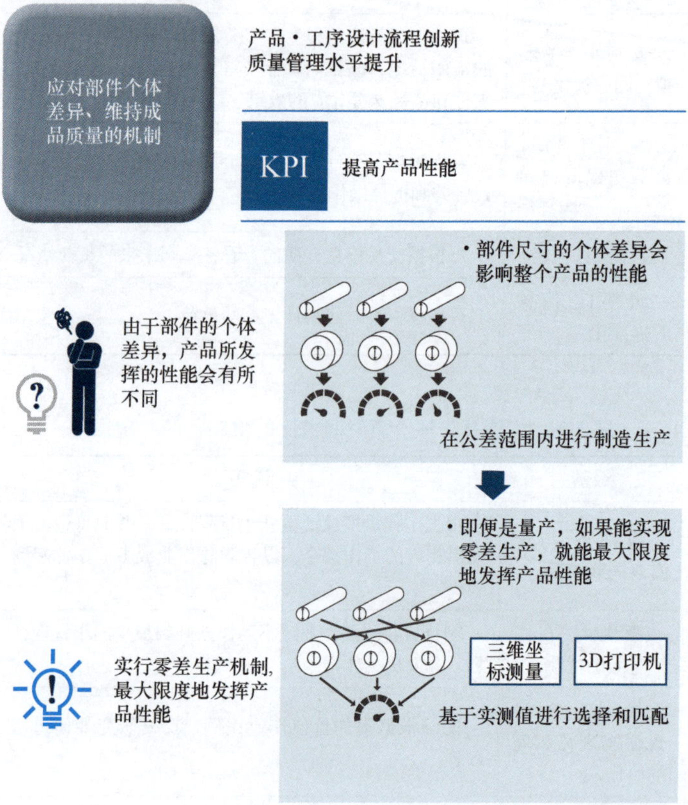

智能工厂构建手册

应对部件个体差异、维持成品质量的机制

产品·工序设计流程创新
质量管理水平提升

KPI 提高产品性能

由于部件的个体差异，产品所发挥的性能会有所不同

- 部件尺寸的个体差异会影响整个产品的性能

在公差范围内进行制造生产

实行零差生产机制，最大限度地发挥产品性能

- 即便是量产，如果能实现零差生产，就能最大限度地发挥产品性能

| 三维坐标测量 | 3D打印机 |

基于实测值进行选择和匹配

图 5-44 "应对部件个体差异、维持成品质量的机制"的具体说明

156

最大限度控制原材料废弃损失的机制

生产流程创新
质量管理水平提升

KPI 降低不良废弃成本

原材料废弃导致成本增加，同时也担心会对环境造成影响

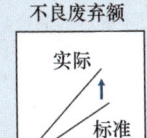

不良废弃额

实际 ↑
标准

- 品质问题导致废弃成本增加
- 无法找到最佳解决方案

可以快速实施让成品率最大化的措施

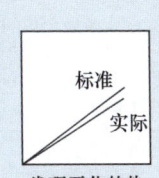

标准
实际

发现恶化趋势及早采取补救措施

- 及早发现成品率的恶化情况，并能够迅速采取措施

监控实绩

利用各种传感器检测预兆

图 5-45 "最大限度控制原材料废弃损失的机制"的具体说明

表 5-36 "应对部件个体差异、维持成品质量的机制"的实现级别

级别	说明
级别 5：与现实双向联动	能够根据每个产品的测量数据，自动选择最佳部件组合（选择和匹配）
级别 4：在虚拟空间的优化	根据每个产品的测量数据，针对组装的部件，指定最合适的加工尺寸
级别 3：通过数据实现流程间的协作	能够监控组合信息及每个组合的产品性能，并研究尺寸公差
级别 2：存储	已存储每个部件的测量数据及其组合信息
级别 1：信息的标准化	每个部件的测量数据已被记录并可用，记录方法已标准化

表 5-37 "最大限度控制原材料废弃损失的机制"的实现级别

级别	说明
级别 5：与现实双向联动	考虑当前人员、物料和设备的状态，自动研究能够实现成品率最大化的措施，并发出修改指令
级别 4：在虚拟空间的优化	可以针对未来的订单信息，模拟将成品率最大化的做法（调度、订购、生产计划顺序）及其效果
级别 3：通过数据实现流程间的协作	已实现在短周期内将存储的实绩信息反馈给制造现场，并研究如何进行改善
级别 2：存储	可以保存每个产品和工序的成品率实绩，并与标准成品率进行比较
级别 1：信息的标准化	每个产品和工序的成品率实绩以可利用的形式记录，记录方法已标准化

可信赖的质量记录机制

生产流程创新
质量保障水平提升

KPI　加强治理

- 伪造和篡改质量数据可能导致信誉下降

伪造和篡改质量数据已成为热点话题，自身企业是否存在类似的问题？

各种终端和用户可以轻松访问的数据库

- 通过可靠的数据获取客户的信任

确保所记录的质量实绩可靠

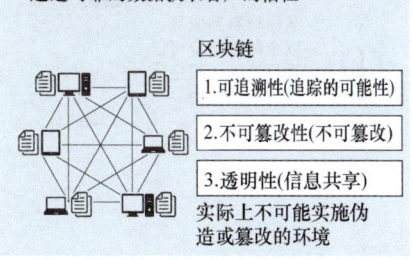

区块链

1. 可追溯性(追踪的可能性)
2. 不可篡改性(不可篡改)
3. 透明性(信息共享)

实际上不可能实施伪造或篡改的环境

图 5-46 "可信赖的质量记录机制"的具体说明

159

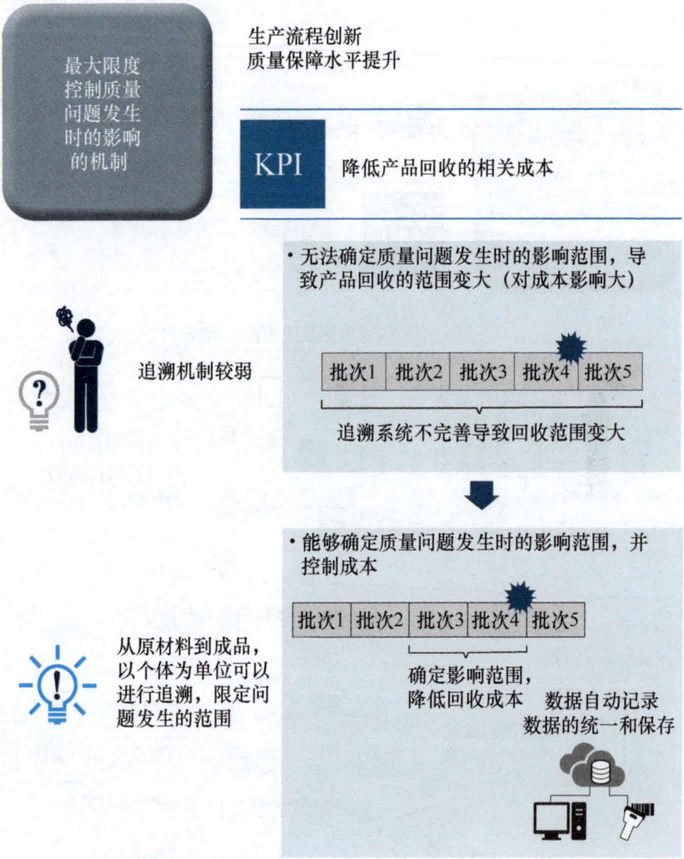

最大限度控制质量问题发生时的影响的机制

生产流程创新
质量保障水平提升

KPI　降低产品回收的相关成本

追溯机制较弱

- 无法确定质量问题发生时的影响范围，导致产品回收的范围变大（对成本影响大）

| 批次1 | 批次2 | 批次3 | 批次4 | 批次5 |

追溯系统不完善导致回收范围变大

从原材料到成品，以个体为单位可以进行追溯，限定问题发生的范围

- 能够确定质量问题发生时的影响范围，并控制成本

| 批次1 | 批次2 | 批次3 | 批次4 | 批次5 |

确定影响范围，降低回收成本

数据自动记录
数据的统一和保存

图 5-47 "最大限度控制质量问题发生时的影响的机制"的具体说明

表 5-38 "可信赖的质量记录机制"的实现级别

级别	说明
级别 5：与现实双向联动	不可伪造和篡改数据的机制（区块链、IOTA 网络等）
级别 4：在虚拟空间的优化	系统中无法修改数据，可以检测到数据修改时的篡改可能性
级别 3：通过数据实现流程间的协作	已登录的数据记录的修改机制与业务规则联动，并由系统控制
级别 2：存储	通过自动记录测量数据，防止操作人员的错误记录和误判
级别 1：信息的标准化	将员工的手写记录直接记录到数字工具中

表 5-39 "最大限度控制质量问题发生时的影响的机制"的实现级别

级别	说明
级别 5：与现实双向联动	确定制造过程中发现异常时的影响范围和产生的成本，并提示应采取的措施及其范围
级别 4：在虚拟空间的优化	可以模拟问题发生时的应对措施所需的成本
级别 3：通过数据实现流程间的协作	将入库到出货的各个流程所存储的信息相衔接，可以确定问题发生时的影响范围
级别 2：存储	保存追溯管理所需的项目
级别 1：信息的标准化	定义并记录追溯管理所需的项目（标识符、检查实绩信息等）

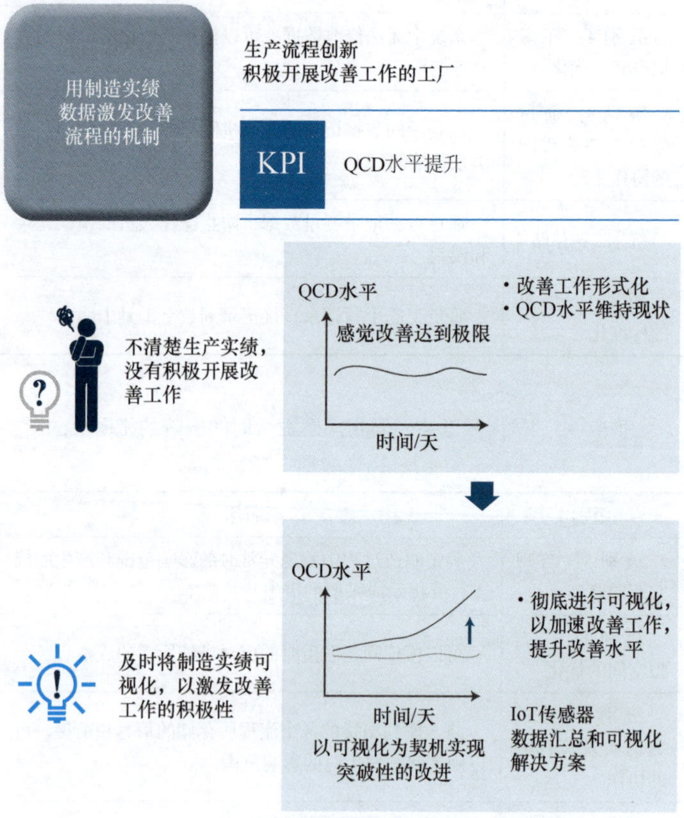

智能工厂构建手册

用制造实绩数据激发改善流程的机制

生产流程创新
积极开展改善工作的工厂

KPI QCD水平提升

不清楚生产实绩，没有积极开展改善工作

QCD水平
感觉改善达到极限
时间/天

- 改善工作形式化
- QCD水平维持现状

及时将制造实绩可视化，以激发改善工作的积极性

QCD水平
时间/天
以可视化为契机实现突破性的改进

- 彻底进行可视化，以加速改善工作，提升改善水平

IoT传感器数据汇总和可视化解决方案

图 5-48 "用制造实绩数据激发改善流程的机制"的具体说明

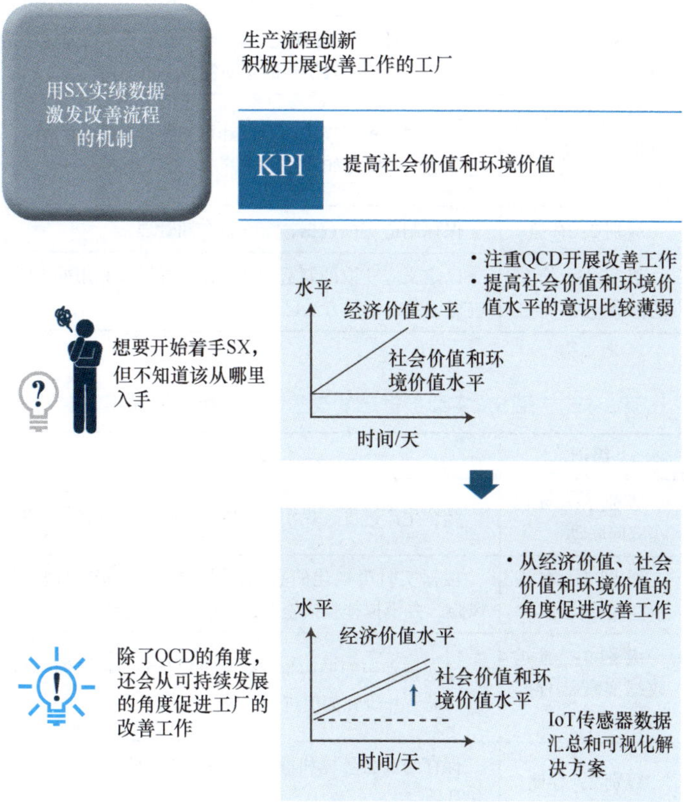

用SX实绩数据激发改善流程的机制

生产流程创新
积极开展改善工作的工厂

KPI 提高社会价值和环境价值

想要开始着手SX，但不知道该从哪里入手

水平
经济价值水平
社会价值和环境价值水平
时间/天

- 注重QCD开展改善工作
- 提高社会价值和环境价值水平的意识比较薄弱

除了QCD的角度，还会从可持续发展的角度促进工厂的改善工作

水平
经济价值水平
社会价值和环境价值水平
时间/天

- 从经济价值、社会价值和环境价值的角度促进改善工作

IoT传感器数据汇总和可视化解决方案

图 5-49 "用 SX 实绩数据激发改善流程的机制"的具体说明

表 5-40　"用制造实绩数据激发改善流程的机制"的实现级别

级别	说明
级别 5：与现实双向联动	结合生产进度，提示适当的补救措施，并督促改进
级别 4：在虚拟空间的优化	可以基于实时可视化的数据，检测各 KPI 的恶化风险，并模拟补救措施的预期效果
级别 3：通过数据实现流程间的协作	已实现在短周期内将存储和可视化的数据反馈给制造现场，并研究如何进行改善
级别 2：存储	保存制造实绩数据，统一整合和管理
级别 1：信息的标准化	已定义应获取的制造实绩数据，并以可利用的形式进行记录，记录方法已标准化

表 5-41　"用 SX 实绩数据激发改善流程的机制"的实现级别

级别	说明
级别 5：与现实双向联动	结合生产进度，提示适当的补救措施，并督促改善
级别 4：在虚拟空间的优化	根据实时可视化的数据，可以检测各 KPI 的恶化风险，并模拟补救措施的预期效果
级别 3：通过数据实现流程间的协作	已实现在短周期内将存储和可视化的数据反馈给制造现场，并研究如何进行改善
级别 2：存储	保存与社会环境和价值环境相关的数据，统一整合和管理
级别 1：信息的标准化	从社会价值和环境价值的角度出发，定义应获取的实绩数据，并以可利用的形式记录，记录方法已标准化

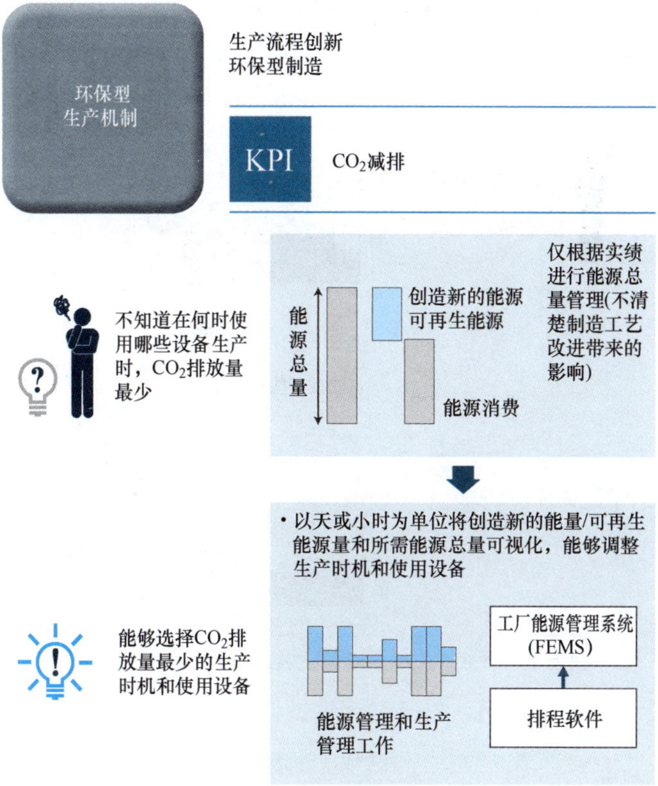

环保型生产机制

生产流程创新
环保型制造

KPI CO_2 减排

不知道在何时使用哪些设备生产时，CO_2 排放量最少

能源总量 / 创造新的能源 可再生能源 / 能源消费

仅根据实绩进行能源总量管理(不清楚制造工艺改进带来的影响)

- 以天或小时为单位将创造新的能量/可再生能源量和所需能源总量可视化，能够调整生产时机和使用设备

能够选择 CO_2 排放量最少的生产时机和使用设备

能源管理和生产管理工作

工厂能源管理系统 (FEMS)

排程软件

图 5-50 "环保型生产机制"的具体说明

第 5 章 通过智能工厂印象单元构建理想的工厂

165

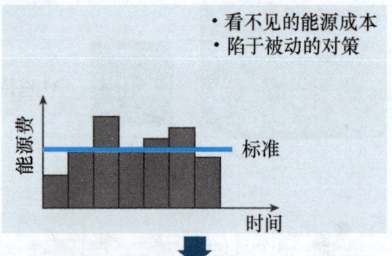

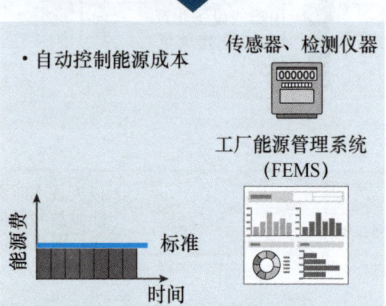

图 5-51 "可合理平衡实际经费的机制"的具体说明

表 5-42 "环保型生产机制"的实现级别

级别	说明
级别 5：与现实双向联动	基于生产情况和设备运行的实绩，提出尽可能降低 CO_2 排放量的修正计划

（续）

级别	说明
级别4：在虚拟空间的优化	基于生产状况和设备运行实绩（转速/速度/运行时间段/故障等），可以模拟计划变更时对CO_2排放量的影响
级别3：通过数据实现流程间的协作	基于存储的数据，设定生产计划中的每日CO_2排放量目标
级别2：存储	存储需要监控的数据并将其可视化
级别1：信息的标准化	为实现环保型生产，针对监控项目、计算公式和管理周期制定统一标准

表5-43 "可合理平衡实际经费的机制"的实现级别

级别	说明
级别5：与现实双向联动	基于生产计划模拟稼动时间的能源峰值，并指明最合适的生产顺序和稼动设备，以平衡能源的波动
级别4：在虚拟空间的优化	可以实时掌握消费能源的情况，并将其控制在正常值范围内（控制设备速度和空转）
级别3：通过数据实现流程间的协作	可以按生产线或产品设置能源成本标准值，当超出标准时能够发出警告
级别2	存储	可以根据单位能耗（kW/kg），按生产线或产品将能源成本可视化
级别1		可以将设备各自的生产重量和能源消费信息作为数据来输出

4. 业务流程创新

业务流程创新的印象单元如图5-52所示。

智能工厂构建手册

| 工厂保证产品高质量的机制 | 看得见生产者(工匠)的机制 | 为客户呈现订单产品的生产进度 | 保证放心安全的机制 | 引导客户关注计划出售产品的机制 |

制造的品牌化　　　　　　　　建立放心安全的企业形象　　既满足客户需求又要预防滞销

| 激发客户潜在需求的机制 | 使交付的产品成为新附加值的信息来源的机制 |

建立售后的新收入来源

图 5-52　业务流程创新的印象单元

168

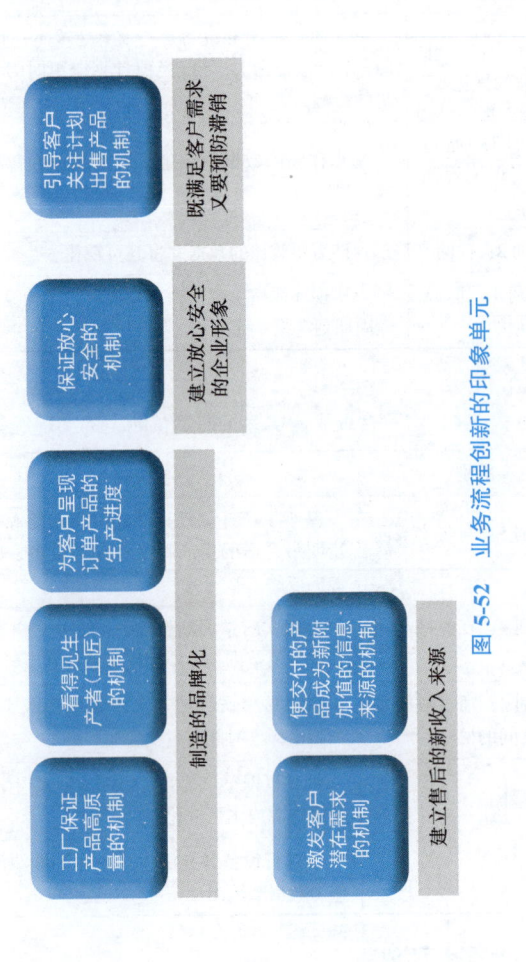

每个印象单元的具体说明如图 5-53~ 图 5-59 所示。表 5-44~ 表 5-50 分别用 5 个级别来体现如何实现每个印象单元的主题。

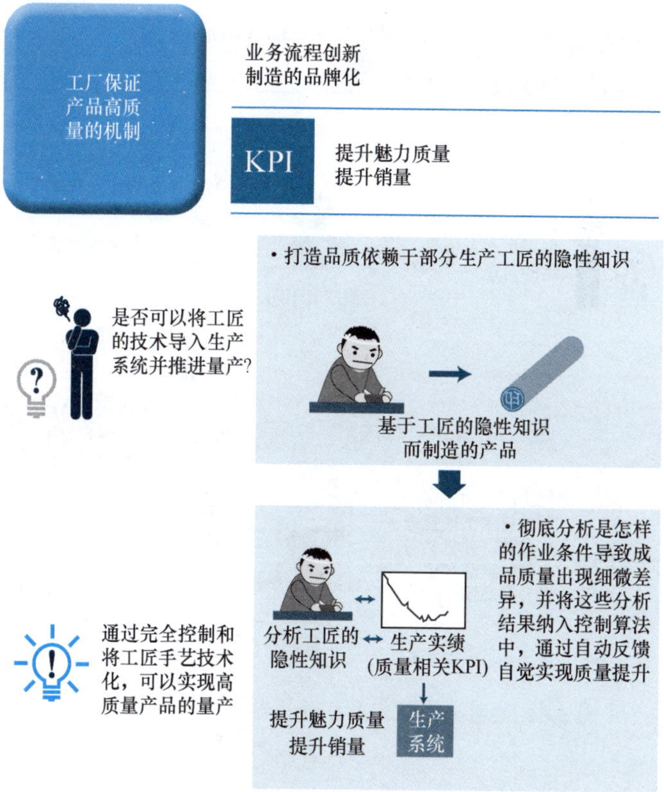

图 5-53 "工厂保证产品高质量的机制"的具体说明

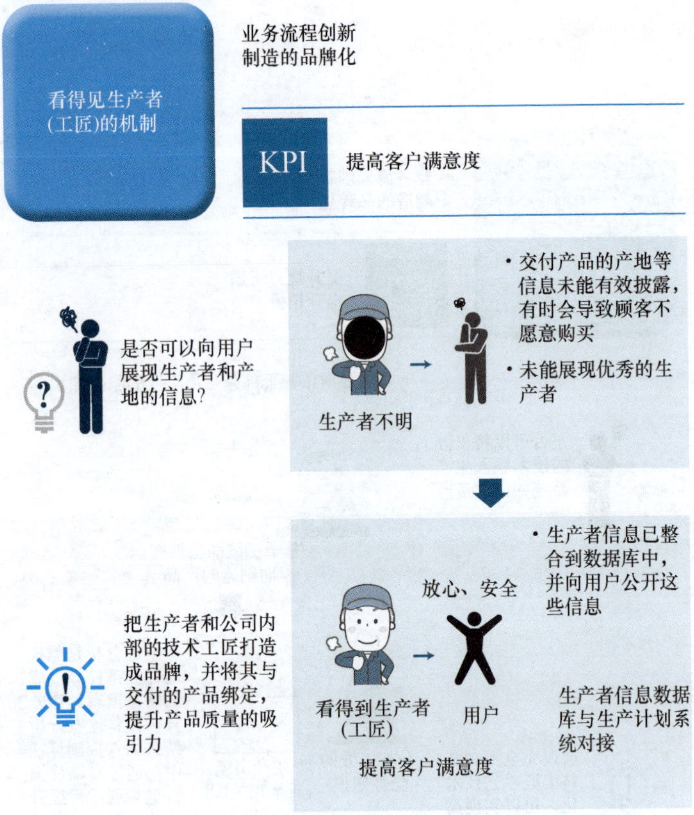

看得见生产者（工匠）的机制

业务流程创新
制造的品牌化

KPI 提高客户满意度

是否可以向用户展现生产者和产地的信息？

生产者不明

- 交付产品的产地等信息未能有效披露，有时会导致顾客不愿意购买
- 未能展现优秀的生产者

把生产者和公司内部的技术工匠打造成品牌，并将其与交付的产品绑定，提升产品质量的吸引力

看得到生产者（工匠） → 放心、安全 用户

提高客户满意度

- 生产者信息已整合到数据库中，并向用户公开这些信息

生产者信息数据库与生产计划系统对接

图 5-54 "看得见生产者（工匠）的机制"的具体说明

表 5-44 "工厂保证产品高质量的机制"的实现级别

级别	说明
级别 5：与现实双向联动	可以通过自动反馈，更改每个产品的控制参数，自觉实现目标质量水平
级别 4：在虚拟空间的优化	可以在虚拟环境中更改控制参数，并进行目标质量水平合理化模拟
级别 3：通过数据实现流程间的协作	能够自动将产品加工部分的实绩反馈给设备，并判断需要控制的参数
级别 2：存储	可以将每个产品的加工部分的实绩自动保存下来
级别 1：信息的标准化	可以将工匠技术转化为参数

表 5-45 "看得见生产者（工匠）的机制"的实现级别

级别	说明
级别 5：与现实双向联动	可以根据客户的订单信息，对生产者进行任务安排和管理
级别 4：在虚拟空间的优化	客户可以选择自己喜欢的生产者，并模拟合同条件等
级别 3：通过数据实现流程间的协作	供应商及自身企业的采购和生产信息已提供给客户
级别 2：存储	经常更新供应商及自身企业的采购和生产信息
级别 1：信息的标准化	原材料供应商、生产者、工匠的制作信息已经按批次录入数据库

智能工厂构建手册

为客户呈现订单产品的生产进度

业务流程创新
制造的品牌化

KPI　提高客户满意度
　　　避免大量返工

能否更加顺利地与产品交期较长的客户进行沟通？

- 对于房屋建筑或工业机械设备制造等用户的个别订单，需要定期向客户报告其进展情况

生产进度保存在云端，可通过网页浏览。不仅可以向客户展示交期的遵守率，还能展示计划的达成率

提高客户满意度
避免大量返工

- 通过在网上共享其进展情况，提高客户满意度

网络摄像机
共享网站

图 5-55 "为客户呈现订单产品的生产进度"的具体说明

172

保证放心安全的机制

业务流程创新
建立放心安全的企业形象

KPI 控制质量成本
客户信赖度

针对市场上的质量问题，其应对措施烦琐且耗时

- 没有绑定交付产品的客户信息、产品的制造批次等信息，因此确定质量问题的影响范围需要较长时间

当发生问题时，能够确定其影响范围，并迅速采取对策

控制质量成本
客户信赖度

- 统一和绑定追溯所需信息
- 产品个体信息系统
- 可通过软件进行更新的机制
- 客户信息系统

图 5-56 "保证放心安全的机制"的具体说明

173

表 5-46 "为客户呈现订单产品的生产进度"的实现级别

级别	说明
级别 5：与现实双向联动	可以当场与客户进行沟通，听取其意见和修改要求
级别 4：在虚拟空间的优化	1) 生产进度保存在云端，可通过网页查看，不仅可以向客户展示交期的遵守率，还能展示计划达成率 2) 用户可以在网上确认生产进度
级别 3：通过数据实现流程间的协作	会对可能出现计划延迟的生产线发出警报
级别 2：存储	生产进度和未来实绩预测被监控
级别 1：信息的标准化	生产进度和造成该进度的原因已被数字化

表 5-47 "保证放心安全的机制"的实现级别

级别	说明
级别 5：与现实双向联动	1) 交付产品的缺陷点在交货后也能更新 2) 建立软件更新、硬件维护的体制
级别 4：在虚拟空间的优化	发生问题时，可在虚拟空间确定其影响范围
级别 3：通过数据实现流程间的协作	实现了供应链和需求链上的产品数据关联（有追溯机制）
级别 2：存储	根据标准规则存储数据
级别 1：信息的标准化	已经整理出可以追溯的数据项目（企业内部信息、企业外部信息）

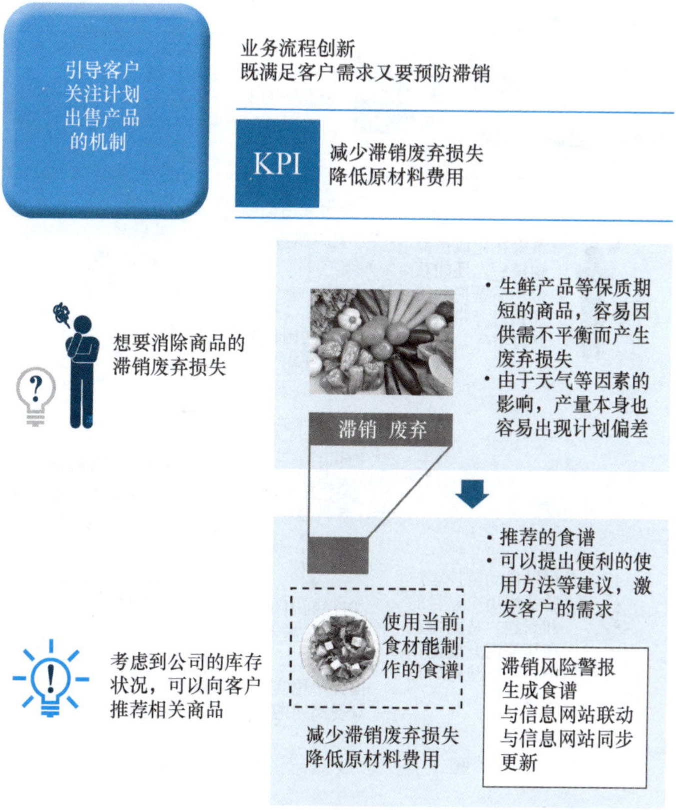

引导客户关注计划出售产品的机制

业务流程创新
既满足客户需求又要预防滞销

KPI　减少滞销废弃损失
　　　降低原材料费用

想要消除商品的滞销废弃损失

- 生鲜产品等保质期短的商品，容易因供需不平衡而产生废弃损失
- 由于天气等因素的影响，产量本身也容易出现计划偏差

滞销　废弃

考虑到公司的库存状况，可以向客户推荐相关商品

使用当前食材能制作的食谱

减少滞销废弃损失
降低原材料费用

- 推荐的食谱
- 可以提出便利的使用方法等建议，激发客户的需求

滞销风险警报
生成食谱
与信息网站联动
与信息网站同步更新

图 5-57　"引导客户关注计划出售产品的机制"的具体说明

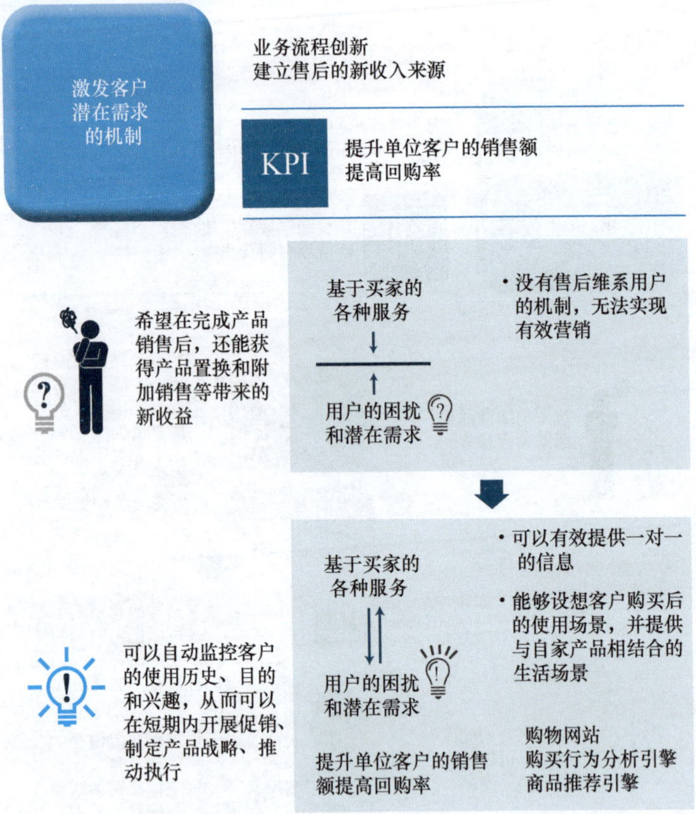

激发客户潜在需求的机制

业务流程创新
建立售后的新收入来源

KPI 提升单位客户的销售额
提高回购率

希望在完成产品销售后,还能获得产品置换和附加销售等带来的新收益

基于买家的各种服务
↓↑
用户的困扰和潜在需求

- 没有售后维系用户的机制,无法实现有效营销

可以自动监控客户的使用历史、目的和兴趣,从而可以在短期内开展促销、制定产品战略、推动执行

基于买家的各种服务
⇅
用户的困扰和潜在需求

提升单位客户的销售额提高回购率

- 可以有效提供一对一的信息
- 能够设想客户购买后的使用场景,并提供与自家产品相结合的生活场景

购物网站
购买行为分析引擎
商品推荐引擎

图 5-58 "激发客户潜在需求的机制"的具体说明

表 5-48 "引导客户关注计划出售产品的机制"的实现级别

级别	说明
级别 5：与现实双向联动	引进了促销活动的需求链与供应链相结合，能够帮助制定合理的供应计划［自动供应商管理库存（VMI）］
级别 4：在虚拟空间的优化	根据 AI 估算的滞销风险来推荐促销商品
级别 3：通过数据实现流程间的协作	能够根据库存信息判断滞销风险，并进行促销活动
级别 2：存储	库存信息按照规定的项目和粒度保存
级别 1：信息的标准化	可以对每种产品和每个基地的库存情况进行标准化管理

表 5-49 "激发客户潜在需求的机制"的实现级别

级别	说明
级别 5：与现实双向联动	能够设想每一位客户购买后的使用场景，并为他们提供与自家产品相结合的生活场景
级别 4：在虚拟空间的优化	能够设想大多数客户购买后的使用场景，并为他们提供与自家产品相结合的生活场景
级别 3：通过数据实现流程间的协作	能够根据客户的使用历史、使用目的和兴趣，制定促销战略和产品战略
级别 2：存储	可以监控客户的使用历史和使用目的
级别 1：信息的标准化	可以提供使用客户产品的 App

使交付的产品成为新附加值的信息来源的机制

业务流程创新
建立售后的新收入来源

KPI 扩展维保业务并控制成本
客户满意度

能否将更多的售后业务作为企业的竞争武器?

用户请求更新
↓
服务提供者被动应对

- 产品的修理、定期保养、置换等,都处于被动应对状态

已构建能够实时掌握客户使用情况的机制,并利用它来有效激发客户必要的需求

主动向客户提供针对性服务
↑
服务提供者监控使用情况

- 掌握产品交付后的使用情况
- 推荐合理的应对方法

扩展维保业务并控制成本
客户满意度

产品个体信息系统
客户信息系统
推荐应对方法

图 5-59 "使交付的产品成为新附加值的信息来源的机制"的具体说明

表 5-50　"使交付的产品成为新附加值的信息来源的机制"的实现级别

级别	说明
级别 5：与现实双向联动	根据顾客的购买年限、使用状况（包括运行情况、磨损状态的监控），能够自动提出更新时间、故障前更换和维修的建议（还包括改善建议）
级别 4：虚拟空间的优化	（在客户同意的前提下）已建立能够实时掌握客户使用情况的系统
级别 3：通过数据实现流程间的协作	已构建一种机制，能够根据客户特性大致估算采购和建议的大致时间
级别 2：存储	已将每个顾客的购买频率、修理频率转化为电子数据，能够把握每个顾客的特征
级别 1：信息的标准化	已将每个顾客的购买时期、使用频率等转化为电子数据

第6章

实现智能工厂的方法——
TAKUETSU PLANT

6.1 TAKUETSU PLANT 设计方法

在第 4 章和第 5 章中，JMAC 主张"智能工厂的目标不止一个"，并在其基础上介绍了如何利用 JMAC 开发的印象单元来构建最适合自身企业生产系统的愿景。为了具体实现这一愿景，需要聚集与制造相关的多个部门，进一步深入探讨并促成实施。

JMAC 将这个项目称为"TAKUETSU PLANT⊖设计方法"，并持续进行研究。本章主要围绕"TAKUETSU PLANT 设计方法"，即以印象单元为核心概念，对实际新建或翻新工厂的项目思路进行整理。

6.1.1 各种生产系统

接受客户订单并基于订单信息或规格进行实际生产和交付产品的功能被称为生产系统。实施这一生产系统的是以工厂为中心的制造现场（见图 6-1）。换句话说，智能工厂所追求的，就是这一生产系统的智能化。

生产系统由设备、公用设施、人员、物料及管理这些元素的信息，即所谓的 4M［人（Man）、机器（Machine）、材料（Material）、方法（Method）］构成，这些要素的组合造就了生产系统的多样性。例如，有的生产系统使用全自动化的无人设备生产相同的产品，有的生产系统通过人工操作实现

⊖ TAKUETSU PLANT 用中文可表达为"卓越工厂"。——译者注

即日响应，有的生产系统能够利用通用设备每次组装形状不同的产品。这些生产系统都是在通过反复探究如何应对客户需求的过程中被选出来的，经营的产品、客户需求及行业定位等因素会影响 4M 的具体组合方式。

客户的愿望（需求）→ 人 × 设备 × 信息系统 → 成为产品（供给）

各种生产系统
- 使用全自动化的无人设备生产相同产品的生产系统
- 通过人工操作实现即日响应的生产系统
- 利用通用设备组装每次形状不同的产品的生产系统

图 6-1　生产系统的作用

6.1.2　生产系统的构造

有人可能持有模糊的目标，如通过智能工厂实现"比当前更高的收益率"。在这种情况下，应该从哪里开始推进数字化呢？是设备的自动化、实绩的自动收集，还是员工培训？虽然这些看起来都没错，但重点还是稍显模糊。要找到更加聚焦的策略，就需要从结构上理解"生产系统的能力是由什么决定的"。在理解了这一结构的基础上，如果能找到关键问题所在，就可以发现更加精准的策略。

为了理解"决定生产系统能力的结构"，笔者想通过一个比喻来思考。

不妨将思考的场景设定在赛车场，以一场汽车比赛为例。这场比赛的目标是比竞争对手更快到达终点。实现这一目标需要什么呢？首先，最重要的是有一辆最高时速可达 400km/h 的高性能赛车"。其次，要具备能够最大限度发挥赛车性能的驾驶技术。最后，就是具备管理发动机状态和轮胎磨损情况，调整赛车状态的技术。这些要素结合在一起，才能挑战比赛。参加这场比赛的赛车手和机械工人通过积累经验，应该可以在下一场比赛中采用更加精湛的战术。胜负关键在于能否最大限度且持续地发挥高性能赛车的能力。

换言之，要在赛事中取胜，需要"赛车硬件"（即 Physical）、"驾驶技术"（即 Operation）、"车辆性能管理"（即 Management），以及实现这些要素的"团队成长"（即 Resource）。相信读者可以理解，这"3+1"要素（赛车硬件、驾驶技术、车辆性能管理、团队成长）都是决胜的关键组成部分（见图 6-2）。

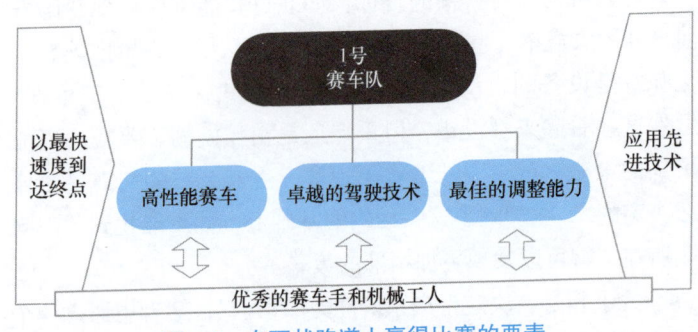

图 6-2 在环状跑道上赢得比赛的要素

6.1.3　TAKUETSU PLANT 设计方法框架

JMAC 提倡的 TAKUETSU PLANT 智能工厂构建方案，正是以"3+1"的角度来审视生产系统，并通过数字技术来实现各个方面的卓越表现。

虽然可以用类似赛车队争夺赛道冠军的框架来表达，但最大的区别在于图 6-3 左侧的"实现经营课题"这一部分。简而言之，差异在于每个公司都有不同的客户和目标。这种差异会导致生产系统的设计发生显著变化。适当结合物理层面（Physical）、运营层面（Operation）、管理层面（Management），并应用先进的数字技术，探讨是否能突破以往无法解决的课题，为此而设计的框架就是"TAKUETSU PLANT 设计方法"。

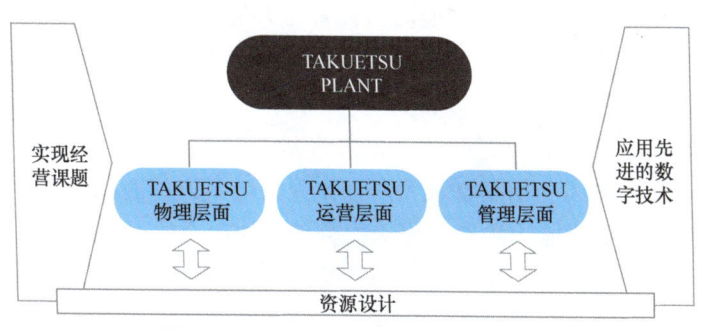

图 6-3　TAKUETSU PLANT 设计方法

6.2　生产系统的实际效能

在介绍 TAKUETSU PLANT 之前，笔者想先分析并整理一下决定工厂能力的三个要素。工厂的能力可以被定义为由以下三个要素决定。

① 工厂整体的理论配置，即构成的人员或设备的配置，以及这些元素的组合方式所产生的相互干涉。

② 充分发挥这些配置的操作。

③ 资源的波动，如材料质量参差不齐、设备故障、员工技能差异、作业方法不同等。

接下来，以某制药厂的生产过程为主题来看看这三个要素。

6.2.1 工厂整体的理论配置（①）

例如，在混合工序中，标准配置是专用设备和2名操作人员，其理论处理能力由设备与人员的基础性能指标及其协同作用共同决定。混合工序中存在人等待设备和设备等待人的"相互干涉损失"。如果混合工序的设备性能为1t/h的处理能力，那么这个值将是混合工序的最大能力。由于设备操作需要2人，所以1天的设备运行时间会受到限制。如果能运行6h，那么混合工序的理论处理能力为6t/天。经过了混合工序的中间产品将被送往杀菌工序，然后进入最终工序。另外，从混合工序和杀菌工序来看，它们的理论配置差异和物料投入时机会导致在该两工序之间产生等待时间。如此一来，整个过程的理论配置在某种程度上就导致了作业人员和设备之间或工序资源之间必然产生的干涉损失（见图6-4）。

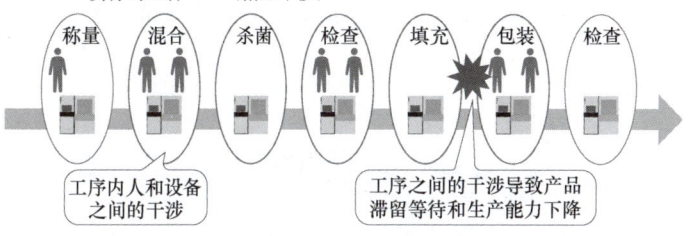

各种资源的配置（设定能力、标准步骤、标准时间）
资源的组合　　（相互干涉）

称量　混合　杀菌　检查　填充　包装　检查

工序内人和设备之间的干涉

工序之间的干涉导致产品滞留等待和生产能力下降

图 6-4　工厂整体的理论配置

6.2.2　发挥工厂配置的操作（②）

接下来讨论的是如何有效且充分地利用①的配置。简单举例来说，仅仅一个日程计划安排都会大幅影响工厂的作业水平。

如果采用小批量生产，会增加产品切换时间，降低产能利用率，但同时可以减少中间库存，降低储存成本，并有助于缩短整体交货周期。

这一部分的运行并不像赛车队那样简单，其中的问题也会变得复杂。这意味着需要解决的经营课题不同，其策略也会发生变化，这与第 5 章说明的通过印象单元进行概念设计非常相似（见图 6-5）。

6.2.3　资源的波动（③）

在实际生产活动中，生产进度往往难以完全按计划推进。原材料波动、供应商交货延迟、各工序良率下降、设备故障导致的停机损失、操作人员熟练度差异及突发缺勤等因素——这些投入生产系统的材料、设备、人员等单个要素的绩效表现，都将对生产系统的实际产能产生重大影响（见图 6-6）。

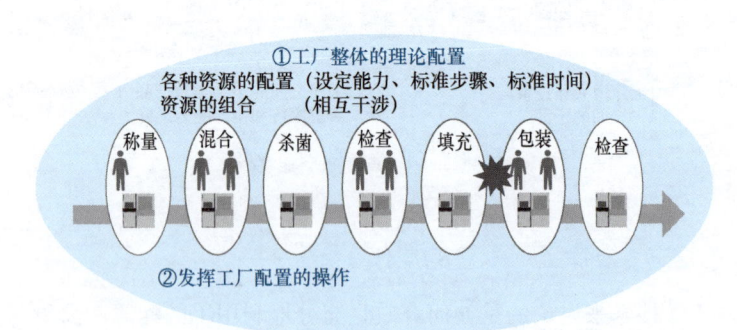

图 6-5　发挥工厂配置的操作

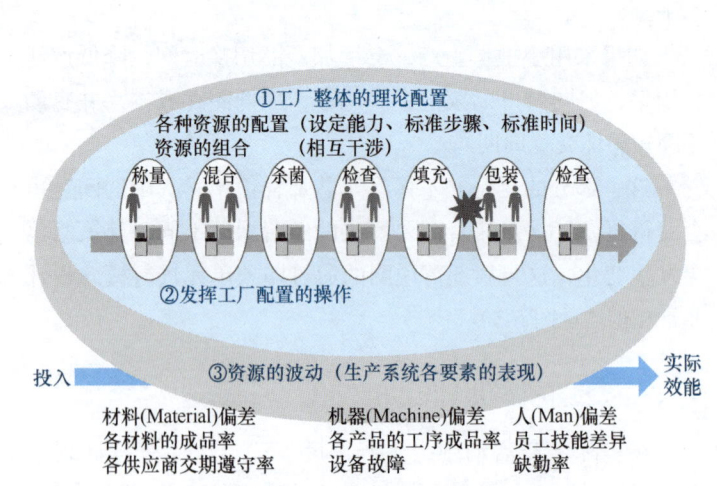

图 6-6　决定生产系统能力的三个要素

材料(Material)偏差　　机器(Machine)偏差　　人(Man)偏差
各材料的成品率　　　　各产品的工序成品率　　员工技能差异
各供应商交期遵守率　　设备故障　　　　　　　缺勤率

6.3 TAKUETSU PLANT 的 "3+1"

我们将生产系统的实际效能定义为由三个要素决定：理论配置、运营的优劣、资源的波动。

生产系统的实际效能＝理论配置 × 运营的优劣 × 资源的波动

TAKUETSU PLANT 是提高这三个要素水平的唯一方法。下面，展开分析每个要素的卓越表现。

6.3.1 追求物理层面卓越化（Physical Excellence）

物理层面卓越化指的是基于包含未来需求预测和供应商组成在内的工序设计，通过工厂的必要能力和实现这些能力所需的硬件设备（如生产设备、搬运设备、能源供应设备等）来构建工厂的硬件能力。通过研究如何有效利用机器人技术、3D 打印、无人搬运设备等，辅助操作人员工作和实现机器自主控制。为实现印象单元中展示的目标，需要结合运营层面来讨论应采用的具体规格。毫不夸张地说，物理层面的强弱决定了智能工厂的成败。

关于物理层面卓越化的级别，从人工手动操作到完全自动地进行自主修正，已经分阶段地进行了说明（见图 6-7）。

6.3.2 追求运营层面卓越化（Operational Excellence）

下面将结合物理层面一起探讨如何在满足用户多样化需求的同时，实现高效制造。

级别5 自主修正（完全自动化）	• 异常时自动应对 • 自主恢复正常 • 预兆管理
级别4 流程之间的自动控制	• 工序之间系统对接 • 只有紧急情况下才需要人介入
级别3 流程的自动化	• 多项作业的自动化及相互协同 • 以车间为单位的自动化
级别2 人和设备的联合	单一作业的自动化
级别1 手动作业	需要人工操作所有内容

图 6-7 物理层面卓越化的成熟模式

1）在利用数字技术的同时，如何推进生产活动并提升其水平？

2）如何联动设计、试制、量产的过程，以提供高品质产品？

3）如何联动从接单到出货的整个制造过程，以制订无浪费的工作计划？

4）如何提高与供应商的协同性以实现工厂运营更加流畅，以及如何控制能源使用使其成为循环型制造工厂？

在深入考虑了上述的经营课题之后，需要思考如何选择和利用有效的数字化工具来应对印象单元中重点强调的主题。有一种方向是将传统的核心系统如销售管理系统、ERP、

MES 和各种边缘设备相结合,以构建信息物理系统(Cyber Physical System,CPS)。关于达到的级别,第 5 章中也有提到,每个主题都各不相同,但它们有一个相同的方针,即以利用大数据为中心的框架,如图 6-8 所示。

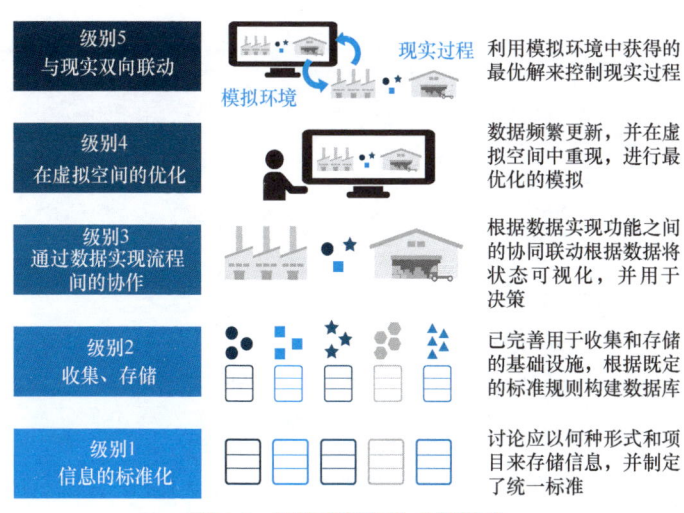

级别5 与现实双向联动	现实过程 / 模拟环境	利用模拟环境中获得的最优解来控制现实过程
级别4 在虚拟空间的优化		数据频繁更新,并在虚拟空间中重现,进行最优化的模拟
级别3 通过数据实现流程间的协作		根据数据实现功能之间的协同联动根据数据将状态可视化,并用于决策
级别2 收集、存储		已完善用于收集和存储的基础设施,根据既定的标准规则构建数据库
级别1 信息的标准化		讨论应以何种形式和项目来存储信息,并制定了统一标准

图 6-8 运营卓越化的成熟模式

6.3.3 追求管理层面卓越化(Management Excellence)

由于基于物理层面卓越化和运营层面卓越化这两个维度而设计的机制构成了基本的生产系统,所以在构建生产系统阶段(静态生产系统),重要的是要先追求这两个维度。为了维持和提升这个系统,需要一个管理基础能够持续监控工厂状态,评估日常生产活动的产出,重点关注课题,提出改进方案并促进决策。

在管理层面卓越化中,追求利用数字技术的超高速的 PDCA 循环(动态生产系统)。

管理层面卓越化的定位如图 6-9 所示。

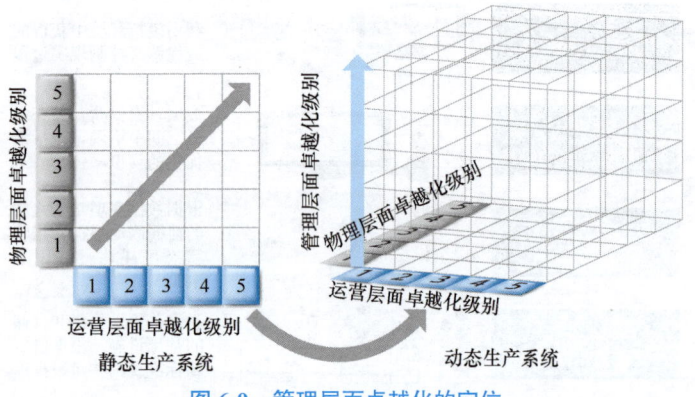

图 6-9 管理层面卓越化的定位

提高管理水平的关键是实绩数据的存储及其利用。图 6-10 用"应对型管理"到"预兆型管理"的阶段展示了管理层面卓越化的 5 个级别,许多企业目前实施的是第 3 级的固定型管理。他们为了做出准确的报告而收集本地存储的信息,并进行定型分析。这种管理虽然实现了一定程度的可视化,但定型且滞后 1 个月的报告缺乏速度和对变化的响应。

构建一个使用度更高的数据湖,并打造一个可以灵活多面地分析即时问题的环境,是智能工厂的管理核心(级别 4)。在这种环境下,数据存储得越多,与 AI 的亲和度就越高,从而有望提升到更高的管理水平(级别 5)。

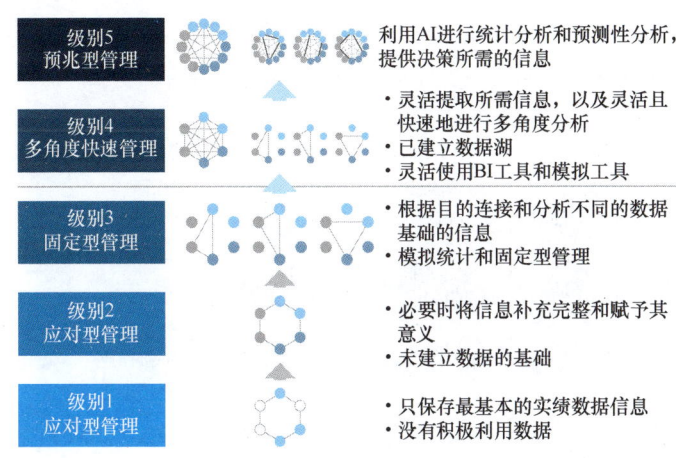

级别5 预兆型管理	利用AI进行统计分析和预测性分析，提供决策所需的信息
级别4 多角度快速管理	・灵活提取所需信息，以及灵活且快速地进行多角度分析 ・已建立数据湖 ・灵活使用BI工具和模拟工具
级别3 固定型管理	・根据目的连接和分析不同的数据基础的信息 ・模拟统计和固定型管理
级别2 应对型管理	・必要时将信息补充完整和赋予其意义 ・未建立数据的基础
级别1 应对型管理	・只保存最基本的实绩数据信息 ・没有积极利用数据

图 6-10 管理层面卓越化的成熟模式

6.3.4 人的角色和工作方式的变革

以打造"卓越工厂（TAKUETSU PLANT）"为目标，即通过实现物理层面、运营层面、管理层面这三个维度的"卓越化"，推动"自动化（Jidoka）"进程并实现信息的"可视化"，这将极大地改变工人的角色。单一重复的体力劳动和工时作业将得到改善，员工将有更多的时间从事脑力劳动。在面临用工难的情况下，将这种工作方式的变革视为实现智能工厂化的重要意义也很重要。

我们应该积极思考如何改变每位员工的角色，而不是被动地接受眼前的结果。

现场的操作人员和负责人将从日常需要计算工时的工作转为思考如何进行改善的脑力劳动，管理层也将能够基于实时提供的多面信息进行更广泛的管理。图 6-12 所示为人的角色和工作方式变革的例子，考虑到这种变革，决定修改职务文件本身，以期实现更扁平化和灵活的组织变革。

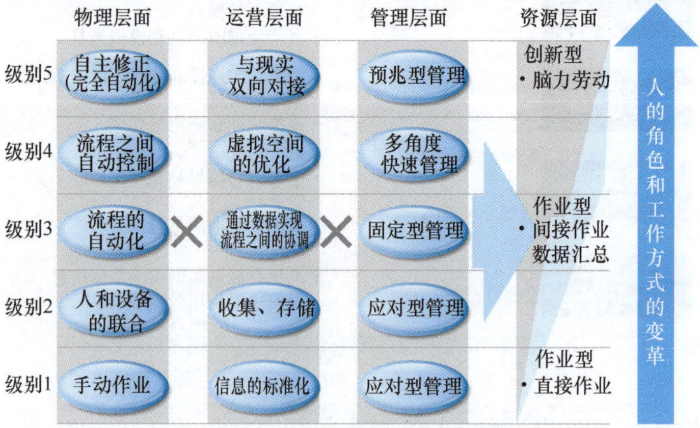

	物理层面	运营层面	管理层面	资源层面
级别5	自主修正(完全自动化)	与现实双向对接	预兆型管理	创新型·脑力劳动
级别4	流程之间自动控制	虚拟空间的优化	多角度快速管理	
级别3	流程的自动化	通过数据实现流程之间的协调	固定型管理	作业型·间接作业数据汇总
级别2	人和设备的联合	收集、存储	应对型管理	
级别1	手动作业	信息的标准化	应对型管理	作业型·直接作业

人的角色和工作方式的变革 →

图 6-11　人的角色和工作方式在"TAKUETSU PLANT"中发生变革

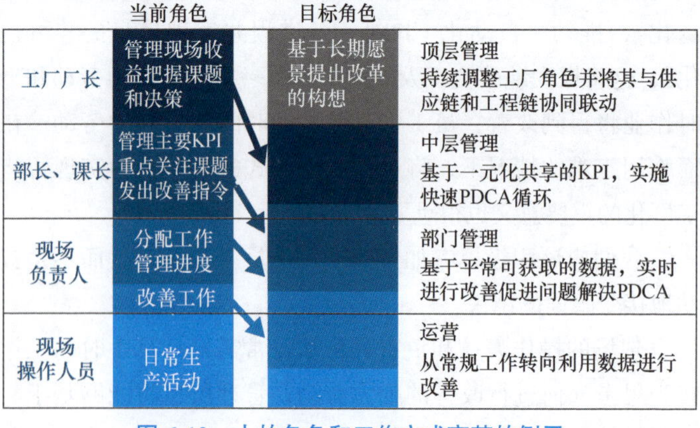

	当前角色	目标角色	
工厂厂长	管理现场收益把握课题和决策	基于长期愿景提出改革的构想	顶层管理 持续调整工厂角色并将其与供应链和工程链协同联动
部长、课长	管理主要KPI重点关注课题发出改善指令		中层管理 基于一元化共享的KPI，实施快速PDCA循环
现场负责人	分配工作管理进度改善工作		部门管理 基于平常可获取的数据，实时进行改善促进问题解决PDCA
现场操作人员	日常生产活动		运营 从常规工作转向利用数据进行改善

图 6-12　人的角色和工作方式变革的例子

TAKUETSU PLANT 追求的目标是成为一个<u>与解决公司经营课题直接相关的动态生产系统。</u>

通过物理层面、运营层面、管理层面这三个维度，看清公司当前的定位，整合各自的改革措施来构想公司的愿景。在此基础上，把各种视角下的考量点考虑进来，绘制达成愿景的路线图（见图6-13），最终推动其落地实施。这是该计划的主要目的。

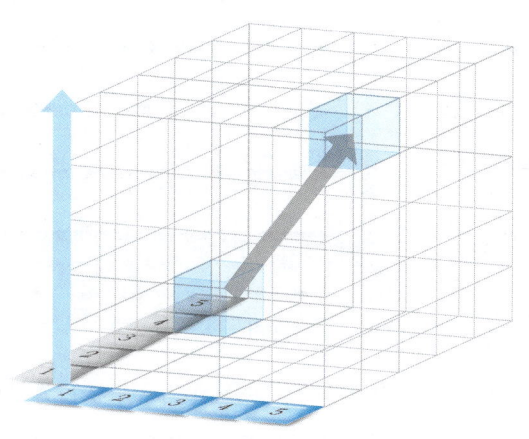

图 6-13　TAKUETSU PLANT 路线图

6.4　智能工厂构建项目的推进方式

6.4.1　TAKUETSU PLANT 构建的四个阶段

TAKUETSU PLANT 构建的推进过程分为四个阶段：规

划阶段、基本设计阶段、集成合作伙伴选择阶段和实施阶段。通过这一系列阶段，从"运营层面""管理层面""物理层面"这三个切入口来追求卓越。

在推进项目的同时，需要探讨随着涉及数字化的业务流程变革，这些追求卓越的行动将对经营方面带来什么影响。

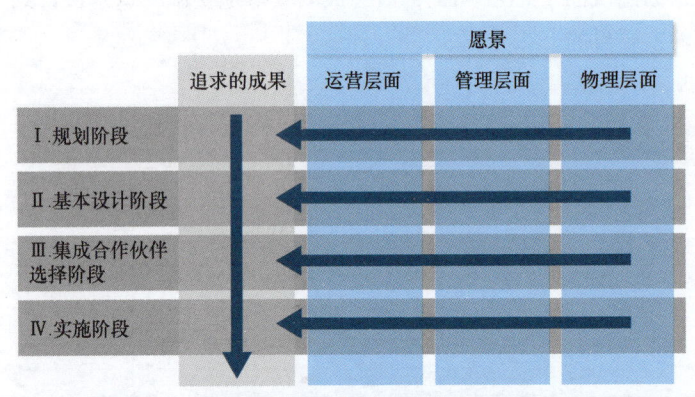

图 6-14　通过四个阶段构建 TAKUETSU PLANT

在规划阶段，主要目的是明确作为未来项目方针的概念，将其意义广泛传达给管理层和员工，并获得他们的理解。

在基础设计阶段，将规划阶段的蓝图转化为更具体的流程变革，讨论业务理想状态的设计和对数字化工具的规格要求。

在集成合作伙伴选择阶段，根据基础设计阶段的讨论，制作系统需求建议书（Request for Proposal，RFP），选择未来实施的合作伙伴和工具。

在实施阶段，根据提议的内容推进项目，直到实现系统导入与稳定运用。

最重要的阶段是"规划阶段",它可能是许多不同项目都需要经历的相同阶段。在这一阶段,如果能够深入讨论公司想要实现的目标并达成共识,那么即使后续阶段出现新的问题,迫切需要修改计划,也比较容易做出调整。

6.4.2 规划阶段的要点

规划阶段大致分为 7 个步骤进行推进(见图 6-15)。在项目前半部分,通过对管理层的访谈等,使用印象单元提取智能工厂应实现的重要主题和课题假设。

		追求的成果	运营层面	管理层面	物理层面
Ⅰ.规划阶段	步骤1:制定对制造功能及其作用的期望	●	全面审视经营课题		
	步骤2:细化应发挥的作用		利用印象单元提出主题		
	步骤3:现状分析(Fact Finding)	●	立足实际情况推进讨论		
	步骤4:追求3个卓越		最初不考虑限制条件		
	步骤5:可行性评估		收集外部信息		
	步骤6:效果估算	●	除了定量评估,还应考虑工作方式变革		
	步骤7:计划书制作	●	管理者和执行者之间的想法达成共识		

图 6-15 规划阶段的推进要点

1. 立足于实际情况推进讨论

笔者特别重视的是步骤 3 的现状分析。"现状分析"一词是 JMAC 所有员工从入职开始就不断被公司顾问灌输的概念，是最受重视的过程。在全面审视和理解经营课题的同时，用现场的实际情况来印证这些课题，进而制定行动方案。

例如，对于"设备生产率低"这一问题的认识，可以通过访谈等方式来确认。为了对该问题采取改进措施，需要确定问题发生的设备、掌握问题的倾向（某个产品、某个时期、某位作业员等）、确定具体原因（准备工作的延迟、不良品的发生、设备故障等）。另外，把这些因素联系起来并定量了解这些因素的影响程度也非常重要。这是因为，关注课题和定量了解问题结构是后续步骤中计算具体措施的成本效益的重要依据。

2. 最初讨论时不考虑限制条件

在接下来的步骤 4 中，针对步骤 3 中重点突出的主题，从"追求 3 个卓越"的角度，讨论改革的方向和具体措施。一开始不考虑限制条件，从理想的角度进行讨论，这一点也很重要。尽管按照当前的技术或产品可能无法实现这些想法，但几年后可能会出现能够实现这些想法的工具。希望各位读者能够注意到，这与以工具为起点的思考方式迥然不同。在持续快速发展的数字化潮流中，我们需要认识到，对理想的讨论绝非空中楼阁。

3. 关注效果

在整个规划阶段，重要的是要时刻关注预期效果。虽然在初期阶段可能难以进行定量计算，但应针对哪些方面可能带来效果进行讨论，一定要在达成共识的基础上不断推进。在推进 DX 相关项目时，经常会提到"可视化"一词，但很多时候并没有讨论通过可视化能改善什么问题。

在规划阶段，各步骤的主要考虑事项简要整理如下。

步骤1：制定对制造功能及其作用的期望。

1）对管理层和关键人员进行访谈。

2）全面审视中长期经营计划等经营课题。

3）整理希望在新工厂实现的经营课题及对制造功能的期待。

仅在工厂内部考虑制造应发挥的作用是不够的，需要从第4章中提到的4个外部链条出发来寻找答案。

步骤2：细化应发挥的作用。

1）从开发设计到出货的流程中提取优先加强点。

2）利用"智能工厂印象单元"。

3）探讨公司应追求的智能工厂概念。

4）与团队成员及管理层达成共识。

步骤3：现状分析。

1）把握当前制造功能的实际情况。

2）进行定量评估。

① 与"质量（Quality）""成本（Cost）""库存、交货时间（Delivery）""环境（Ecology）""安全（Safety）"相关的KPI的变化。

② 明确导致这些结果背后的生产系统的实际情况。

3）将与KPI的因果关系进行归纳整理的"损失结构化"。

① 物理层面的评估如下。

对象：设备、人、原材料。

着眼点：每种资源的能力，工序流程的设定思路及能力发挥；能力的利用程度（运营水平等），自动化水平；内在课题等。

② 运营层面的评估如下。

对象：主要重点概念和相关的流程；设计、接单、生产计划、采购、制造、物流；设备维护保养等。

方法：IE 在内的各种分析方法、资料分析、实时动态监测，与相关操作人员的讨论等。

着眼点：损失的结构、改革空间。

③ 管理层面的评估如下。

对象：成本管理、交期管理、库存管理、质量管理、设备管理、能源管理、安全管理、现场效率管理等。

着眼点：KPI 的变化，用以维持和提升水平的管理实际情况；KPI 的合理性，构成 KPI 的数据获取、存储、利用情况；管理周期、可视化状态。

步骤 4：追求 3 个卓越。

1）认识概念与实际情况之间的差距。

2）追求 3 个卓越：①数字技术的应用可能性；②利用数字化工具追求创新的过程；③重新定义 KPI；④通过自动获取数据实现超高速 PDCA 循环；⑤应用支持自动化和自主化的机器人技术。

步骤 5：可行性评估。

1）向各系统集成商和工具供应商请求提供信息。

2）制作信息邀请书（Request for Information，RFI），确认事项包括：①是否有可实现目标的技术或工具；②当前技术的限制；③大致费用；④引进条件（时间、对工作的影响等）。

步骤6：效果估算。

1）对收益率的影响：①对愿景的期望效果进行量化；②对KPI的影响；③收益率情况。

2）工作方式改革：①对于员工的工作方式、角色、意识发生变化的期待；②对于企业氛围发生变化的期待。围绕员工进行思考，讨论如何提升他们的能力。

步骤7：计划书制作。

1）研究的概念。

2）认识现状。

3）3个卓越的方向。

4）可行性。

5）定量效益与定性效益。

6）成本效益。

7）路线图：①包含实施主题、执行任务、体制、日程；②向管理层报告。

6.4.3 基础设计阶段的要点

基础设计阶段的产出，将成为下一阶段即集成合作伙伴选择阶段的投入，但重要的是，要将该阶段看作了进一步提高整体的参与意识，实施有活力的机制所需要付出的时间，并以这种认识来推进项目。

1. 具体落实业务

在这一阶段，为了细化规划阶段制定的概念，需要进行目标流程的业务理想状态设计。

例如,如果以"通过生产管理业务流程创新实现短周期且同步的生产系统"为主题,我们需要逐一梳理在这一系列流程中,谁以何种方式参与,当要缩短周期时,需要改革哪些现有业务,以及如何利用数字化解决方案来补充因应对变化(本例中为计划制订频率的增加)而增加的工作量。

2. 培养当事人的意识

在这个阶段还有一个重要方面,即广泛促进实际负责目标流程的人员(新系统的用户)的参与,让他们理解在规划阶段研究的概念意图的同时,与他们一起充分讨论实现的具体形态,让他们作为当事人参与到设计中。这一点对于防止实施阶段出现大幅更改,以及实现真正可用的机制至关重要。

6.4.4 集成合作伙伴选择阶段的要点

集成合作伙伴选择阶段的目的是,将基础设计阶段的讨论内容传达给系统集成商的潜在合作伙伴,引出更符合自身企业想法的系统方案,以及从多个角度评估这些方案的内容,选择最合适的合作伙伴。

1. RFP 制作与提示的要点

尽可能清晰地传达"背景""业务要求""系统要求"和"投标要求"。虽然本书没有详细介绍 RFP 的具体内容,但其基本项目已在图 6-16 中的"RFP 制作"一栏中列举出来了。

阶段	步骤	讨论项目：利用智能工厂印象单元的三个层面的卓越追求			
		追求的成果			
I.规划阶段	步骤1：制定对制造功能及其作用的期望	希望在新工厂实现的经营课题	使用5个链条（需求链、供应链、工程链、服务链、制造链）来想象制造功能在未来应发挥的作用		
	步骤2：细化应发挥的作用		通过智能工厂印象单元提取流程强化的要点		
	步骤3：现状分析(Fact Finding)	评估KPI（现状）业务收益(P)质量(Q)成本(C)库存/交期(D)环境(E)安全(S)	运营层面 设计、接单、生产计划、采购、制造、设备维护保养、物流流程	管理层面 获取数据、利用数据、管理周期、可视化状态	物理层面 每个设备、生产SYS整体的能力、能力利用程度、实际性能、自动化水平等
	步骤4：追求3个卓越		运营层面卓越化制定策略 利用数字化工具追求创新过程	管理层面卓越化制定策略 重新定义KPI、通过自动获取数据追求超高速PDCA循环	物理层面卓越化制定策略 自动化、自主化的相关研究
	步骤5：可行性评估		通过RFI收集数字技术信息、适用评估技术的可行性费用方面、引进条件（时间、对工作的影响）→设定实现级别		
	步骤6：效果估算	评估KPI（期望效果）	定量评估、定性评估（工作方法、氛围、敬业度等）		
	步骤7：计划书制作	明确期望效果	成本效益、路线图（主题、任务、体制、日程）		
II.基础设计阶段	主要操作的详细设计		现状详细分析	现状详细分析	现状详细分析
			详细To-Be运营层面设计	详细To-Be管理层面设计	详细To-Be物理层面设计
		重新评估KPI（效果估算）	讨论系统规格	讨论系统规格	讨论系统规格
III.集成合作伙伴选择阶段	RFP制作	明确期望效果	（业务要求）对象业务、业务课题和解决方向、愿景		
		（系统要求）信息系统的范围、基本功能、详细功能、信息系统要求、画面要求、数据要求、性能要求、可靠性要求、保密性、可扩展性、可用性和可维护性、信息安全要求、信息系统运行环境、测试需求定义、运行教育、维护要求定义工作的体制及方法			
	评估、选择	明确期望效果	（投标要求）投标流程、项目时间线、提案的式样等		
IV.实施阶段		测量效果	系统详细设计→概念验证→实施→初期流动管理		

图6-16 TAKUETSU PLANT 构建项目推进流程一览表的示意图

2. 评估流程的要点

建议事先整理评估项目，并与评估者统一视角。评估流程应考虑的要点包括提案内容本身、售后支持体制、项目负责人的业绩、面谈印象等。

6.4.5 实施阶段的要点

首先，实施阶段主要是针对前 3 个阶段制定的最适合自身企业的系统进行概念验证（Proof of Concept，POC），以验证和测试其可实现性和效果。

其次，系统开始实施，但此时仍需要实施细致的管理，直到系统实现稳定运行。

最后，展示 TAKUETSU PLANT 构建项目推进流程一览表的示意图（见图 6-16）。

第7章

智能工厂的构建案例

本章主要介绍 3 家引进和构建 TAKUETSU PLANT 的企业案例。

7.1 案例 1 追求新工厂智能化——制药厂 I 公司

I 公司以全球为目标市场，需求不断扩大，中期经营计划显示出持续增长的趋势。随着大幅增产计划的实施，预计会出现工厂生产能力不足的问题，因此 I 公司开始考虑建设新工厂。

1. 新工厂追求的生产系统创新

对于许多制造业企业来说，建设新工厂是数十年一遇的大事。在已有工厂中实施改善工作时，会受到占地面积、布局、生产设备、公用设施的配置等各种条件限制，但在新工厂则不受这些条件的限制，可以从零开始重新考虑制造方式。这不仅可以更新老旧设施或迁移现有系统，更是追求公司最佳制造方式的绝佳机会。

I 公司也对新工厂寄予了很大希望，不想简单复制传统的制造方式，希望一次性解决现有的制造问题，将制造的基本目标 QCD 提升至绝对优势水平。应对产能不足只不过是建设新工厂的契机，I 公司真正的目的是要实现生产系统的整体创新。

同时，I 公司也计划将新工厂培养出的机制和经验应用到其他基地，将新工厂作为整个公司的试点模型。

2. 成功的关键在于规划构想

新工厂的建设分为以下 5 个阶段进行（见图 7-1）。

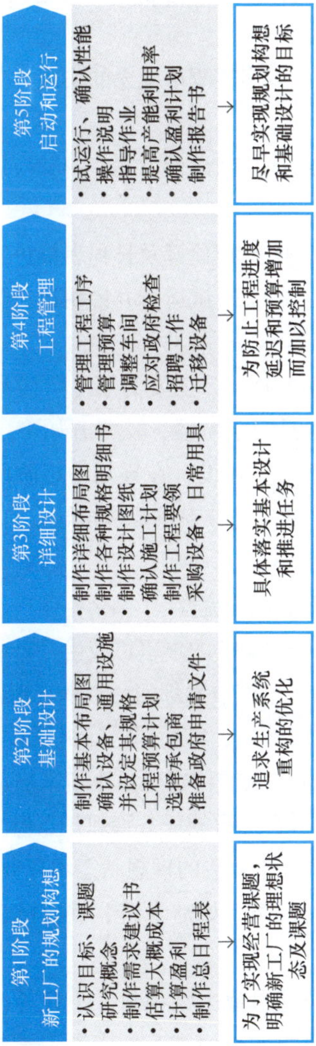

第7章 智能工厂的构建案例

第1阶段 新工厂的规划构想	第2阶段 基础设计	第3阶段 详细设计	第4阶段 工程管理	第5阶段 启动和运行
• 认识目标、课题 • 研究概念 • 制作需求建议书 • 估算大概成本 • 计算盈利 • 制作总日程表	• 制作基本布局图 • 确认设备、通用设施 并设定其规格 • 工程预算计划 • 选择承包商 • 准备政府申请文件	• 制作详细布局图 • 制作各规格明细书 • 制作设计图纸 • 确认施工计划 • 制作工程要领 • 采购设备、日常用具	• 管理工程工序 • 管理预算 • 调整车间 • 应对政府检查 • 招聘工作 • 迁移设备	• 试运行、确认性能 • 操作说明 • 指导作业 • 提高产能利用率 • 确认盈利计划 • 制作盈利报告书
为了实现经营课题, 明确新工厂的理想状 态及课题	追求生产系统 重构的优化	具体落实基本设计 和推进任务	为防止工程进度 延迟和预算增加 而加以控制	尽早实现规划构想 和基础设计的目标

图 7-1 新工厂建设的 5 个阶段

207

1)新工厂的规划构想：构想新工厂的理想状态（改革概念），以解决经营课题。

2)基础设计：具体落实改革概念的实现方法，并设计整个生产系统的整体形象。

3)详细设计：细化基础设计方案，将其应用到制造的业务流程中。

4)工程管理：按照工程预算及日程表推进工程。

5)启动和运行：新工厂试运行并说明运行规则，避免工厂启动时出现混乱。

在这5个阶段中，JMAC主要为第1阶段和第2阶段提供指导。尤为重要的是第1阶段，从零开始考虑未来生产系统和数字化转型的新工厂建设，在规划构想阶段提出清晰的改革概念，将会给项目推进带来重要的指导方向。

3. 跨部门项目的必要性

（1）全面审视整个业务流程

I公司从统筹生产供应链的董事以及生产计划部门、制造部门、生产管理部门、生产技术部门、人事管理部门、质量保证管理部门、信息系统部门、市场部门等相关部门中选出项目成员，组成了一支40多人的特别项目小组来启动和推进这个大型项目，并且每周进行细致的任务管理并互相沟通进度。

如第4章所述，讨论制造的理想状态不仅要关注制造链，还要放眼制造周围的链条，如需求链、供应链、工程链、服务链。

虽然管控跨部门项目或大型项目并不容易，但为了深入思考未来制造的理想状态并切实产出成果，需要汇集相关部门的关键人员。

（2）视数字化转型为己任来推进

一直以来，I公司在设备运行监控和自动化等数字化应用方面采取了各种措施。但这些应用只局限于部分工作区域，且员工对改变传统方式有抵触心理，导致未能充分发挥数字技术的潜力。也有一些工作区域好不容易引进了数字化工具，最终却没有使用。

出现以上情况的原因包括：①在引进阶段，系统设计者与用户之间未充分沟通目的和想法；②引进前，未充分验证引进效果，未能让人同意和接受；③引进后，相关部门不跟进，完全交给生产现场使用等，不一而足。

为达到新工厂的目标——实现QCD的绝对优势，必须要使用数字化工具，这是I公司内部的共识，而在本项目中数字化转型也被视为非常重要的关键词。然而，不使用数字化工具自然无法产出成果。为了避免重蹈覆辙，I公司需要让整个组织保证在新工厂彻底落实数字化应用，直到取得成效。因此，I公司需要汇集40名关键人员，确保每个人都能视数字化转型为己任而全力推进。

7.1.1 第1阶段 新工厂的规划构想

在第1阶段，I公司组建了3支团队，按照第6章介绍的TAKUETSU PLANT框架，分别从运营层面、物理层面、管理层面这三个方面来思考改革（见图7-2）。TAKUETSU运营层面研究团队的主要任务是，利用印象单元规划业务的理想状态，同时设计整个生产流程。TAKUETSU物理层面研究团队的任务是，针对未来市场需求，研究高效的工序设计和作业设计，并探讨如何应用自动化和机器人技术。TAKUETSU管理层面研究团队旨在规划未来的工厂管理方式，研究如何随时监控生产系统的现状和问题，同时进行快速且高效的PDCA循环。

① 认识现状 → ② 新一代工厂概念设计 → ③ 讨论对系统和工具的要求 → ④ 讨论对资源的要求 → 组织和人才的角色功能设计 → 绘制路线图 / 制作报告书

主题1 TAKUETSU 运营层面的规划构想
利用JMAC智能工厂印象单元制定规划构想，以实现运营层面卓越化

主题2 TAKUETSU 物理层面的规划构想
针对未来市场需求研究高效的工序设计和作业设计（自动化、机器人技术）

主题3 TAKUETSU 管理层面的规划构想
基础数据管理流程规划和系统要求研究

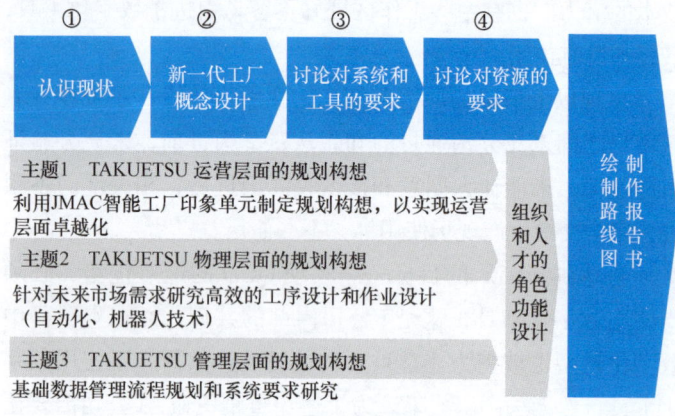

图 7-2　第 1 阶段　新工厂的规划构想的推进步骤

接下来，笔者将针对图 7-2 中提到的一部分推进步骤，即认识现状、新一代工厂概念设计、讨论对系统和工具的要求，介绍相关的研究案例。

1. 认识现状

每个团队首先都要从正确认识现状开始。这不仅限于智能工厂建设项目，在构想未来的理想状态方面也是不可或缺的步骤。可能有人认为问题出在这里，也可能有人认为问题出在那里，人们对问题的理解或许会存在差异，为了顺利展开讨论，需要汇总每个人对问题的认识，掌握当前其所处的位置。

为了正确认识现状，需要对问题进行彻底的量化和结构化，使得当前状态能够被客观看待。I 公司根据过去的制造成本、质量相关信息、库存和交货周期等数据，将 QCD 水平进行了可视化，让团队的所有成员都能够以数字形式理解公司当前的水平。有时，项目成员还会在制造现场进行实地调查，找出与当前作业方法和业务推进方法相关的浪费和损失。通过数据分析和现场分析形成共识，并重新审视中期经营计划和业务计划，推测出了当前水平与目标水平之间的差距。

I 公司在认识现状和设定课题的过程中，特别重视管理层与项目成员之间的"对话"。通过了解不同部门和职位的员工之间的想法，逐一分析认识上的差异和思维方式的不同，绘制了所有项目成员都认可的蓝图。

2. 新一代工厂概念设计

（1）概述

图 7-3 所示为某位项目成员在讨论会上整理的内容。它记录了公司的外部环境变化，以及在分析现状与中期经营计划之间的差距时所显现的问题，并在这些内容的基础上，记录了公司追求的制造愿景。在讨论这些愿景时，需要把目光扩展到需求链、供应链、工程链、服务链等制造的周边功能，思考制造链的理想状态。I 公司通过重复这样的讨论，具体落实了新一代智能工厂的概念。在思考和讨论智能工厂的概念时，始终围绕着印象单元来展开。

（2）利用印象单元的研究案例

I 公司曾在一次讨论会上提到了制造的"灵活应变能力"。图 7-4 所示为针对这一课题利用印象单元进行概念研究的示例。

第7章 建构智能工厂

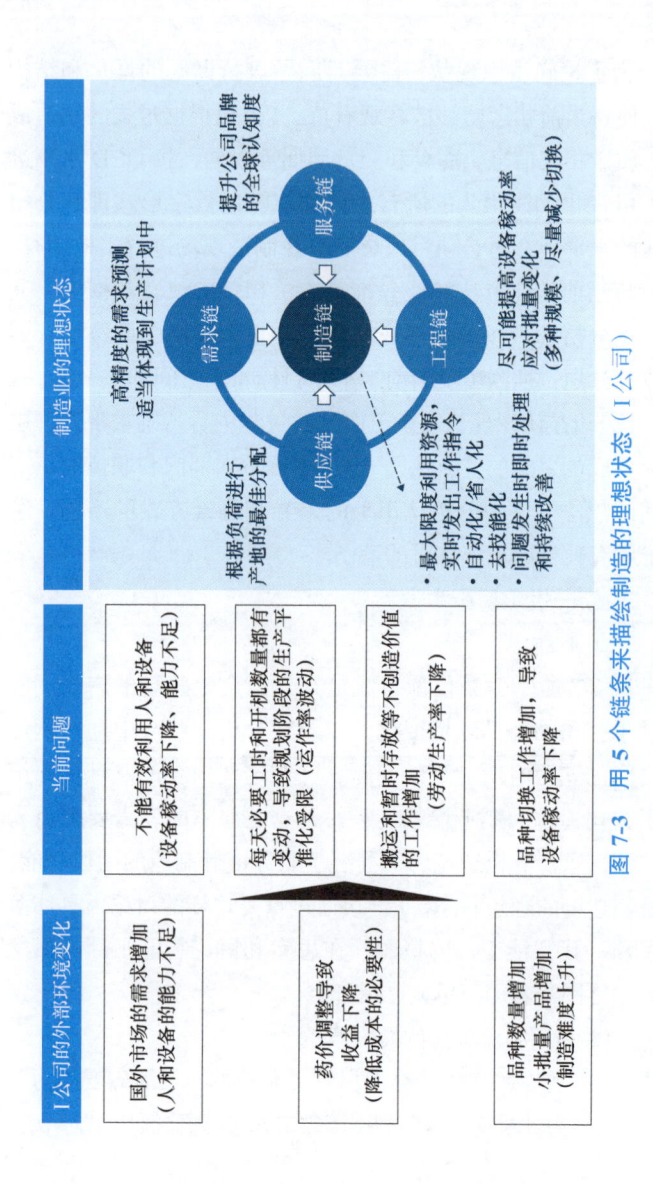

制造业的理想状态

高精度的需求预测适当体现到生产计划中

- 需求链
- 服务链 — 提升公司品牌的全球认知度
- 制造链
- 供应链
- 工程链 — 尽可能提高设备稼动率 应对批量变化（多种规模，尽量减少切换）

根据负荷进行产地的最佳分配

- 最大限度利用资源，实时发出工作指令
- 自动化/省人化
- 去技能化
- 问题发生时即时处理和持续改善

当前问题

I公司的外部环境变化	当前问题
国外市场的需求增加（人和设备的能力不足）	不能有效利用人和设备（设备稼动率下降、能力不足）
	每天必要工时和开机数量都有变动，导致规划分段的生产水准化受限（运作率波动）
药价调整导致收益下降（降低成本的必要性）	搬运和暂时存放等不创造价值的工作增加（劳动生产率下降）
品种数量增加小批量产品增加（制造难度上升）	品种切换工作增加，导致设备稼动率下降

图7-3 用5个链条来描绘制造的理想状态（I公司）

第7章 智能工厂的构建案例

灵活的应变能力

	尽量减少损失	合理控制负载	应对需求变动
需求链			• 高精度需求预测
供应链			• 优化计划流程和时机 • 优化库存地点
工程链	• 尽量减少搬运和步行的工序设计 • 稳定生产时物料投入/补充等常规作业的自动化	• 制订从初始工序到最终工序的统一生产计划 • 生产计划变更时，计划同步应对	
制造链	• 缩短产品切换的时间 • 弥补新员工和资深员工的技能差距	• 生产线的多样化（能够对应多品种和批量大小差异的设备设计） • 根据生产状况及时下达工作指令，形成一个不容易安排人员的组织	• 建立短周期生产机制，以及缩短生产与出货时间间隔的机制
服务链			

提高附加价值的机制（充分利用工时） | 减少负荷变动的机制（稳定生产） | 高精度的需求预测机制（促进供需平衡）

图7-4 I公司的智能工厂概念构想方案

213

随着订单量和订单结构的变化，I公司每天的生产负荷变动较大。由于未能有效应对负荷的变动，有时需要通过加班或节假日工作来确保按时出货，但同时也有因没有生产任务而导致制造现场出现人员富余的情况。未来，产品种类预计会进一步增加，全球市场将持续保持发展，负荷变动幅度将逐渐扩大。应对这些挑战已然成为I公司新一代智能工厂的重点课题之一。

利用印象单元实现突破的第1个方向是，建立提高附加价值率以最大限度利用工时的机制。从I公司的现场情况来看，许多员工被分配到生产准备和文件制作等不直接产生附加值的岗位上。如果不能有效地利用有限的人力资源，就无法灵活应对负荷变动。因此，需要建立一个尽可能减少人工参与的生产体系。从工程链的角度来看，JMAC重点关注了搬运作业和物料投入作业，为取消此类作业，把工序设计和引进自动化设备作为研究主题。同时，也关注到了新员工与资深员工之间的技能差距问题。今后新工厂也将计划增员，因此让新员工快速具备战斗力成了一项亟待解决的课题。

第2个方向是，建立减少负荷变动以实现稳定生产的机制。这主要是供应链方面的课题，I公司以前一般是由各工序的计划负责人根据出货计划或前道工序的计划信息考虑本工序的最佳生产顺序，这导致整个计划只能呈现个别优化而不是整体优化。因此，JMAC计划建立一个从初始工序到最终工序贯通的生产计划制订机制，把平衡工序整体的日常负荷作为研究主题。同时，与进货检查、工序检查、最终检查等质量管理部门的检查计划和生产计划形成联动，来讨论如何平衡工厂整体的负荷，并探讨建立一个稳定的生产体制。从稳定生产的角度出发，除了从供应链的视角考虑，还研究了从工程链和制造链的视角出发的方法，如生产线通用化、视生产状况及时下达工作指令等。

第3个方向是，建立超越工厂范围、促进市场供需平衡的高精度的需求预测机制。在需求链方面，探讨如何提高需求预测的精度，同时在供应链方面研究如何优化计划流程和时机。此外，在制造链方面也讨论了如何缩短交期，以及如何尽可能拉近生产与出货的时间间隔，从而让整个公司共同应对变化。

JMAC针对几个重点改革主题进行了以上内容的探讨，并逐步制定了最终的智能工厂概念。如此一来，通过利用印象单元进行探讨，可以高效地制定概念，同时将目光扩展到制造的周边链条，能够更清晰地构想出应当解决的课题。

3. 讨论对系统和工具的要求

（1）改革内容的具体体现

探讨完智能工厂概念之后，接下来是讨论用什么样的数字化工具来具体落实该概念。下面，笔者会针对"提高附加值比率的机制"中的课题，即新员工与资深员工之间的技能差距，进行案例解说。

I公司为了应对产能不足，计划在新工厂增加制造人员，让新员工快速具备战斗力已经是一项亟待解决的课题。按照以往情况，培训一名新员工大概需要4个月，但如果新工厂招聘的员工比较多，就没有足够的时间和精力来逐一把他们培养成独当一面的熟练工人。因此，I公司考虑将培训期和培训时间减半,即缩短至 2 个月。关于如何让新员工快速具备战斗力,JMAC 已按"招聘后(岗位分配前)""培训中(工作执行前)""培训结束后(工作执行中)"这 3 个阶段来规划各种使用工具(见图 7-5)。

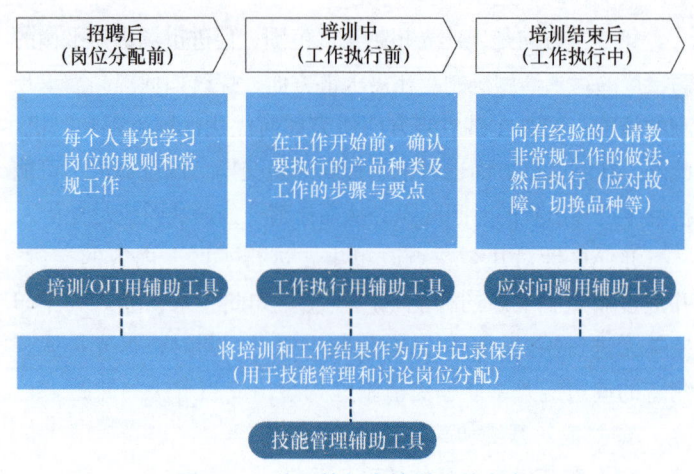

```
┌─────────────┐  ┌─────────────┐  ┌─────────────┐
│   招聘后    │  │   培训中    │  │  培训结束后  │
│(岗位分配前)│  │(工作执行前)│  │(工作执行中)│
└─────────────┘  └─────────────┘  └─────────────┘

每个人事先学习    在工作开始前,确认   向有经验的人请教
岗位的规则和常    要执行的产品种类及   非常规工作的做法,
规工作           工作的步骤与要点     然后执行(应对故
                                    障、切换品种等)

培训/OJT用辅助工具  工作执行用辅助工具   应对问题用辅助工具

          将培训和工作结果作为历史记录保存
          (用于技能管理和讨论岗位分配)

                 技能管理辅助工具
```

图 7-5 I 公司的新人培训改革方案

每位被录用的员工在被分配岗位之前,都事先对照着操作指南和手册,学习岗位规则和常规工作。首先着眼于这一点,探讨是否能够减少培训的工作量。

然后,关注"培训中"的培训情况。在 I 公司,员工对于即将进行的工作或即将接受的培训,很难从众多的操作指南和手册中找到对应的内容,也不能在生产现场立即进行确认。因此,JMAC 希望引进一种工具,可以让员工在工作执行前轻松进行确认。

此外，还讨论了培训结束后的辅助工作。通过访谈发现，许多员工被单独安排到现场后曾感到不安。对于较少发生的非常规工作或应对突发情况，现场的员工希望得到帮助。另外，笔者与现场的管理人员交谈时，也了解到他们需要花费大量的时间和精力来管理每个人的技能，并跟踪员工培训实施情况、熟练程度、工作经历的历史记录。这对于管理人员来说是一个重要的问题，因为他们需要掌握哪位员工拥有何种程度的技能，并进行日常工作安排。

（2）数字化工具的具体体现

为了解决上述问题，JMAC 考虑了应用数字化工具（见图 7-6）。为了让大家更清晰地了解需要引入的数字化工具，笔者整理了以下 3 个方面的内容。

1）输入：需要输入哪些信息？
2）过程：对输入的信息进行哪些处理？
3）输出：应该输出哪些信息？

按照以上 3 个方面的内容，笔者将针对数字化工具的要求整理为 RFI（信息邀请书），如图 7-6 所示。

I 公司广泛征集了各个系统集成商（SIer）的工具信息，获取了最新的技术动向。最终，I 公司确定了重点改革主题和数字化工具框架（见图 7-7）。

7.1.2　第 2 阶段　基础设计

第 2 阶段的主要议题如下。

1）设计理想的业务流程，以实现概念。
2）细化数字化工具，以实现理想的业务流程。

智能工厂构建手册

	培训/OJT用辅助工具	工作执行用辅助工具	应对问题用辅助工具	技能管理用辅助工具
输入	 通过视频事先学习工作内容	 显示工作步骤和要点	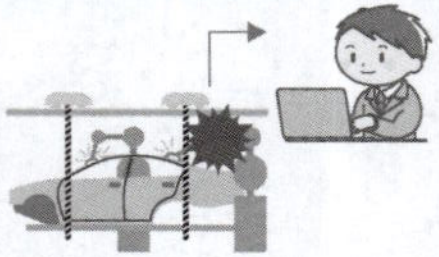 远程发出操作指令	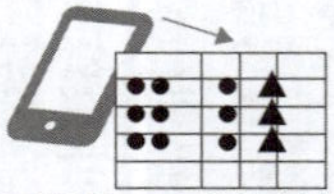 保存培训、工作执行的历史记录
过程	• 制造的品种 • 负责的工序 • 负责的工作 • 检索培训手册中相应的内容（如需多语言翻译，则进行翻译）	• 制造的品种 • 负责的工序 • 负责的工作 • 检索操作指南等文件中相应的内容（如需多语言翻译，则进行翻译）	• 问题发生现场的视频（现场操作人员视角） • 与现场操作人员远程共享视频（如需多语言翻译，则进行翻译）	• 左侧3种工具的使用历史记录 • 保存历史记录
输出	• 显示培训手册的内容（通过视频进行学习）	• 显示即将要执行的工作的步骤和要点	• 讨论处理方法	• 显示每个人的培训、工作执行的历史记录

图 7-6 I 公司数字化工具适用事例

218

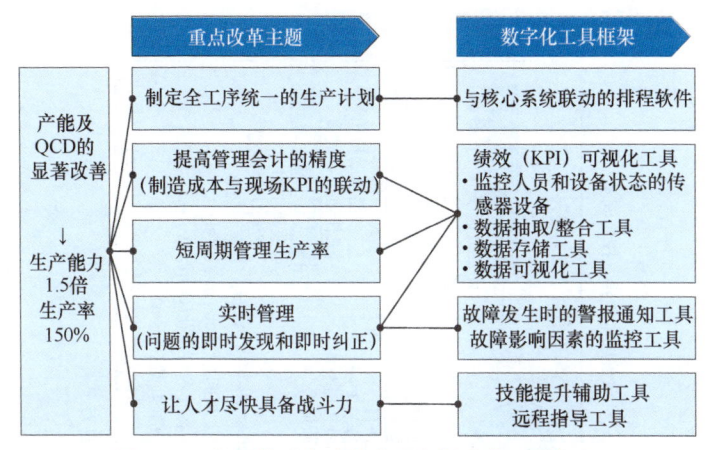

```
┌──────────┐  ┌─────────────────────┐    ┌─────────────────────┐
│          │  │   重点改革主题       │    │   数字化工具框架     │
│          │  └─────────────────────┘    └─────────────────────┘
│ 产能及   │  ┌─────────────────────┐    ┌─────────────────────┐
│ QCD的    │  │ 制定全工序统一的生产计划├────┤ 与核心系统联动的排程软件│
│ 显著改善 │  └─────────────────────┘    └─────────────────────┘
│          │  ┌─────────────────────┐    ┌─────────────────────┐
│    ↓     │  │ 提高管理会计的精度   │    │ 绩效（KPI）可视化工具│
│          │  │(制造成本与现场KPI的联动)│    │·监控人员和设备状态的传│
│ 生产能力 │  └─────────────────────┘    │ 感器设备            │
│  1.5倍   │  ┌─────────────────────┐    │·数据抽取/整合工具    │
│ 生产率   │  │ 短周期管理生产率     │    │·数据存储工具        │
│  150%    │  └─────────────────────┘    │·数据可视化工具      │
│          │  ┌─────────────────────┐    └─────────────────────┘
│          │  │   实时管理          │    ┌─────────────────────┐
│          │  │(问题的即时发现和即时纠正)├───┤故障发生时的警报通知工具│
│          │  └─────────────────────┘    │故障影响因素的监控工具│
│          │  ┌─────────────────────┐    └─────────────────────┘
│          │  │ 让人才尽快具备战斗力 ├────┤ 技能提升辅助工具     │
│          │  └─────────────────────┘    │ 远程指导工具        │
└──────────┘                              └─────────────────────┘
```

图 7-7 I 公司的重点改革主题和数字化工具框架

3）制作需求建议书，以选择辅助数字化工具引入的系统集成商。

1. 成本管理方式的变革

接下来，笔者将以图 7-7 中提到的一个重点改革主题——"提高管理会计的精度"为例进行说明。

在制造企业中，持续改善成本和提高盈利能力是一项重要任务。I 公司也在努力通过提高管理会计的精度，建立一个更加主动的成本改善机制，其目的是让更多的一线员工了解日常生产活动的质量对成本的影响，从而提高其改善工作的积极性。

具体来说，I 公司追求的成本管理方式是通过比较标准成本和实际成本，将成本差异可视化，以及将成本差异与制造现场的 KPI 形成联动，以实现成本控制（见图 7-8）。

智能工厂构建手册

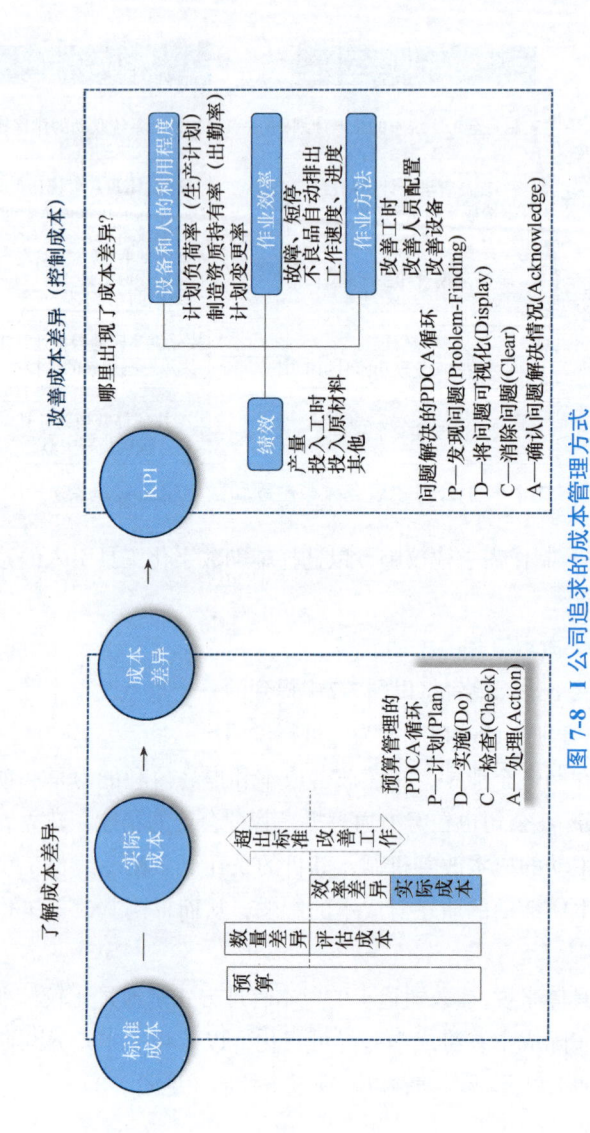

了解成本差异

标准成本 → 实际成本 → 成本差异 → KPI

预算 | 数量差异 | 评估成本
效率差异 | 实际成本
超出标准 改善工作

预算管理的 PDCA 循环
P—计划(Plan)
D—实施(Do)
C—检查(Check)
A—处理(Action)

改善成本差异（控制成本）

哪里出现了成本差异？

作业效率
- 设备和人的利用程度（生产计划）
- 计划负荷率（出勤率）
- 制造资质持有率
- 计划变更率

故障、短停
不良品自动排出
工作速度、进度

作业方法
改善工时
改善人员配置
改善设备

绩效
产量
投入工时
投入原材料
其他

问题解决的PDCA循环
P—发现问题(Problem-Finding)
D—将问题可视化(Display)
C—消除问题(Clear)
A—确认问题解决情况(Acknowledge)

图7-8 I 公司追求的成本管理方式

2. 成本管理现状（As-Is）

I公司每月都会召开成本报告会议，并将实际成本与基于标准成本的月度预算进行比较。这种方式虽然可以掌握成本差异的总额，但无法深入分析成本恶化或改善的原因，因此无法制定战略并向制造现场下达改善指令。

另外，制造现场设定了设备稼动率和不良率等KPI，并以制造批次为单位进行数据汇总。但由于KPI与成本之间的联系不明确，因此无法将制造现场的改善成果有效地向管理层展示。日常的生产绩效和制造成本之间缺乏联系，导致管理层与制造现场之间沟通不畅。

因此，I公司设定了"按产品和批次管理实际成本"的目标，决定从工时投入、设备运行时间、能源消耗、原材料投入等成本驱动因素中挑出工厂能够管理的项目，并针对这些项目建立一个能够收集各产品直接费用实绩的系统。

3. 理想的成本管理（To-Be）

I公司需要设计变革后的业务流程，以了解按产品和批次管理实际成本将给工作方式带来的变化。为了确保第1阶段所绘制的规划构想不会停留在理论层面，必须将其落到实处，进行具体的业务设计。

为此，具体明确了以下3点。

（1）管理什么？（重新定义KPI体系）

I公司关注到了制造成本与现场KPI之间缺乏联系的问题。他们针对制造现场每天发生的损失将给哪些成本项目带来何种程度的影响进行了分析，并重新整理了需要管理的KPI项目。图7-9所示为I公司以成本差异为起点而展开的KPI体系的示例。

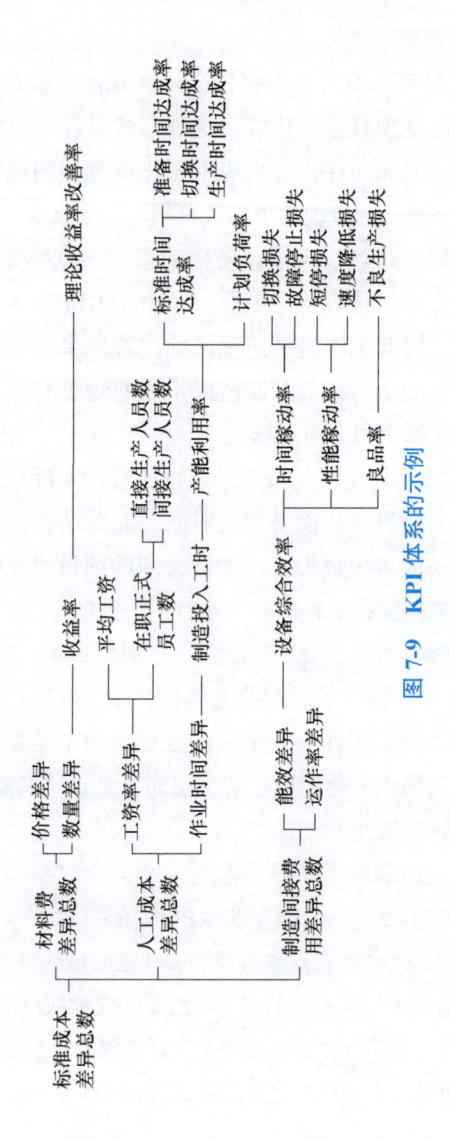

图 7-9 KPI 体系的示例

（2）谁来管理？（各KPI的责任分工和重新设定每个职位的职责）

在确定了应管理的KPI后，接下来I公司应考虑由谁负责管理这些KPI，讨论时要重点关注6.3.4小节所述的"人的角色和工作方式的改革"。这不仅针对现有组织的合适人选，还需要深入讨论每个组织应发挥什么作用，为此各个职位需要承担什么责任，以及如何通过这些做法来改革工厂的管理方式。I公司在盘点各职位的当前职责和工作内容的同时，预估其在质量和数量方面将发生的变化，并重新制定了职责分工。

图7-10所示为工作变革概要，该图从职责分工中摘录了各职位的部分职责。它减少了日常生产活动中的常规工作的比例，增加了改善工作和KPI管理等思考性工作的比例。此外，我们还考虑了将战略制定的权限下放给下级职位，使工厂的厂长能够从更长远的角度制定制造战略。

（3）何时、在何处进行管理？（重新设定成本管理会议的类型和召开频率）

在确定了KPI及其管理负责人后，接下来I公司应考虑管理平台的设计，需要确定每个会议的目的、参与成员、召开频率、应管理的KPI、需要讨论和决策的内容等。

I公司将每天的早会、每周的成本讨论会议、每月的工厂战略会议设为工厂运营的基础，并决定根据图7-9展示的KPI体系实施管理。

职责	生产操作	改善工作	职场管理 KPI管理	战略制定
工厂厂长			设定工厂目标和管理KPI	根据经营战略制定制造战略
经理		设定部门改善目标统一管理整体活动	设定部门目标和管理KPI	
部门主管	劳务管理工作分配进度管理	批准日常改善的建议并统一管理 制订跨车间的改善计划	设定本工序目标和管理KPI	
操作工人	按照操作指南执行生产、保养和维护	针对日常改善工作提出建议和实施		
工作比例	减少	增加	增加	增加

职位

- 把工作重心转移到面向未来的制造战略规划
- 把工作重心转移到目标设定和改善计划
- 从常规工作转向以改善为重点的工作

⇧ 把各自的工作重心从常规工作转移到改善工作
⇩ 把各自的职责委托给下一级

图 7-10　工作变革概要

4. 具体落实数字化工具以实现理想的业务流程

当理想的业务流程设计完成后,下一步就是讨论具体展现业务流程的数字化工具。I 公司已决定按产品和批次管理实际成本,但人工进行这些管理存在局限性。尽管 ERP 和 MES 等系统已收集了部分数据,但仍有许多源自手写的日报表和 Excel 手动输入的数据。要整合这些数据,并按照产品和批次计算出图 7-9 所示的 KPI,需要花费大量的时间和精力。为了解决这个问题,应考虑使用数字化工具。

(1) 整理现有数据的位置和数据获取方法

在讨论数字化工具时,首先要明确一下关于现有数据的一些问题。

笔者分解了 KPI 计算公式,并整理了以下思考内容。

1) 是否有计算 KPI 所需的数据?

2) 如果有计算 KPI 所需的数据,那么数据位于何处?(核心系统、部门文件夹、个人管理等)

3) 数据以何种形式存储?(日志数据、Excel、手写等)

4) 多久收集一次数据?(实时、批次结束时、当天工作结束时等)

接下来是研究如何获取目前不存在的数据(需要重新获取的数据)。在图 7-9 所示的 KPI 体系中,I 公司尚未获取人员准备时间、切换时间、生产时间的数据。于是,笔者考虑了各种方式,包括使用摄像机和信标传感器等,最终计划利用一种数字化工具,通过智能手机记录工作的开始和完成情况。

（2）整理数据汇总方法和可视化方法

为了按产品和批次掌握 KPI 情况，除了使用上述的测量员工作业时间的数字化工具，I 公司还计划使用以下数字化工具。

1）抽取 - 转换 - 装载（Extract-Transform-Load，ETL）：从每个系统中提取、加工和导出所需数据。

2）数据仓库（Data Ware House，DWH）：保存从 ETL 中导出数据。

3）商业智能（Business Intelligence，BI）：使用存储在 DWH 中的数据，并通过仪表盘等实现可视化。

接下来，整理这些数字化工具应具备的功能。

对于 ETL，则整理要提取的数据类型及其位置，要转换的表格数据的格式，并确定存储到 DWH 的时机。对于 BI 工具，则整理每个会议中想要看到的仪表盘图像，以及对制造成本和现场 KPI 进行深入分析的仪表盘图像。通过整理这些内容，提取出数字化工具应满足的要求。

5. 为选择系统集成商制作 RFP

第 2 阶段的输出成果是完成 RFP 的制作，这是为选择工具实施合作伙伴，即系统集成商而准备的。I 公司决定通过竞标方式从多家候选企业中选择合作伙伴，对合作伙伴的能力要求如下（见图 7-11）。

1）能够理解上游概念，掌握各种工具的优缺点，并适当地进行选择和协调。

2）能够统一管理供应商，并在实施过程中发挥项目管理办公室（Project Management Office，PMO）的作用。

3）面对环境的变化，能够灵活应对客户的需求（具有先进性，并且对工具保持中立）

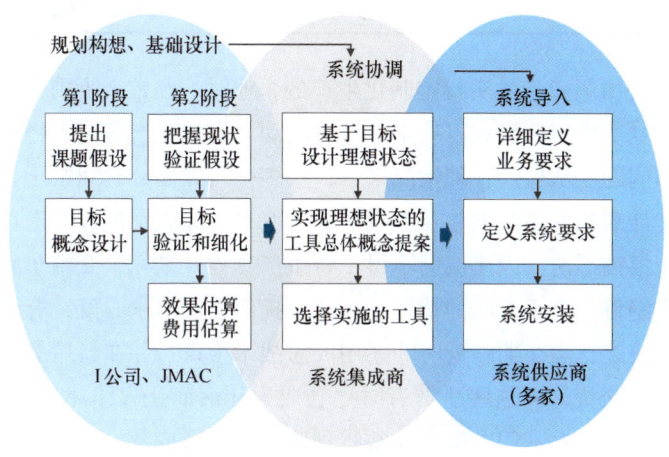

图 7-11 对系统集成商的能力要求

为了评估上述内容，I 公司需要制作 RFP，接收候选公司的提案并判断其实力。此外，还需要让候选公司理解当前业务和目标业务的推进方法，使其对变革后的状态产生共鸣。

RFP 中要总结如何改变当前的业务流程，以及为了实现变革，数字化工具需要满足哪些要求，这些正是第 2 阶段所讨论的内容。

I 公司经过严格的评估后，从参与竞标的 3 家候选公司中选定了 1 家大型系统集成商。虽然 JMAC 参与该项目的工作到此结束，但 I 公司目前已经在建设新工厂，正与合作公司密切协商，已经进入了数字化工具的设计和开发阶段。

7.2 案例2 旨在解决定制化生产所面临的长期问题——工业机械制造商 J 公司

当笔者走访实行定制化生产的企业时，经常会听到交期反复变更、规格难以确定、订单波动大导致生产负荷不稳定等问题。从生产管理情况来看，很多公司大部分时间忙于日常计划的变更和调整，频繁的计划变更会导致交期和生产负荷模糊不清，因此他们不得不将生产日程计划完全交给车间来制订。至于车间的情况，有时会提前生产以求心安，有时则反之，当交期临近时才采用人海战术生产，并在最后关头完成交货，而这些事情有时还会成为佳话而让人津津乐道。在设计开发部门，笔者经常听到诸如难以形成统一标准、难以收集实际数据、不了解成本等问题。

以上这些问题导致一些企业面临各种烦恼，如延迟向客户交货；接单时估计会盈利，但结算时却发现亏损。这些并非是新问题，而是实行定制化生产的制造企业多年来一直面临的问题（见图7-12）。

1. 前置期延长的恶性循环

J 公司面临的问题是，其前置期比客户要求的时间要长。为了满足客户需求，销售部门必须在订单未确认的情况下提前将订单纳入生产范围。这样一来，订单确定后交期自然会发生变化。

另外，制造部门只能根据销售部门提前纳入生产范围的信息制订日程计划，而每当交期发生变化时都不得不修改生产计划。结果导致已经开始生产的产品滞留在各道工序之间，或者为了应对变更风险而产生不必要的加班和提前生产。有时还会紧急委托外部公司，产生额外的外包成本，生产率显著下降。在这种情况下，很难制订生产现场的负荷计划，而且不得不优先考虑当下的生产率而不是前置期。

多次变更交期	推迟确定规格时间	订单不稳定
忙于日常计划变更和工作调整	不了解负荷，无法预测交期	全权交给车间制订日程计划
提前生产=放心生产	临近交期才提高生产率	竭尽全力生产，最后采用人海战术
一直无法形成统一的设计标准	无法推进实际数据的收集	不了解成本

- 多次延迟交货
- 接单时估计会盈利，但结算时却发现亏损

图 7-12　定制化生产的常见问题

设计部门也由于迟迟不能确定规格，导致制造时间受到影响。因此，制造部门开始制订宽裕的日程表，其他部门也设定了留有余地的周期。由于销售和制造双方都设定了宽松的周期，导致整体的前置期变长。

因此，J公司面临的结构性问题以前置期延长的形式表现出来（见图7-13）。

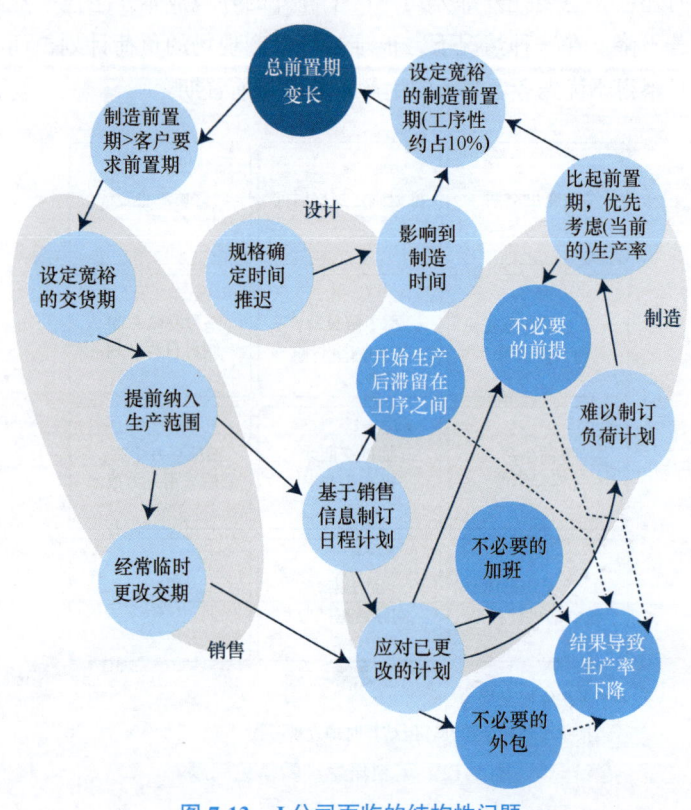

图7-13 J公司面临的结构性问题

2. 计算前置期的减少余地

因此，为了了解J公司总前置期中的产品实际生产时间，笔者调查了J公司某部件的前置期结构（见图7-14）。结果显示，实际加工天数（净加工天数）为9天，仅占总加工时间（实际为163天）的5.5%。

标准前置期 150天			
实际前置期 163天			
外包 54天	着手准备 100天		9天

净加工天数

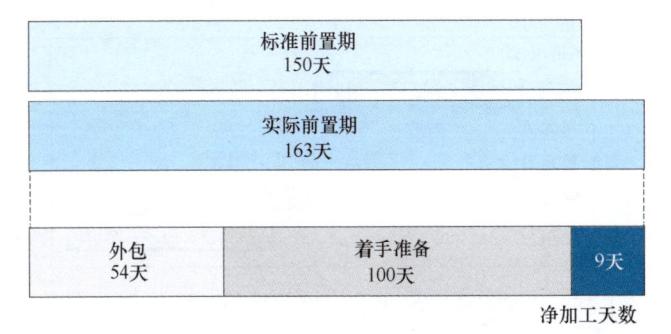

图7-14　J公司某部件的前置期结构

缩短前置期的常规做法是根据后工序（对于J公司来说是组装工序）生产所需天数倒推计划，并与后工序同步。如果J公司用这种常规方法结合设备负荷等因素来制订计划，那么实际需要多少天可以交货呢？可以将前置期缩短多少呢？对此，笔者进行了模拟计算。结果显示，实际上前置期可以缩短75%（见图7-15）。

笔者也对这一结果感到非常惊讶。虽然与项目成员进行了多次讨论和模拟，但结果没有改变。换言之，这证明了根据生产计划的安排，前置期可以缩短75%，笔者决定以这个数字为目标来开展改善工作。

那么，前置期为什么会有如此大幅度的缩短呢？当然，J公司的每个人都认识到缩短LT的重要性。但是在现场，提前开始生产、在制品在工序之间滞留等情况一再发生。为什么这些情况会反复发生？为什么这些情况无法避免？J公司已经认识到这是一个重大的课题。

```
制造编号002
  制造编号001
    下级     | 铸造 | 加工 | 组装 |
    单元A         | 铸造 | 加工 | 组装 |
    单元B              | 铸造 | 加工 | 组装 |
    单元C                   | 铸造 | 加工 | 组装 |
    单元D                        | 铸造 | 加工 | 组装 |
```

前置期缩短率（加权平均值）	▲75%

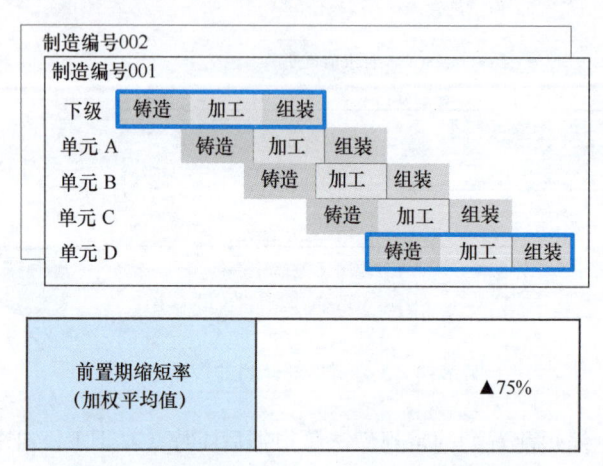

图7-15 以组装工序为中心的同步生产计划构想

笔者想将这种机制比作个人外出或出差时的情况。很多人为了以防万一都会提前出门，但应该也会出现这样的情况：在前往目的地的途中突然接到通知，会面时间提前30min，不得不改乘更快的交通工具；或者会面时间推迟，于是不得不去附近的咖啡馆消磨时间（见图7-16）。类似的情况也可能会发生在生产现场。

（1）要点1　消除未来的不确定性

当关注生产现场时可以看到，实际上人们正在订单波动、规格未定、交期未决等未来的各种不确定因素中，忙于应对计划的变动。这种未来的不确定性，即不确定因素可以在多大程度上得以消除，是一个关键点。笔者通过模拟计算得出的结果，是结合过去的实绩等信息而得出的"理想解"。如果前提条件是排除未来所有的不确定因素，保证未来的情况绝对不会有所改变，那么前置期就有可能缩短75%。然而现实并非如此，由于计划每天都在变化，人们不得不考虑规避风险，不得不采取保险的行动。因此，这些不确定因素的可控程度在缩短前置期方面尤为重要。

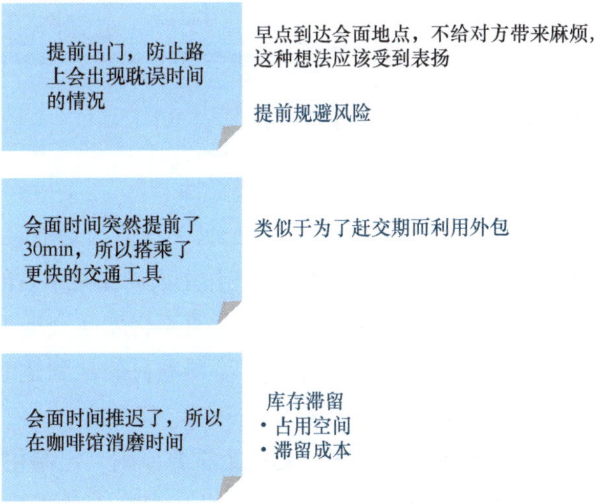

提前出门，防止路上会出现耽误时间的情况	早点到达会面地点，不给对方带来麻烦，这种想法应该受到表扬 提前规避风险
会面时间突然提前了30min，所以搭乘了更快的交通工具	类似于为了赶交期而利用外包
会面时间推迟了，所以在咖啡馆消磨时间	库存滞留 ・占用空间 ・滞留成本

图 7-16 生产活动与个人外出或出差的行动同理

J公司考虑了在交货前3个月确定生产计划（生产计划锁定，见图7-17）。在锁定后的3个月内不更改生产计划，以消除不确定因素。虽然确定生产计划的概念并不新鲜，但若要将其付诸实践，销售和生产双方都必须相互理解与协调，并制定规则。在生产计划确定后的操作中，必须始终禁止提前生产。

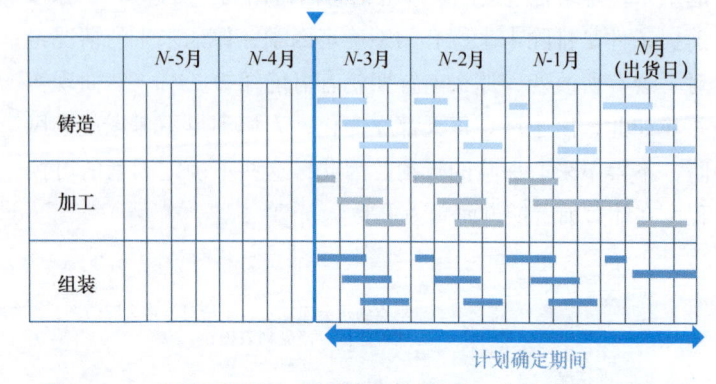

图7-17　J公司理想的生产计划流程（提前3个月确定生产计划）

（2）要点2　消除标准时间的模糊性

预计J公司能大幅缩短前置期的另一个原因是消除了标准时间的模糊性。如果把生产活动比作个人前往某个目的地，大多数人都认为与汽车相比，轨道交通不会发生交通拥堵，且发车和到达时间准确，因此更容易预测目的地到达时间。制造现场同样如此。

遵守标准时间是制造现场的一个重要原则，定制化生产企业也不例外。然而，定制化生产企业中存在着忽视标准时间的倾向。一方面，由于提前进行生产，所以从生产开始到完成的标准时间管理变得模糊不清；另一方面，又因为标准时间模糊不清导致需要提前生产，因此陷入了负面循环。

因此可以说，"如何消除不确定因素"和"如何避免和消除标准时间的模糊性"，是缩短前置期的关键点。

如果将其应用于TAKUETSU PLANT的框架（见图7-18），

那么运营层面的重点课题就是"根据确定概念从交期开始制订逆向计划"和"通过高精度的标准时间来构建生产计划系统"。若将其比作轨道交通,则是"制作和确定时刻表"。在物理层面,需要"设定不发生拥堵的工序流程",即编排工序,将标准时间相近的产品分为一组并进行流程化生产,以及"编排组织以实现简单的计划与管控"(若比作轨道交通,则是"制作简单的路线图")。在管理层面,需要建立一个生产管控机制,能够对应现场的变动(若比作轨道交通或汽车,则是"规划绕行路线以防不测")。

图 7-18 J 公司追求的 TAKUETSU PLANT 的框架

(3)要点 3 利用数字技术,发挥生产管理的作用

就 J 公司而言,最大的课题是如何发挥生产管理部门的作

用。必须要制订出前置期最短的生产计划，并根据该计划确切地下达开始和结束工作的指令，以避免标准时间模糊不清。

话虽如此，让生产管理部门直接承担起生产开始和结束的管控工作并不容易，因为这些工作一直以来都由车间负责。在工厂，每月流转成百上千种产品，每种产品的加工时间和加工路径都不一样，为指挥每种产品的生产开始和结束而进行的人工操作是有限的，必须要借助数字技术的力量。因此，J公司打算利用ERP和调度程序来制订计划，以统一生产工序，以及发出工作指令。同时，笔者和J公司也讨论了利用MES来管理（监控）员工是否按照指令进行工作。

在这个生产管理系统中，J公司面临的挑战是如何为每种不同规格的产品设定标准时间。因此，J公司正在着手开发一个搜索引擎，它可以从过去的类似产品中推断出标准时间。另外，他们计划将过去的生产实绩存储为标准时间表，并考虑设计一种机制，可以根据即将生产的产品规格和图纸参考过去类似产品的实绩时间。将规格书中记录的规格信息展开到E-BOM、M-BOM和BOP中，并且对照标准时间数据库，确定哪个工序需要多长时间来完成哪个产品，然后制订负荷计划和日程计划。这是一个将PLM、ERP、调度程序、MES进行整合的挑战，关键是如何采取尽可能少的手动干预就能更新和维护计划准备信息（如基本数据、标准时间等）。如果能建立一个有效地反馈过去的生产实绩，并生成计划准备信息的机制，这将会是一个非常有效的工具。即便不是百分之百准确，只要能够生成"不太偏离目标"的信息，也能起到非常好的作用。

另一个挑战是，如何根据当前进度灵活地进行生产管控。不管计划多么精确，由于车间可能会出现问题或人员空缺等变动，因此应致力于根据当前情况预测未来事态的发展，并尽早实施补救措施。这样做的目的是，在掌握计划进度的同时，讨论出最佳解决办法，如通过人员调配来应对、改变生产顺序、调整工艺流程或更改内部/外部生产方式。这些仅凭人力来讨论也是有限的，笔者正在考虑引进离散事件模拟器来解决这些问题。

J公司将上述的生产管理机制命名为动态生产控制，并已开始着手实现这一目标（见图7-19）。

（4）要点4　利用印象单元构思的定制化生产的智能工厂蓝图

基于J公司的案例，笔者研究了定制化生产的智能工厂蓝图，认为需要建立如图7-20所示的8个机制。

在生产管理（供应链）方面，重要的是如何利用数字化工具建立以下机制：针对经常变更的规格书，建立"可根据需求规格的变化，灵活更改产品规格和生产工序的机制"；针对定制化生产，建立"正确估算每次不同制造工序的负荷和日程计划的机制"；针对不可避免的日程变更，建立"能够评估日程更改请求的影响程度并制订最佳计划的机制"。

在设计（工程链）方面，重要的是建立"将定制化订单落实到产品规格的机制"和"为每次不同产品规格设定工序的机制"。另外，在此之前，还需要有DFM等"易于制造的设计技术和机制"，以及面向设计的制造（Manufacturing for Design，MFD）等"提高设计自由度的创新生产技术"。

智能工厂建设手册

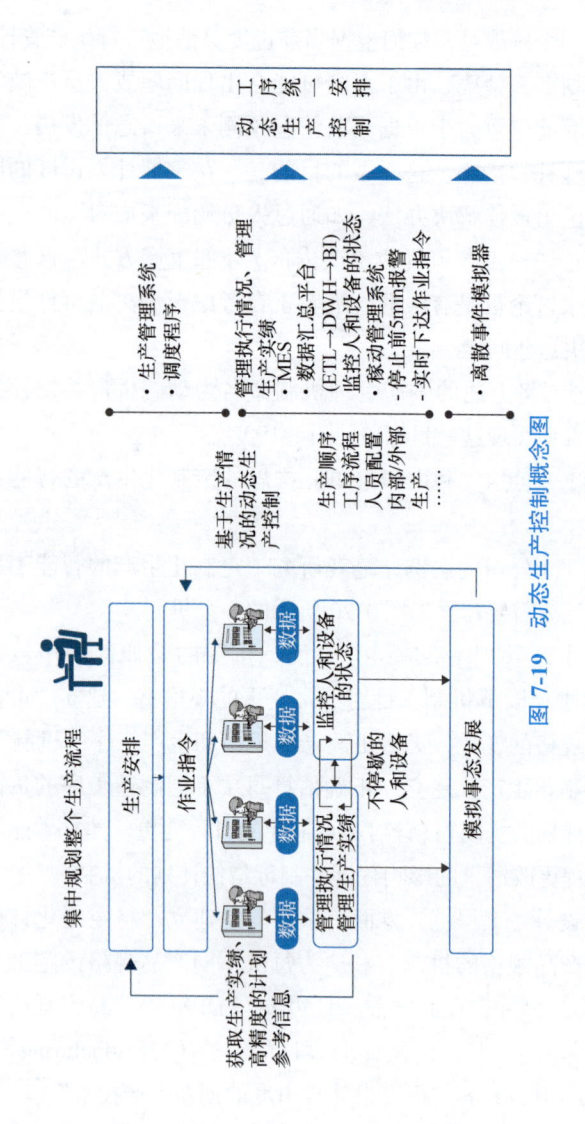

图 7-19 动态生产控制概念图

集中规划整个生产流程

- 生产安排
- 作业指令
- 监控人和设备的状态
- 管理执行情况、管理生产实绩
- 不停歇的人和设备
- 模拟事态发展

获取生产实绩、高精度的计划参考信息

基于生产情况的动态生产控制

- 生产顺序
- 工序流程
- 人员配置
- 内部/外部生产
- ……

- 生产管理系统
- 调度程序

- 管理执行情况、管理生产实绩
- MES
- 数据汇总平台（ETL→DWH→BI）
- 监控人和设备的状态
- 移动管理系统
- 停止前5min报警
- 实时下达作业指令

- 离散事件模拟器

工序统一安排

动态生产控制

238

```
接单 → 设计 → 生产准备 → 生产管理

规格书 → 将定制化订单落实到产品规格的机制
E-BOM
M-BOM → 为每次不同产品规格设定工序的机制
工序BOP
标准时间 → 可根据需求规格的变化，灵活更改产品规格和生产工序的机制
负荷计划 → 正确估算每次不同制造工序的负荷和日程计划的机制
日程计划、指令 → 能够评估日程更改请求的影响程度并制订最佳计划的机制

易于制造的设计技术和机制（DFM）
提高设计自由度的创新生产技术（MFD）

与实绩联动的成本管理机制（按项目和产品划分）
```

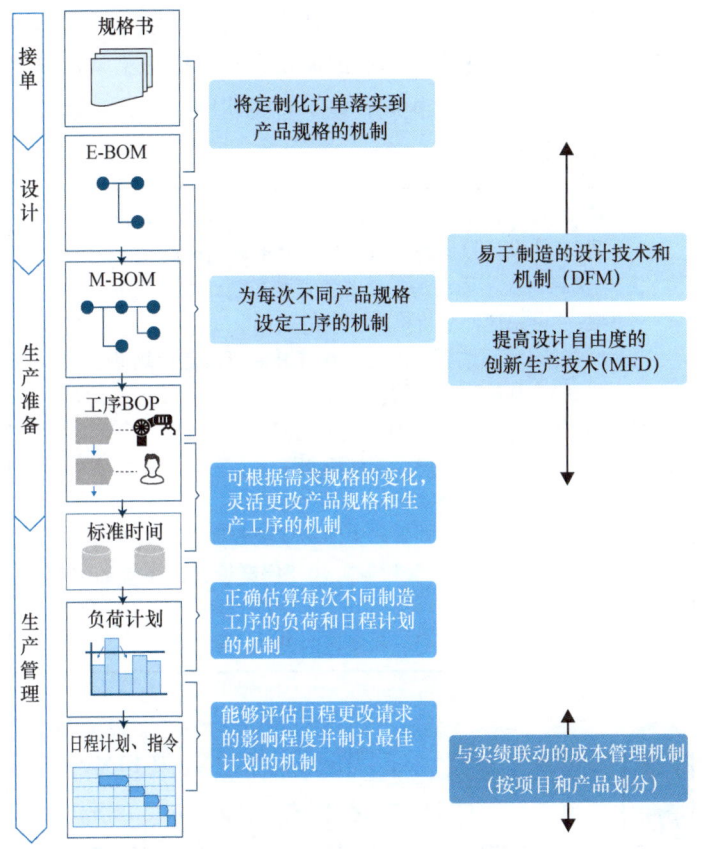

图 7-20　动态生产控制的 8 个机制

随着这些机制的完善，成本的计算方式也会发生变化，笔者也将考虑建立针对不同项目或产品的"与实绩联动的成本管理机制"。这样就可以将标准和实绩进行对比，并根据结果进行 PDCA 循环，从而获得更高精度的信息。

此外，尽管这8个机制的表达方式有所不同，但它们是针对J公司等定制化生产企业的需要，并根据印象单元推导而来。它们的基本理念相同，以下将说明印象单元与这8个机制之间的关系，仅供参考。

> "可根据需求规格的变化，灵活更改产品规格和生产工序的机制"
> →原型："从设计数据到制造实现无缝推进的机制"
> "正确估算每次不同制造工序的负荷和日程计划的机制"
> →原型："可快速回复价格和交期的机制"
> "能够评估日程更改请求的影响程度并制订最佳计划的机制"
> →原型："控制负荷变动的机制"
> "将定制化订单落实到产品规格的机制"
> →原型："全面听取客户需求的机制"
> "为每次不同产品规格设定工序的机制"
> →原型："从客户订单到生产工序实现无缝推进的机制"
> "易于制造的设计技术和机制"和"提高设计自由度的创新生产技术"
> →原型："考虑到易于制造和搬运的设计机制"

7.3 案例3 致力于同时实现SX和DX——印刷厂K公司

与"数字化转型（DX）"一同成为商业领域的趋势关键词的是"可持续性转型（SX）"。此处"S"表示可持续性（Sustainability），"X"表示变革（Transformation）。

SX是日本经济产业省"为实现企业价值可持续创造的实质性研讨会"于2020年8月发布的《中期总结》中提到的概

念，作为企业的战略指南，其含义是，在不确定性因素增加的环境下，企业重视可持续性，努力兼顾盈利能力及环境、社会和公司治理（Enrironmental、Social and Governance，ESG），并改变经营方式和与投资者的对话方式。

印刷厂K公司除了传统的DX项目外，还启动了新的SX项目。

在介绍K公司案例之前，我们先来分析一下DX和SX的现状。

1. DX与成本效益之间的阻碍

根据第2章介绍的"制造业数字化转型实况调查"显示，2017—2018年，数字化转型速度迅速加快。这种加速趋势在2019年仍然持续，但与预期相反的是，到了2020年，该进程转入放缓趋势（见图7-21）。

图 7-21　2020年度"制造业数字化转型实况调查"概要

注：资料来源为JMAC第5次"制造业数字化转型实况调查"。

该调查也向调查者询问了 DX 推进方面的瓶颈因素，其中最多的回答是"投资预算不足"。在 2020 年之前，"投资预算不足"在瓶颈因素投票中排名较低，但到了 2020 年，它却位居第一（见图 7-22）。

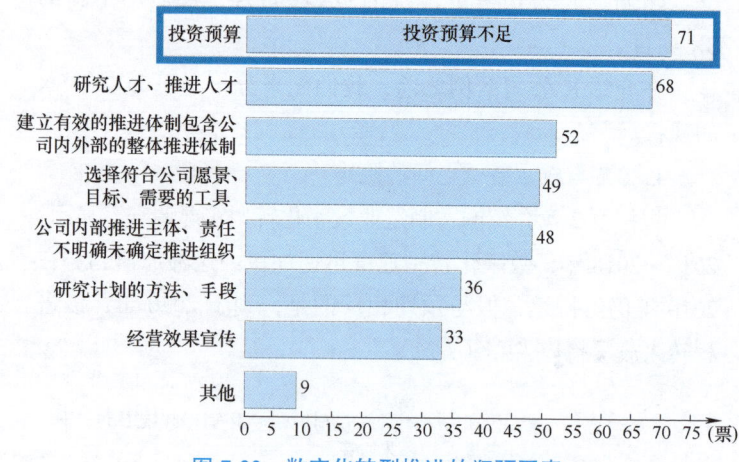

项目	票数
投资预算不足	**71**
研究人才、推进人才	68
建立有效的推进体制包含公司内外部的整体推进体制	52
选择符合公司愿景、目标、需要的工具	49
公司内部推进主体、责任不明确未确定推进组织	48
研究计划的方法、手段	36
经营效果宣传	33
其他	9

图 7-22 数字化转型推进的瓶颈因素

注：资料来源为 JMAC 第 5 次"制造业数字化转型实况调查"

究其原因，笔者认为是新冠疫情导致业绩下滑，同时也可能因为管理层质疑 DX 的成本效益。

在制造现场推动 DX 时，如何解释成本效益是一个非常棘手的问题。尽管在经济繁荣时期，企业可能会优先考虑跟随 DX 的潮流，但在像新冠疫情这种前景不明朗的情况下，许多企业由于无法充分解释成本效益，导致 DX 计划失败，或者止步于验证实验（PoC）阶段，这种情况并不少见。因此，当从追求经济价值的角度讨论 DX 时，往往会遇到成本效益的阻碍。

2. 不考虑 SX 的话，经营战略会失败

2020 年 7 月，日本政府在第 42 次未来投资会议上发布了《与新冠共存的时代和后疫情时代的企业战略调整》，该资料中有一项关于是否会调整未来企业战略的调查，其结果显示，71% 的企业已经或计划重新调整企业战略。关于调整的内容，68.7% 的企业表示将转向注重可持续性的经营。也就是说，几乎可以肯定未来将有约 70% 的企业会把可持续发展元素加入经营战略中（见图 7-23）。

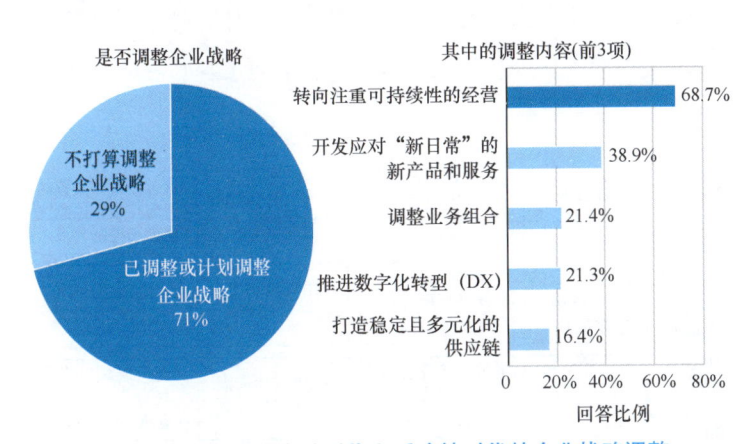

图 7-23　与新冠共存的时代和后疫情时代的企业战略调整
注：资料来源为日本政府第42次未来投资会议基础资料（2020年7月）。

3. SX 也同样遭遇成本效益的阻碍

关于实现 SX 的做法，普华永道日本集团（PwC Japan Group）编写的《SX 的时代》（日经 BP 社出版）一书中有清晰易懂的介绍。如果读者想了解更多详情，建议阅读此书。

此书将可持续性经营的课题分为 4 个环境课题（CO_2 和气候变化、水、资源和废弃物、生物多样性）和 3 个社会课题（身体权利、精神权利、社会权利）进行了描述。

按照这个思路进行思考，作为工厂中的 SX 措施，可以考虑哪些方面呢？

以身边的事物为例，从"环境课题"的角度来看，可以采取替换成节能装置和设备、引入太阳能发电、采购可再生能源转化的电力、零排放、采购环境友好型原材料、可回收和再利用的产品设计等措施。从"社会课题"的角度来看，可以采取用机器人代替重力作业和危险工作，打造一个多国籍员工都能工作的职场，通过多语言手册来弥补技能差异等措施（见图 7-24）。

应对环境课题的措施	替换成节能装置和设备	引进可再生能源发电设备（太阳能、生物量能源）	采购可再生能源转化的电力	通过设备和装置的智能化来监控能源消耗和控制需求
	废弃物和副产品的回收和再利用（零排放）	替换成环境友好型原材料（绿色采购）	利用垃圾和废弃物开发新商品	可回收和再利用的产品设计
应对社会课题的措施	让机器人代替重力作业和危险工作	提供能够覆盖国籍差异的技能教育（多语言、影像）	推进残疾人雇佣和支援计划	支持兼顾工作与育儿、照顾老人
	推进社会贡献活动	支持整个供应链的经济发展	让消费者放心、确保其安全（防篡改、可追溯性系统等）	加强网络安全措施

图 7-24 从可持续性角度出发的措施

这些方面过去一直在企业社会责任（CSR）和社会贡献的框架下进行，但似乎很多都被视为与经济价值难以两全。

尽管太阳能电池板和节能设备的投资成本相当高，但从目前的趋势来看，企业不得不引进这些设备。尽管SDGs在日本已经逐渐普及，但也有许多企业被认为优先考虑了社会价值和环境价值，而牺牲了经济价值。此外，似乎仍然有很多企业经营者认为兼顾经济、社会和环境效益距离自己很遥远，只有在海外或先进企业才会实施。在这种情况下，尽管SX是时代的主流，但如果企业一味追求社会价值和环境价值，最终也会像DX一样遇到成本效益的阻碍。

4. 抓住DX和SX的交叉价值

如果将DX和SX分开，分别单独推进，那么最终都可能会在成本效益方面碰壁而导致计划不能顺利实施（见图7-25）。

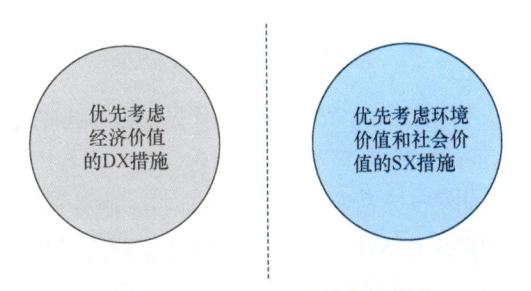

图7-25　DX和SX分别单独推进

因此，笔者关注的是如何找到经济价值、环境价值和社会价值的交点。找出这个交点才是接下来推进DX和SX的关键。

具体而言，加入SX的视角是为了最大限度地提高DX的价值。同时，为了有力推进SX，也将其定位为DX的核心内容。换句话说，抓住DX和SX彼此互补的交叉价值的想法非常重要。

笔者认为，只有兼顾经济价值、社会价值和环境价值，才能真正实现SX，而这个交点应是推进DX的首要主题（见图7-26）。

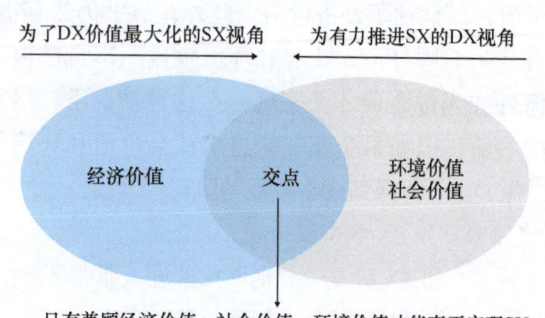

为了DX价值最大化的SX视角 ← → 为有力推进SX的DX视角

经济价值　交点　环境价值 社会价值

只有兼顾经济价值、社会价值、环境价值才能真正实现SX，交点是今后推进DX的首要主题

图 7-26 DX 和 SX 的交叉价值

那么，如何找到这个交点呢？首先可以考虑的是，基于"我们制造业的理想状态"来展开讨论，这一点在本书中已多次提及。正如第4章所阐述的，从供应链、服务链、需求链、工程链、制造链这5个链条出发，讨论我们的制造业应该如何变革。而作为提高这项讨论效率的思考模板，本书也介绍了印象单元。

印象单元中蕴含了促进DX的经营课题。当我们重新审视印象单元时，会意识到除了经济价值的角度，还可以从社会价值和环境价值的角度构想公司的理想制造状态。

当然，有一些印象单元是为了追求经济价值，也有一些印象单元是为了追求社会价值和环境价值。此外，也有许多印象单元可以同时实现这些价值（见图7-27）。

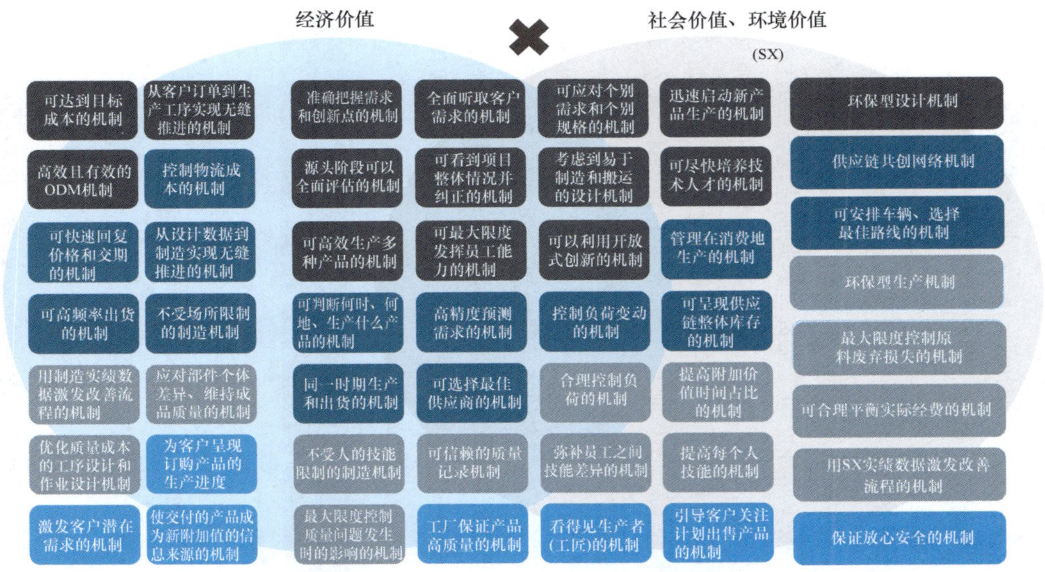
经济价值
社会价值、环境价值
(SX)
可达到目标成本的机制
从客户订单到生产工序实现无缝推进的机制
准确把握需求和创新点的机制
全面听取客户需求的机制
可应对个别需求和个别规格的机制
迅速启动新产品生产的机制
环保型设计机制
高效且有效的ODM机制
控制物流成本的机制
源头阶段可以全面评估的机制
可看到项目整体情况并纠正的机制
考虑到易于制造和搬运的设计机制
可尽快培养技术人才的机制
供应链共创网络机制
可快速回复价格和交期的机制
从设计数据到制造实现无缝推进的机制
可高效生产多种产品的机制
可最大限度发挥员工能力的机制
可以利用开放式创新的机制
管理在消费地生产的机制
可安排车辆、选择最佳路线的机制
可高频率出货的机制
不受场所限制的制造机制
可判断何时、何地、生产什么产品的机制
高精度预测需求的机制
控制负荷变动的机制
可呈现供应链整体库存的机制
环保型生产机制
用制造实绩数据激发改善流程的机制
应对部件个体差异、维持成品质量的机制
同一时期生产和出货的机制
可选择最佳供应商的机制
合理控制负荷的机制
提高附加价值时间占比的机制
最大限度控制原料废弃损失的机制
优化质量成本的工序设计和作业设计机制
为客户呈现订购产品的生产进度
不受人的技能限制的制造机制
可信赖的质量记录机制
弥补员工之间技能差异的机制
提高每个人技能的机制
可合理平衡实际经费的机制
激发客户潜在需求的机制
使交付的产品成为新附加值的信息来源的机制
最大限度控制质量问题发生时的影响的机制
工厂保证产品高质量的机制
看得见生产者(工匠)的机制
引导客户关注计划出售产品的机制
用SX实绩数据激发改善流程的机制
保证放心安全的机制

图 7-27　同时实现经济价值、社会价值、环境价值的印象单元

5. K 公司描绘的 DX 和 SX 的交叉价值

那么，接下来以印刷厂 K 公司的案例为例，K 公司提出了一个新的工厂概念，即利用印象单元发现 SX 与 DX 的交点。下面笔者将介绍几个具体的案例。

在印刷行业中，当务之急是应对产品多样化和小批量生产，按需印刷就是最典型的案例。作为交付对象的出版社也会要求减少库存或即时交货，因此制造现场压力巨大。K 公司仅凭一己之力无法满足客户需求，因此一直与周边小规模企业强化合作关系，这样才能勉强应对。然而，近年来，随着日本老龄化趋势加剧，合作企业相继倒闭，K 公司的负担不断加重，一些员工因不堪重负而开始离开公司。

因此，K 公司把"可应对个别需求和个别规格的机制""可高效生产多种产品的机制""可判断何时、何地、生产什么产品的机制"和"提高附加价值时间占比的机制"这 4 个印象单元组合起来，绘制了理想的制造场景（见图 7-28）。

| 可应对个别需求和个别规格的机制 | 可高效生产多种产品的机制 | 可判断何时、何地、生产什么产品的机制 | 提高附加价值时间占比的机制 |

经济价值
- 平衡供需（减少库存）
- 缩短前置期
- 降低人工成本

和

环境价值、社会价值
- 根据实际需求进行生产，将书本浪费降到最低程度
- 改变员工的工作方式，提高满意度

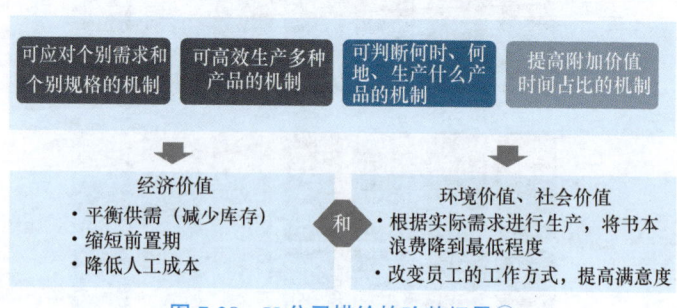

图 7-28　K 公司描绘的改革场景①

从经济价值的角度来看，K 公司的目标是通过缩短前置

期和平衡供需来改善现金流。但是，如果能够根据实际需求进行生产，从 SX 的角度来看，就可以最大限度地减少整个行业普遍关注的书本浪费。此外，如果能减少疲惫状态员工的负担，不仅可以降低人工成本，还有助于改变员工的工作方式，提高其满意度。

此外，K 公司为应对劳动力短缺的问题，也在考虑雇佣外籍员工和兼职人员。因此，K 公司把"可尽快培养技术人才的机制""可最大限度发挥员工能力的机制""弥补员工之间技能差异的机制"和"提高每个人技能的机制"这 4 个印象单元组合起来，将其定位为另一个理想场景（见图 7-29）。

图 7-29 K 公司描绘的改革场景②

除了通过让新员工尽快具备战斗力和缩短培训时间来创造经济价值，K 公司还考虑创造多种就业机会，对外展示自身多样化与包容性的形象。

如果能巧妙运用印象单元，找出兼顾经济价值、社会价值、环境价值的交点，并制定具体的措施，那么无论是投资 DX 还是 SX，都将从更高的层面上被赋予意义，并且有望跨越成本效益的阻碍。

第 8 章

智能工厂构建背后的数字人才

8.1 DX 时代数字人才的意义及重要性

8.1.1 支撑 DX 的技术与第四次工业革命

随着 IoT、大数据、云计算、5G 和 AI 等数字化技术的不断发展，第四次工业革命已经到来。在这个过程中，物联网技术（包括各种传感器设备等）的进步使收集大量信息成为可能。而由于云环境的发展，这些信息可以在任何地点和设备上检索，同时，新一代高速无线网络技术 Wi-Fi6、5G，以及 CPU、GPU 的进步使高速传输和处理成为可能。因此，借助 AI 和模拟技术等高级分析技术对存储的数据进行解析，可以在智能手机、平板电脑等边缘设备上及时且直观地提供数据，从而为生活的各个方面提供便利。例如，自动驾驶、远程医疗及智能工厂就是其中的一部分。第四次工业革命的核心在于"大数据"，显然，在未来的商业场景中，是否能够充分使用数据资产将决定企业的成败。高质量且原创的数据将成为企业的资产，能够充分利用这些资产的企业将获得成功。

8.1.2 数据应用的本质和数字人才的作用

围绕大数据的工作流程可概括为数据的"收集""存储""分析"和"应用"这 4 个步骤。也就是说，为了创建一个能够进行这一系列数据应用的环境，具备以下作用的人才不可或缺。

1）能够选择和安装数据收集传感器，并建立收集必要数据所需机制的人才。

2）能够建立以适当形式存储、管理、运用所收集数据机制的人才。

3）根据存储数据进行各种分析，提取课题并提供各种素材以激发新想法的人才。

4）将收到的解析信息应用于改善措施或业务的人才。

像这样承担围绕电子数据的一系列任务的人才可以称为"数字人才"。

从"新商业模式构想"的角度来看，这个流程是反向的，可以描述为"基于数据应用，考虑向商业应用发展（规划目标）"⇒"为此设计应用数据和应用方法"⇒"研究和实施基于上述目的的数据存储方针和方法"⇒"应用和实践"。

8.2 数字人才的要求

8.2.1 被称为真正的数字原住民的 Z 世代

1997 年至 2012 年出生的一代人通常被称为"Z 世代"。这一代人是数字原住民，从出生时起就能接触到高性能的互联网环境或智能手机，并且可以日常使用社交网络服务（Social Network Seruices，SNS）。因此，Z 世代的年轻人有望成为在数字化时代为企业带来变革的人才。

有一点需要明确的是，虽然 Z 世代都是数字原住民，但并不意味着他们每个人都擅长编程或高级数据分析方法。当然，他们在技术吸收的灵活性方面具有优势，但这取决于个体差异，而不是这一代人应该具备的素质。

应该期待的主题是，**经过了数字原住民式的成长、具有新价值观的人才，将成为未来消费活动的核心世代。** 他们在互联网、智能手机、SNS等已成为社会常态的环境中成长，并以此为起跑线，因此，他们的想法理应很自然地建立在习以为常的数字化技术的基础之上，这是他们的一大优势。

不过，对年轻人的期待在任何一个时代都有所提及，但当前的时代趋势不再像以往那样持续地发生变化，而应被视为非连续性、爆发性和革命性的变化。

因此，理解这些年轻人的特点并将其培养成推动自身企业数字化转型的人才至关重要。

8.2.2 数字人才的要求

在这里，笔者整理了对于数字人才的相关要求。"**理解并应用数字技术的技能**"和"**将获得的信息应用于业务的技能**"这2项技能将成为定义数字人才的关键点。关于每项技能的水平划分，笔者在这里设定了以下3个层次。

1. 业务技能水平

1）具备自己所属部门及其周边的相关知识和技能。
2）具备自己所属业务及其周边业务的相关知识和技能。
3）具备自己所属的企业层面的知识和技能。

2. 数字技能水平

1）具备充分应用数字技术的知识。

2）能够进行一定程度的应用。

3）能够进行高级应用。

笔者认为，让员工根据各自所在岗位的职责，均衡地掌握这2项技能，是数字人才的培养方针。

8.3 数字人才的培养

8.3.1 被称为数字人才的人

再次回顾一下围绕大数据，即"收集⇒存储⇒分析⇒应用"或反向的"业务构想⇒必要信息的设计⇒存储、收集⇒实践"等功能的一系列角色，同时思考需要什么样的数字人才。关于数字人才的分类，虽然很多人提出了不同的观点，但并没有严格的定义。本书将从"战略领导者""管理者""数据架构师（整合工程师）""数据分析师""程序员""工程师"和"员工（高级、普通）"这7种类型来进行探讨。

1）战略领导者：在业务层面，能够洞察问题所在和变化的方向，并设计通过应用数字化工具来实现突破的方案（业务技能水平为3，数字技能水平为1）。

2）管理者：在业务层面，能够辨别问题所在和变化的方向（或受到启发），描绘并实施业务流程和系统的"To-Be"（业务技能水平为2~3，数字技能水平为1）。

3）数据架构师（整合工程师）：能够构想系统的整体方案和应用技术，展现其具体内容，并找到合适的合作伙伴来实现目标（业务技能水平为2，数字技能水平为1~2）。

4）数据分析师：能够充分利用存储的数据资产进行多方面分析，并提出业务层面、部门层面、负责人层面的课题，并向客户定量地提供新的价值（业务技能水平为1~2，数字技能水平为2~3）。

5）程序员（主要是软件安装负责人）：能够针对上层提出的实现突破的方向性，开发相应的软件程序，并安装运行（业务技能水平为1，数字技能水平为2~3）

6）工程师（主要是硬件安装负责人）：能够针对上层提出的实现突破的方向整合硬件和软件，并安装运行（业务技能水平为1，数字技能水平为2~3）。

7）员工：①高级员工（培训师）（业务技能水平为1.5，数字技能水平为1）；②普通员工，能够利用已建立的环境顺利推进工作（业务技能水平为1，数字技能水平为1）。

以上括号内标注的必要技能水平只是一个大致的概念，在实际应用中，需要依据各公司进一步整理后的定义。但通过这样定义人才，能够清晰地看到应如何构建公司内部的人才组合（见图8-1）。

8.3.2 数字人才的具体培养过程

为了具体推进数字人才的培养，从业务技能和数字技能两方面来考虑比较合理。

在大型企业中，通常会设立一个所谓的"○○转型培训"，为员工提供学习的机会，使其能够学习企业独有的业务改革方法，以及掌握数字技术知识和应用能力。然而，在数字技能方面，由于数字技术日新月异地不断发展且处于过渡期，即便是大企业，也难以仅靠内部培训来应对一切事物。因此，他们不遗余力地参加外部研讨会或展会等，灵活应用从那里获得的信息和程序，努力接触和吸收外部知识。

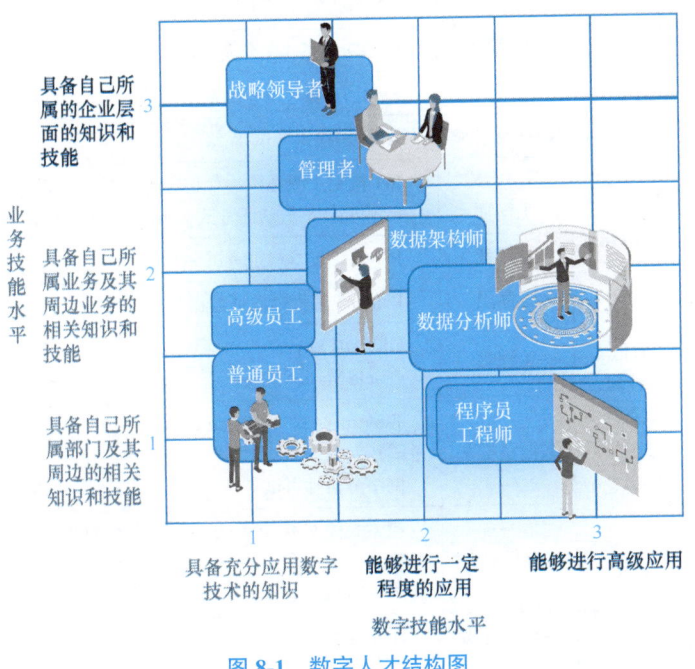

图 8-1　数字人才结构图

此外，也存在各种与数字技能相关的资格证书制度（见表 8-1）。笔者认为，企业应该积极利用这些考取资格证书的机会。

表 8-1 数字人才相关的各种资格证书（部分摘录）

DX	战略领导者	DX 检定考试（DX 专业级）
	系统集成工程师	DX 检定考试（DX 标准级）
	管理者	DX 检定考试（DX 专家级） DX 推进顾问认证考试 DX 推进官认证考试
AI	战略领导者	G 检定考试（综合人才检定）
	工程师	E 资格考试（工程师资格考试）
	数据科学家	AI 应用检定考试 A 级
IoT、云计算、大数据	系统集成工程师	IoT 检定 1 级考试（专业协调员） IT 检验技术员认证考试　初级（1 级、2 级）
	管理者	IoT 系统技术检定考试　中级
	程序员	Python3 工程师认证数据分析考试
	工程师	OSS-DB Silver Oracle Master Silver
	数据科学家	Tableau 检定（tableau desktop SPECIALIST 考试） 网络分析师考试
	操作人员	检索技术员检定考试　3 级（原信息检索能力考试） 电子归档检定考试 B 级
SI（系统集成战略顾问）	战略领导者	IT 战略师
	系统集成工程师	ITIL 基础认证
	管理者	PMP 考试 系统架构师 项目经理

在这里有一个观点不能被忘记,即提高业务素养。**提高"将数字技术转化为公司业务的能力"是绝对有必要的。** 很多大型企业在发展现有培训系统的同时,正积极进行技能的升级转型。但在中小企业中,很多企业还没有建立起基础的培训体系。如果要构建智能工厂,那么在讨论数字人才培养问题的同时,也应该考虑重新审视整个培训体系(见表 8-2)。

表 8-2 数字人才培养相关的各种项目

目标群体	DX 入门培训	DX 体验培训	管理技术培训
战略领导者 管理者	1)DX 基础研讨会 2)智能工厂构建研讨会 3)大规模定制研讨会	1)AI/IoT× 新业务开发和业务模式创新体验培训 2)数字化×创新×业务模式体验培训	1)经营战略基础培训 2)设计思维培训 3)逻辑思维培训 4)业务模式构建培训 5)项目管理培训 6)成本规划培训
数据架构师 工程师 程序员	1)DX 基础研讨会 2)面向系统构建的业务 3)流程设计及改善培训	1)可编程控制器及传感器应用体验培训 2)通过 MESH 平台学习数字化工具构建体验培训	1)业务流程重组(Business Process Reengineering,BPR)培训 2)系统设计要求分析培训 3)控制装置基础培训

（续）

目标群体	DX入门培训	DX体验培训	管理技术培训
员工	1）DX基础研讨会 2）IoT概况研讨会 3）IoT七种工具研讨会	面向制造人员 1）利用IoT改善现场的体验培训 2）应用数字技术改善作业的体验培训 3）应用数字技术改善设备稼动率的体验培训 4）应用数字技术改善流动路线的体验培训 5）应用数字技术管理产品位置及数量的体验培训 6）应用数字技术解决现场课题的体验培训 7）应用数字技术的技术及技能的传承体验培训 8）机器人流程自动化（Robotic Process Automation，RPA）体验培训	面向制造人员 1）全面生产维护（Total Productive Maintenance，TPM）基础生产管理培训 2）质量管理培训 3）IE基础技能课程 4）问题解决培训 5）无动力装置改善培训 6）采购基础培训 7）生产技术基础培训 面向技术人员 1）开发能力强化培训 2）质量功能展开培训 3）可靠性工程培训 4）设计质量提升培训 5）标准化培训
数据分析师	1）DX基础研讨会 2）AI入门培训	1）统计入门培训 2）数据应用时代的统计基础知识培训	AI培训

8.4 中小企业的数字人才培养方式

8.4.1 培养管理者和数据分析师

大企业能够全方位地招聘和培养所需的人才，但中小企业人力资源受限制，则需要对此设定优先级。总而言之，在7种类型中，**"管理者"和"数据分析师"的培养工作可以说是中小企业最重要的任务。**

二者的共同点是均具备自身企业业务技能的相关知识，是连接大数据与业务的核心类型。如果没有能让机制落地实施的程序员或工程师，就无法实现目标，但如果能向他们提供适当的要求规格，则有可能通过利用外部资源来实现。如果想要"把握客户或市场的需求"，或者想要"进一步提高工厂的生产率"，则需要构想信息的类型、粒度、时机等，并推动实施。因此，管理者必须要有能够部署这些要求规格的技能。

此外，数据分析师（或数据科学家）所需的技能，从利用BI工具灵活进行多角度分析的基础能力，到熟练运用各种模拟工具的能力，再到构建和利用AI模型的高级能力，其对于技术成熟度的要求范围比较广泛。但无论如何，培养优秀人才，使其能够了解公司内部情况，**思考如何有效处理和可视化公司存储的各种数据，并能够提出合理的建议**，是中小企业推动数字化的原动力。

DX的最大目的不是"数字化（D）"，而是"通过数字化来实现转型（X）"。为了实现数字化转型，必须要让熟悉公司内部业务的人才从业务视角进行思考。这是无法委托外包完成的工作。

8.4.2 全员数字人才化

为实现以数字化为杠杆撬动企业变革，企业经营者和管理型人才应该主动学习上述的"战略领导者"或"管理者"所需的数字技能，并努力将其应用于企业经营管理。这样的态度不仅有助于年轻员工对公司产生归属感，还能激发他们的成长欲望。这无疑将形成一个良性循环，必定会促进智能工厂的构建。从这个角度来看，企业需要培养未来主角的年轻一代，让他们掌握企业的业务构思能力和数据利用能力，并将该培养任务作为一个要义。同时，今后中小企业要想推动DX并获得发展，就必须要设立"全员数字人才化"的目标。

第 9 章

构建智能工厂

9.1 从工厂自动化到智能工厂

到目前为止，笔者已经详细探讨了智能工厂的概念、智能工厂印象单元，以及通过 TAKUETSU PLANT 方法进行实际操作的大致构想等。在本章中，笔者将讨论在智能工厂持续发展下的未来制造业发展前景。

在此之前，首先回顾一下前面几章所讲述的数字化概念及其发展历程。

关于日本制造业为提高生产力和业务效率所采取的行动，数字技术和计算机的应用一直备受议论，它们最初是以工厂自动化、计算机辅助设计/计算机辅助制造（CAD/CAM）等概念为基础的。到了20世纪90年代后半期，随着个人计算机开始普及，办公室引进了ERP系统，该系统整合了会计、人事、生产、物流、销售等核心业务，但由于价格门槛较高，许多企业无法引进，因此，经过了很长一段时间才得以普及。针对数字化带来的便利性，尽管其相关概念和讨论已经比较领先，但技术和价格方面的门槛依然很高，因此，"任何人、任何时候均可使用"的理想状态一直无法实现。

在这样的状态下，到了21世纪00年代后半期，随着智能手机的出现，以及随之而来的手机软件开发、通信技术迅速发展，数据量不断增加，同时技术和价格方面的门槛逐渐降低，过去的概念已转变为工业4.0、智能工厂和数字化转型，一时间遍地开花结果。

顺便提一下，ERP是一种旨在实现全公司跨部门协作的业务管理解决方案，其形态为挂靠各种不同功能的管理系统。而智能工厂所针对的是更低的层次，如第3章中所提到的案例那样，具体包括通过现场感应收集和分析实绩（日志）。

以前，系统只能在非常有限的范围内收集日志，例如，将员工的工作日报表输入系统中，而且回传至系统的信息也十分有限。但现在，随着物联网终端等设备，以及利用附近安装的服务器进行数据处理和分析的边缘计算的出现，公司可以实时监控和分析现场发生的情况。这样的实时信息与ERP系统形成联动，使得问题能够更具体可见。

在笔者的咨询服务中，针对"降低成本""减少不良品的产生""优化库存"等客户想要解决的问题，笔者最重视的是"正确认识现状"。为此，需要客户提供或收集相应期间的数据，但直到现在，仍有很多公司在这方面需要花费大量的资源和时间。因为保存日志并将其作为数据来管理，对于客户来说是一项大工程。正如第1章所述，在工业4.0中，IoT、云计算、5G/6G等技术的引进已成为主流，因此这些工作也将逐渐减少，"正确认识现状"所需时间将会不断减少。

9.2 智能工厂的发展前景

9.2.1 数字化环境下实现的新业务流程

今后，制造业的数字化将如何发展？读者可以想象各种各样的可能性。但是在这里，笔者想通过类比电动汽车和增材制造等新兴产业，来思考智能工厂的发展前景。

1. 通过软件进行更新的设备

特斯拉是引领全球电动汽车市场的美国电动汽车专业制造商,其推出的商业模式除了汽车行业,在许多方面都产生了巨大影响,与传统汽车相比最大的不同点在于其生产的是通过软件进行更新的汽车。以往的汽车内部凝聚了高规格的技术,与所有商品一样,消费者在购买时其规格已达到了顶峰,不可继续提升。但特斯拉颠覆了这一常识,其产品从周边操作到驾驶操作等多方面都可以升级更新,包括导航功能、空调调节、自动巡航,甚至完全自动驾驶等。2021年,其产品软件更新次数超过了120次,购买后的车辆可以根据用户需求持续进化(见图9-1)。

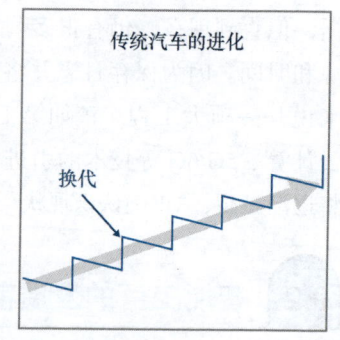

图9-1 与传统汽车进化的不同点

特斯拉成功的背后有一个重大的社会主题,即"实现自动驾驶"。在这种情况下,需要与周围的数字技术同步更新,快速进化升级。因此,如果要适应用户的以旧换新周期,那么技术创新就无法加速和普及。在这个意义上,可以说"特斯拉模式"是与现代需求高度契合的模型。

这种设备（汽车）结构简单，能够响应环境变化，实时进行更新，并实现远程监控硬件、远程遥控驾驶（或自动驾驶），其本身的水平也会持续改善（见图9-2）。

图9-2 "通过软件进行更新的汽车"的结构

2. 制造业情况如何——增材制造模型

在制造领域，可以通过3D打印机看到同样的模型。与传统的切削方法不同，增材制造（通过逐层堆叠或添加材料来制造的方法）这一创新技术不用从材料中去除不需要的部分，其主要特征是不会产生切屑等浪费，能够实现传统切削方法无法实现的单体式构造（一体式）等，大幅提高了产品设计的自由度。

增材制造技术可以运用石膏粉、塑料、陶瓷、金属、玻璃等多种材料来构造物体，也可以将这些材料组合使用，目前科研人员正在对此进行进一步研究。

利用3D打印机，在网络空间完成从设计到指挥生产的过程（见图9-3）。这将大幅缩短开发周期，并且不必受制造场所的限制。此外,从生产技术的角度来看,增材制造技术带来了巨大变化。例如,过去无法通过切削加工来制作的复杂产品现在可以根据订单进行单件生产。

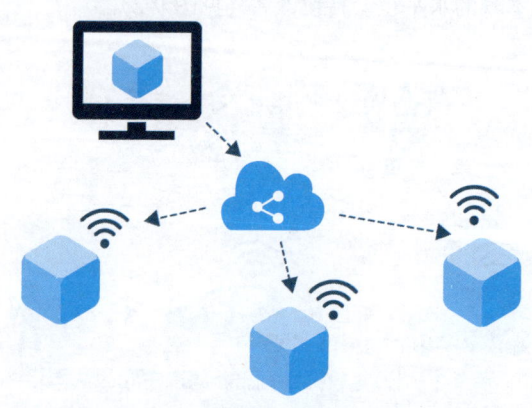

图 9-3　增材制造模型的构想

此处应该重点关注的是其业务流程。利用增材制造技术进行的制造,其大部分过程是在计算机上进行设计,通过让在计算机上创建的数据与通用积层制造设备相互通信来实现制造。从产品设计、工序设计、试制、生产线启动、量产、生产计划、生产指令到生产过程的管理,大部分制造过程都可以远程进行。这种以通用设备的相互通信为前提的模型,类似于特斯拉模型,使得利用软件来远程监控和更新设备变得更加容易,并能够让拥有通用设备的企业轻松构建网络。

3. 智能工厂的发展前景——单体工厂化

特斯拉模型和增材制造模型有一个共同点,即远程控制通用设备。笔者认为这有助于在设计智能工厂发展前景

(本专题的主题)的实践中,将其作为一种可能形态来进行构想。

然而,并不是所有的生产流程都能通过 3D 打印机来完成,因为在将原料制成产品的过程中,涉及许多相互关联的工序,这些工序具有各种特性,作业人员的判断也很灵活。不过,如果将这些制造功能视为若干"设备",那么完全可以根据它们发送的各种大数据来对其进行远程控制。

这些"设备"包含联网的通用设备和与之相连的作业人员,通过与生产管理部门之间相互交换加工指令信息和实际成果信息来推进制造过程。功能更新、状态监控及配置作业人员技能培训也可以通过此类网络进行(见图 9-4)。

图 9-4 互联的制造功能"单体工厂"

"可以远程进行"意味着"可以集中管理",那么工厂只需要保留制造的核心设备（此处指生产工序本身），而不再需要持有支撑生产工序的各种管理功能。这样一来，工厂不再需要中间管理层，有望形成更扁平化的组织。此外，由于企业能够全面审视多个基地，所以还有助于调整基地间的负荷，以及共享各个基地采取的各种举措（如改善工作或故障处理），并同时进行更新。

除了这种横向功能的联系，正如第 7 章中的定制化生产企业案例所示，开发设计等上游功能与工厂相连，在纵横交错的网络中创造新的附加价值，可以说是智能工厂的一个形态。

9.2.2　为数据采集和应用而建设的基础

智能工厂的"目标不止一个"是本书的核心信息。因此，"单体工厂"并非唯一目标。另外，无论工厂向哪个方向发展，"建立以大数据为中心的基础和形成应用数据的习惯"都是必不可少的举措，这显然是借助数字化推动非连续创新的第一步。

正如前几章所介绍，围绕大数据的负责收集、存储、分析、管控（应用）的各种创新技术及相关工具今后将进一步完善并推向市场，其价格将更加亲民，并被广泛引进，就像制造现场日常使用的卡尺和卷尺一样。它们将真正渗透到制造现场，成为"IoT 7 种工具"。

此外，在反馈用户需求和想法的同时，工具将会越来越趋向多样化和通用化。各种工具之间的兼容性将会增强，就像多个应用程序在智能手机的操作系统上运行一样，它们能够在同一个平台上联合使用。由于机器人技术的发展，自动化将继续普及，机器间的相互通信也将进一步推动自主化的发展。这样的"协同"不仅限于企业内部，也将广泛扩展到企业之间。

这样一来，以大数据为核心的物理、运营、管理这三个要素将进一步完善，高效的制造基础也将相继建成并联网。从目前所处的阶段来看，这一切必然会在不久的将来实现。

再次回到本书的主题，为了不落后于这些明显的发展趋势，需要推进基础的建设，同时也要着眼于长远目标，基于这样的可能性逆向思考想要实现什么，为此需要做什么。同时，在推进数字化的过程中，需要设定近期目标，灵活推进，并与长远目标保持平衡。从管理层到一线人员，企业需要结合日常遇到的实际问题和困难，提高自己的数字素养。

在这种情况下，一方面选择设备并充分利用设备的能力固然重要，但另一方面，由于预计未来会出现信息过载的问题，其管理成本将持续上升，因此，可能更需要具备取舍信息的能力。

9.2.3 面向卓越（TAKUETSU）的思考

自工业诞生以来，日本企业的生产现场就持续开展着改善工作和小组活动。这些小小的积累确保了绝对的质量，这也是日本在市场上树立起"日本第一"品牌的一个主要原因。

一直以来，制造业的生产现场都在不断通过这样的改善来生产优质产品，如果能熟练使用数字化工具，那么就有可能向市场稳定供应在性能、价格和交期方面占有绝对优势的产品。这就是数字化工具的强大影响力。

TAKUETSU PLANT 方法中的"卓越（TAKUETSU）"寄托了通过构建智能工厂，**能够突破传统的"改善"实现一直难以实现的"卓越"**这一想法。希望今后智能工厂的建设能够持续推进，制造业更加卓越，并以此来推动日本品牌的复兴。

后 记

打造智能工厂时代的"良好流程"

超越以工具为中心的制造 DX

由 JMAC 编写的《智能工厂构建手册：50 个印象单元具体展现制造业 DX》现已出版。本书基于明确的经营课题、战略及整体优化的基本理论"创造增值流"，展示了智能制造的应有之道。从这个角度出发，我想谈谈作为一名制造经营学者的个人看法。如果先从结论说起的话，我认为这本书不只是从技术或工具出发，而是从制造经营的根本出发，是一种正统的智能工厂论述。

近年，智能工厂、制造 DX、制造 IoT、数字化制造等基于大量的数据收集与处理的数字技术正在加速发展，应用这些技术已成为制造业的重要课题。然而，历史表明，这些新技术和新工具的出现与普及，通常伴随着产业的正常发展和一时的流行趋势这两个方面。最近的制造 DX、IoT 等也不例外。

当这些新潮技术风靡一时并逐渐式微时，必然会留下真正进化的部分，这部分将促进产业长期发展升级。然而，在此过程中，许多企业和制造现场会被各种流行工具所牵引，手忙脚乱，浪费精力，却收效甚微——这是我作为一名年均走访几十家生产基地的实证社会科学家的真实感受。

例如，近几年，即使是在相当先进的工厂中，也能经常听到员工有这样的说法："管理层催促我们不要落后，必须要实施制造 IoT/4.0/DX，要先安装传感器，收集和使用数据，产出成果。但我们并没有真正理解上级的意图，所以暂时先收集数据，努力提高自身岗位的产能利用率。"实际上，观察早期的一系列先例，"暂且提高个别工序的产能利用率"的案例比比皆是，换句话说，这近乎"实施局部优化的数字化以免被批评"。

然而，即使为了跟上潮流而购买了先进的数字化工具和设备，但如果没有附加值（承载附加值的设计信息）的"良好流程"，那么这个数字化计划也很可能会以失败告终。原因很简单，因为产业归根到底是"增值流"。因此，强大的产业既不可能仅靠技术的堆砌，也不可能仅靠工具的集合而形成。换言之，为了数字化而数字化，而没有意识到与客户价值和经营战略直接关联的"整体优化的增值流"，往往是行不通的。

事实上，在 21 世纪 10 年代后半期，当国内外相继出现新的数字化制造技术和方法时，许多先进的日本大型制造企业最初的反应都有些跟风，管理层在没有明确指导方针的情况下就命令下层"不要落后，无论如何都要做"，而一线员工则被动地应付，表示"不管怎样先实施局部优化的数字化，以免受到批评"，这种情况很常见。

而许多中小企业原本就持否定意见，认为"没有资金引入如此先进的技术"。实际上，即使在德国，许多中小企业和中坚企业对"工业 4.0"也持怀疑态度。我认为，这比强行投入资金一味追求潮流要明智得多。但是话虽如此，企业也不能继续无所作为。那么，企业应该怎么办呢？不花费高额资金实现"整体优化的智能供应链"的需求会越来越多。

建立整体优化"流程"的智能工厂

尽管如此，到了 2020 年左右，越来越多的日本先进企业和生产现场立足于基本理论，率先进行以整体优化为导向的战略性智能制造和数字制造。在生产现场层面，通过持续改善，同时提高生产率、缩短前置期和提升质量；在工厂和供应链层面，以整体优化为导向，即时形成复杂的附加值良性流动；在管理层面，制定数字化制造战略，与以客户价值为导向的明确管理方针联动。在先进领域的企业中，已经开始了这三方面动态联动、脚踏实地的智能工厂建设。实际上，这样的先行企业每向前走一步，都可能会与那些"总之先做"和"总之先观望"的企业拉开差距。

在我看来，本书正是基于对这种现状的认识，结合了先行企业的案例，循序渐进地阐述了一条脚踏实地、更加积极主动、具有战略性和整体优化的数字化制造及智能工厂建设的道路。例如，本书第 2 章揭示了三层结构的数字化改革道路，按照自下而上的顺序，第一层（课题解决领域）是持续改善各个现场层面的生产率，第二层（优化领域）是实现工厂内部及工厂之间的"面向客户的增值流"的整体优化，第三层（价值创造领域）则是明确以客户价值为中心的经营管理战略，这些被视为构建智能工厂的基础。此外，本书第 3 章的"IoT 7 种工具"（位置、作业、场景/状态、数量、危险、运转、质量）也可以被视为揭示了"面向顾客的增值流"的 7 个方面。

我个人认为，第二层追求"整体优化的增值流"的优化领域尤为重要。当我们看到管理层命令"总之先做"，而一线人员"暂时局部优化"，双方都处于被动和脱节的情况时，就会发现很多时候在连接管理层（第三层）和现场层

（第一层）的第二层中，面向客户的"整体优化的增值流（设计信息流）"这一制造经营管理的基本概念（也是丰田生产系统的基本理念），并没有在管理人员和一线人员之间达到共享，结果导致了以数字化工具为中心的"暂时的制造DX"。

我认为，同时加强和联动这三点——以客户价值为导向的管理、工厂内部和工厂之间"流程"的整体优化、各生产基地流程的持续改善——是通往脚踏实地的"有竞争力的智能工厂"的道路，它不会被潮流左右，也不会陷入局部优化。此外，我认为本书是智能工厂的战略指导手册，旨在不断优化升级这种整体优化的"良好流程"。

数字化与"高空""低空""地面"的分析

在这里，让我们重新回顾一下21世纪20年代数字化制造的整体情况。

我一般使用"高空""低空"和"地面"三层结构来类比分析21世纪的产业结构变化（见图1）。

高空层是信息空间，输入和输出的都是信息，没有质量，也不受物理定律的约束。因此从设计思想上讲，许多系统、商品和服务都采用"开放型模块化架构"，该架构通过标准接口连接产品和组件。此外，通过标准接口发挥网络效应的平台很容易发展起来。实际上，在21世纪10年代，像美国等地的GAFA等大型平台运营商基本占领了消费品平台的业务。日本企业在"高空"层的制空权已被外国企业掌握。

工厂建造战略

高空是信息对信息(cyber-to-cyber)、匹配美国超大型平台争夺控制空权
能否与他们开展有利的业务？

① 高空战略
- 通过生产组织能力实现差异化
- 按照生产企业标准，向平台运营商和有实力的互补品企业出售产品

② 低空战略
- 不要只关注销售
- 通过数据共享不断改进客户流程
- 日本凭借控制的可靠性在特定设备方面获得较高的资产份额

③ 地面战略
- 实施以架构和解决方案服务化取胜的低空战略
- 通过协作性智能工厂的信息物理系统(CPS)强化日本制造业擅长的产品的一体化变种变量流的生产能力

① 高空（没有重量的世界）
① 信息与通信技术层(信息空间)
- 互联网、手机系统、社交网络安全、宽带保障等课题
- 开放型架构、平台
- Google、Apple、Facebook、Amazon(GAFA)

② 低空
③ 信息物理界面层
- 具有先进的信息解析、翻译、存储功能，以及选择性透过功能的不同工序的超级计算机？
- 工厂、工序的超智能化
- 工业4.0的主战场？
- GE、IBM、Siemens等

③ 地面（有重量的世界）
② 现场、实物（物理）的工厂自动化
- 通过实时信息来优化和改善流程
- 迅速反馈，自动化，现场使用"回转寿司型IT"方式，丰田生产方式、TPM
- 闭合型架构、产品推进丰田，大众汽车等
- 一般制造业

地面战略的基本形式是
利用日本综合生产基地的强项——磨合型产品的变种变量变流生产

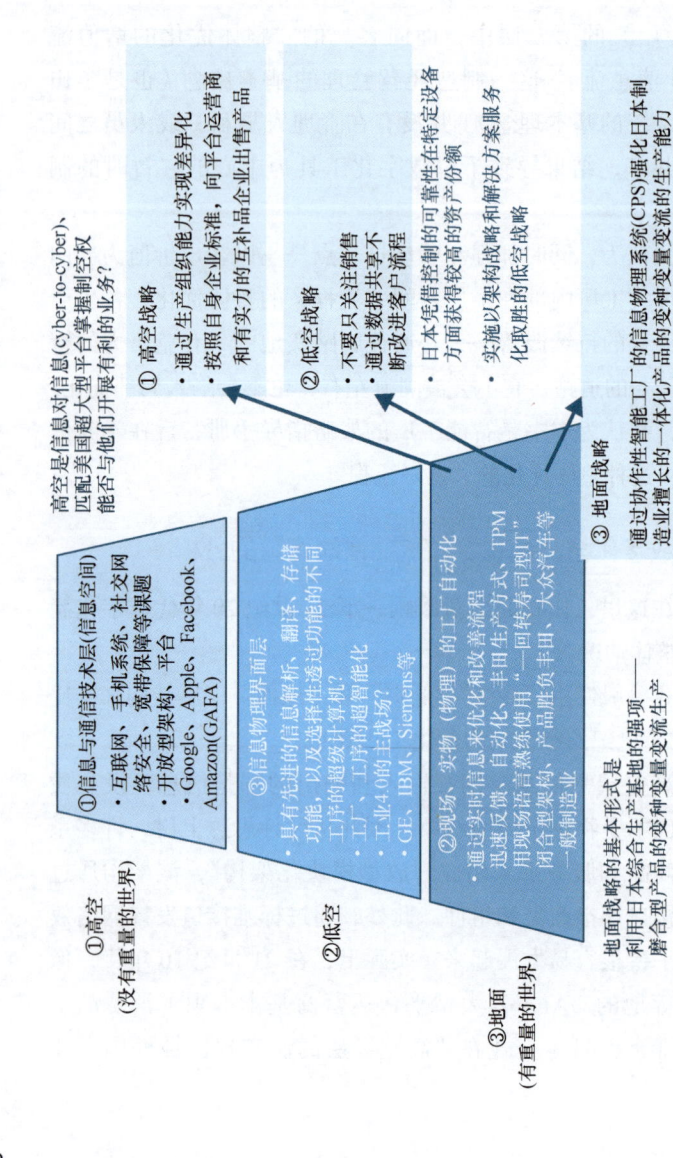

图 1 日本数字化时代的制造战略

278

地面层一直是汽车企业等日本领先企业的强势领域，而在有质量的实物产品方面，特别是那些有严格的能源、环境和安全限制，并受到物理定律严格约束的产品，日本制造擅长的闭合型一体化架构，即利用大量的定制设计组件进行优化设计，以生产复杂的磨合型产品及其组件，这往往具有国际竞争力。高性能小型车就是一个典型例子。

低空层是 21 世纪 10 年代发展起来的，是连接高空的赛博空间和地面的物理空间的界面层。这里的基本形式是要使用与高空持续连接，并与地面实时连接的 CPS。事实上，在 21 世纪 10 年代出现的 IoT、工业 4.0、数字孪生、社会 5.0 等，都与这个"低空"层有着密切的联系。

在这三层结构中，日本企业在其"地面"优势领域展现了国际竞争力，并获得了较高的资产份额和客户信任，尤其是在高性能汽车、高性能工业产品、高性能材料和零部件方面。利用日本制造业在激烈的全球竞争中一直保持的这些优势，在数字化时代获得新的国际竞争力，正是 21 世纪 20 年代日本企业的高空战略、低空战略和地面战略的关键。

详细内容在此略过，简要总结如下。

1）高空战略的范例是"内部一体化、外部模块化"的商业模式，利用现场的数字化制造能力，按照自身企业标准将部件或生产设备出售给大型平台运营商（GAFA 等）及其互补品企业。目前已有成功案例，如面向智能手机的高性能电子零部件。

2）低空战略的范例是，利用过去积累的资产份额和客户信任，创建与客户和竞争对手共享资产运营数据的平台，并启动解决方案业务（服务化），让客户流程获得成功。在工业产品领域，日本企业的成功案例也开始出现。

3）复杂的磨合型（一体化）产品具有日本制造业的"设计上的比较优势"，它常常需要"变种变量变流生产"，如在有分叉与汇合的生产线上，以 10、100、300、5 等不规则的批量大小，流动不同种类的类似部件。地面战略的范例是，在这样的部件和产品方面，同时利用数字技术和人的现场问题解决能力，打造具有"良好设计的顺畅流程"（高生产率、短交期、高质量）的生产线，进而建设"协作型智能工厂"，接收来自世界各地的"棘手的产品和工序"的订单并生产。按照这样的"变种变量变流"生产方式，无法知道一小时或几小时后哪里会出现生产瓶颈，所以跨越时空的 CPS 和 AI，与经验丰富的日本多能工团队共同建设的"协作型智能工厂"会比较有效。

反过来说，无论是高空层、低空层，还是地面层，也无论是大型跨国企业还是地方中小企业，21 世纪 20 年代的数字化制造战略的要点是，明确认识到公司所参与的高空、低空、地面战略，并且与其他公司或其他国家相比，企业要预测自己的竞争优势、差异化、市场准入壁垒等，然后追求有商机的"有竞争优势的数字化"。

通过"有竞争力的数字化"抓住商机

因此，我认为，在 21 世纪 20 年代的今天，我们需要构建一个智能工厂，形成"附加值的良性流动"，以实现整体优化和提高客户价值。事实上，在21世纪20年代，日本企业和日本国内制造业在这个方向上的机会也越来越多（尽管仍然存在许多弱点和威胁）。

第一，中国等发展中国家的工资增长较快。冷战结束后约30年间，日本的贸易商品制造业一直在通货紧缩的困境中挣扎。最初，日本的工资水平处于劣势，是中国等发展中国家的近20倍，如果不通过现场的生产革新来大幅提高生产率，日本企业就无法在国内继续生存，但即使提高了生产率，也不可能显著增加工资。然而，随着中国的人工成本（从2005年左右开始）上升，并逐渐接近日本的三分之一，日本正在进入一个"新"资本主义（实际上许多方面回归原点）的通缩摆脱阶段，即"如果日本也能提高生产率，那么有可能在这个范围内提高工资"。

第二，在新冠肺炎疫情持续发展之时，日本国内的优质工厂因集体感染和封锁的情况较少，交货可靠性较高，国外客户对其评价趋高（也有部分原因是成本障碍缩小）。事实上，即使在疫情蔓延的形势下，日本国内的半导体设备工厂等厂家也从2020年以来一直在满负荷运转。

第三，如前面所述，在人口份额起关键作用的消费品平台（如智能手机和互联网服务）上，日本企业表现不佳，但即便如此，他们在企业对企业（Business to Business，B2B）（生产资料）的数据平台上面对超大型平台运营商时，也开始出现胜机，因为在数据平台上，他们可以利用过去建立起来的资产份额和客户信任关系。

因此，进入21世纪20年代后，日本制造业时隔约30年再次迎来了机遇。我认为在这些方面赢得胜利的前提条件是，工作团队与 AI 等协同作用的"协作型智能工厂"。它以具有设计比较优势的"复杂的磨合型产品"和"烦琐的变种变量变流生产方式"为主，同时提升生产率、交期、质量这三方面的竞争力，并维持这些竞争优势。

当然，许多读者所在的日本制造企业包括大型跨国公司、中坚企业和中小型企业，其中有变种变量变流工序、多品种均衡化排产工序、大规模生产工序、定制化生产的工作区域。此外，还涉及日本国内与国际供应链，包含日本国内外工厂和供应商。它们都面临着数字化制造带来的机遇和挑战。

然而，不管在哪一种情况下，未来日本制造业都会回归"面向客户的良好设计的顺畅流程"这一制造管理的原点，同时可以达到提升生产率、缩短交期和提高质量的目标，确保竞争优势与就业稳定（未来还有可能提升收入）。换言之，进行"制造创新"和"流程改善"的重要性，在全球形势发生上述变化的情况下变得越发显著。

因此，我们应避免陷入"未来是数字化时代，而不是制造业时代"的错误二元对立思维，以防最终误入以工具为中心的"为数字化而数字化"的歧途。企业应该要走的是运用数字技术、工具、系统的"数字化制造"的道路，以便打造"面向客户的良好设计的顺畅流程"。而且，21 世纪 20 年代将是通过数字化形成的"附加值的良性流动"助力提升利润、稳定就业和提高员工收入的机会也将逐渐增多的"数字化制造"时代。

我认为，在这样一个充满机遇的时代，本书将有可能成为一本指南，以引导日本制造业构建具有战略性并以整体优化为导向的智能工厂。

东京大学名誉教授
早稻田大学教授
日本能率协会咨询公司　执行顾问
藤本隆宏

SMART FACTORY KOCHIKU HANDBOOK by Dai Mohri and Yosuke Kamiyama
Copyright © 2022 JMA Consultants Inc.
All rights reserved.
Original Japanese edition published by JMA Management Center Inc., Tokyo.
This Simplifed Chinese language edition is published by arangement with JMA Management Center Inc., Tokyo in care of Tuttle-Mori Agency, Inc., Tokyo through Copyright Agency of China Ltd., Beijing. This edition is authorized for sale in Chinese mainland (excluding Hong Kong SAR, Macao SAR and Taiwan). Unauthorized export of this edition is a violation of the Copyright Act. Violation of this Law is subject to Civil and Criminal Penalties.

本书中文简体字版由 JMA Management Center Inc. 授权机械工业出版社在中国大陆地区（不包括香港、澳门特别行政区及台湾地区）出版与发行。未经出版者书面许可，不得以任何方式抄袭、复制或节录本书中的任何部分。

北京市版权局著作权合同登记 图字：01-2023-6175号。

图书在版编目（CIP）数据

智能工厂构建手册 /（日）毛利大，（日）神山洋辅著；杨宁，罗嘉健译. -- 北京：机械工业出版社，2025.5. --（智能制造系列丛书）. -- ISBN 978-7-111-78346-6

I. F407.4-62

中国国家版本馆 CIP 数据核字第 2025ZB3358 号

机械工业出版社（北京市百万庄大街22号　邮政编码100037）
策划编辑：贺　怡　　　　　责任编辑：贺　怡　卜旭东
责任校对：曹若菲　张　薇　　封面设计：马精明
责任印制：常天培
北京联兴盛业印刷股份有限公司印刷
2025年7月第1版第1次印刷
130mm×184mm・9.25印张・1插页・296千字
标准书号：ISBN 978-7-111-78346-6
定价：59.00元

电话服务	网络服务
客服电话：010-88361066	机　工　官　网：www.cmpbook.com
010-88379833	机　工　官　博：weibo.com/cmp1952
010-68326294	金　　书　　网：www.golden-book.com
封底无防伪标均为盗版	机工教育服务网：www.cmpedu.com